匈奴发展史研究

闵海霞 著

齊魯書社

序

匈奴作为中国古代北方的一个草原游牧民族，曾称雄于大漠南北，一度活跃在中国的北方、西北及中原部分地区，甚至对古代欧洲的民族演进和政治格局都产生过重大影响。匈奴有长达近七百年的历史，不仅为北疆地区的开拓和草原文明的形成与发展做出了重要贡献，而且对游牧民族和农耕民族的融合、丝绸之路的形成发展以及我国统一多民族国家的形成也起到了一定的推动作用。

闵海霞博士素来对古代历史和文学有着浓厚兴趣，在攻读硕士学位时，便对匈奴的一些相关问题进行研究，取得了一些成果；在攻读博士学位期间及之后的教学科研中，又不断拓展、深入探索，完成了《匈奴发展史研究》一书。该书是闵海霞博士在其博士论文基础上完成的一项成果，具有比较鲜明的特色和重要的学术价值。

第一，本书内容充实，论述严谨。作者以《史记》《汉书》《后汉书》《三国志》《新书》《盐铁论》《资治通鉴》等典籍为基础文献，注重对史料的严密分析和引证，并借鉴、吸收前人的研究成果，以进一步阐发自己的观点和见解，同时又充分运用地下出土材料，使本书内容更科学、更可靠、更可信。

第二,作者对匈奴的社会特性和活动全貌进行了系统梳理和精准把握,论述了匈奴的政治、经济、文化、军事等在各时期的发展与变迁,既有时间上的纵向比较,又有内容上的横向分析。作者对一些问题进行了更为全面的研究,颇有新意。如在民族关系方面,不仅对不同时期匈奴与中原汉族的关系进行了深入探讨,而且对匈奴与乌桓、鲜卑等周边民族的复杂关系做了具体分析;在文化方面,对匈奴民族的文化风俗做了较详尽的论述,进一步考察了匈奴游牧文明与中原农耕文明间的相互交流和深刻影响;在军事方面,对学界较少关注的匈奴军政合一、兵民一体的军事体制做了细致分析,且对"胜兵"一词的含义和出现年代等问题进行了较为深入的考证,认为匈奴的"胜兵"应是力能操兵作战的人,是中原人对出征作战者的一种称呼,在匈奴南北分裂前就已存在。作者通过对这些问题的研究,力求理清匈奴发展的脉络、把握匈奴演变的历程、拓展匈奴研究的领域。

第三,作者以东汉初期匈奴的南北分裂为切入点,探寻了其分裂的原因和影响,对比了不同历史时期匈奴社会的发展状况。作者指出,匈奴南北分裂的原因是多重的。匈奴自身体制的不健全和内部矛盾的加剧是其分裂的根本原因。中原地区强大的军事力量和先进的文化同时也起到了很大的催化作用,成为促成匈奴分裂的重要外部因素。

匈奴的分裂彻底改变了其命运,成为其走向衰微的重大转折点。作者不仅对这一历史事件进行了专门研究,并以此为突破口,重点剖析了匈奴的政治、经济、文化等在这一时期的变化和演进。这为我们充分了解匈奴民族的生产生活状况和发展进程提供了多重视角,也有助于我们认识我国多民族国家形成与发展的曲折性。

第四,作者对匈奴的迁徙进行了系统研究。匈奴的分裂直接影响了其发展走向,北匈奴西迁,南匈奴内迁,双方长期对峙,再未统一。北匈奴西迁对欧洲产生了深远影响,作者对北匈奴西迁的前因后果做了仔细探究。学界对南匈奴的相关问题涉及较少,所以作者对这一问题的关注成为本书的一大亮点。作者不仅研究了南匈奴内附的具体过程、原因和对中原的影响,还详细分析了南匈奴无法回归大漠、难以实现统一的种种缘由。此外,作者对匈奴在魏晋南北朝时期与汉族、鲜卑等族的融合、发展等问题做了进一步讨论,丰富了匈奴民族历史的内容,也增强了该研究成果的完整性。

尽管匈奴在中国历史上具有重要地位和作用,但由于其年代久远且早已不复存在,所以近来匈奴研究似乎越来越不受重视。闵海霞博士勇于另辟蹊径,从"变"入手,重新审视匈奴民族数百年的发展与演变,并甘于在"快餐文化"的不断侵蚀下坐冷板凳,为民族史的研究尽一份力,实为难得。当然,限于作者的水平和精力,书中难免有疏漏之处,还有一些问题研究得不够透彻,仍需进一步深化。在此,希望作者日后能够百尺竿头,再创佳绩,也希望学界能有更多这方面的研究成果问世。

崔明德

2019 年 1 月 17 日

目　　录

第一章
匈奴历史发展概况

匈奴是我国历史上一个重要的北方游牧民族，兴起于公元前3世纪前后（战国时期），在北方草原建立了第一个强大的游牧军事政权，曾称雄一时。匈奴在大漠南北活跃了近三百年，之后，实力逐渐衰退，最终于公元1世纪（东汉时期）中期分裂为南北两部分。又在中原地区活跃了将近二百年（3世纪—5世纪）之后，匈奴族便在中国历史舞台上销声匿迹了。从其出现于政治历史舞台起，至作为民族实体不复存在，前后共经历了近七百年。

匈奴以蒙古高原为自己的主要活动地区。匈奴自产生之日起，便与汉族及北方、西北其他各民族有着千丝万缕的联系。匈奴的活动对中国北方古代其他民族乃至古代欧洲各族历史的发展都产生过重大影响。匈奴的历史是中国民族历史和中国民族关系史中极为重要的一部分。

自夏、商以来，中国北方曾出现过鬼方、荤粥、猃狁、狄等各种部族。《战国策·燕策三》是较为可信的史料中最早记录“匈奴”一词的。秦国的叛将樊於期逃亡至燕，燕太子丹欲以谋秦。太傅鞠武劝曰：“夫秦王之暴，而积怨于燕，足为寒心，又况闻樊将军之在乎……愿太子急遣樊将军入匈奴以灭口。请西约三晋，南连齐、楚，北讲于单于，然后乃可图也。”太子丹曰：“……夫樊将军困穷于天下，归身于丹，丹终不迫于强秦，而弃所哀怜之交置之匈奴，是丹命固卒之时也。”另据文献所载，匈奴与中原发生联系应在此事件之前。据《史记》记载，赵武灵王变俗胡服之后，北破林胡、楼烦，置云中、雁门、代郡；秦昭王伐义渠，置陇西、北地、上郡；燕破东胡，置上谷、渔阳、右北平、辽西、辽东等郡。“当是之时，冠带战国七，而三国（燕、赵、秦）边于匈奴”①，并皆筑长城以“拒胡”。其后，赵将李牧与匈奴战，“大破杀匈奴十余万骑”②，使匈奴不敢近赵边。秦灭六国后，秦始皇派蒙恬率领大军北击匈奴，致使匈奴北徙七百余里，“不敢南下而牧马”“不敢弯弓而报怨”③。当时，匈奴的当政者为头曼单于。

秦以后，匈奴与中原的接触日趋频繁。两汉时期是匈奴民族活动的主要时期。公元前 209 年，冒顿单于杀父自立，统一蒙古高原，正式建立北疆第一个奴隶制草原游牧政权。匈奴进入了鼎盛时期，匈奴奴隶主的势力空前强大。在冒顿单于的统领下，匈奴不断侵扰汉朝边境，给西汉王朝带来了莫大的威胁。当时，西汉正值政权初建，国势较弱，难以抵抗匈奴的侵犯，因而只得妥协，以出嫁公主、赠送财物求得安宁。经惠帝、文帝和景帝几世的休养生息和不断发展，到汉武帝时，西汉国力强盛，社会稳定，经济得到发展，物资充足。而且汉朝曾两次派张骞出使西域，欲联合大月氏的力量共击匈奴。在此基础上，西汉政府一改以前屈辱的“和亲”政

---

① （西汉）司马迁:《史记》卷一一〇《匈奴列传》，中华书局 1959 年版，第 2886 页。

② （西汉）司马迁:《史记》卷八一《廉颇蔺相如列传》，中华书局 1959 年版，第 2450 页。

③ （西汉）司马迁:《史记》卷六《秦始皇本纪》，中华书局 1959 年版，第 280 页。

策，大举发动对匈奴的反击战。汉匈战事正式拉开。从元光二年（前133）的马邑之谋至征和四年（前89）的汉武帝轮台“哀痛之诏”共历45年，其间，大小战争不断。汉匈双方均损失巨大。汉政府兵凋民劳，财尽力竭；匈奴的势力更是遭到大大削弱，嚣张气焰一扫而去。昭宣时期，统治者采取了与民休息的政策，使国力逐渐得以恢复，创造了“昭宣中兴”的局面，同时也改变了武力攻击匈奴的政策，使汉匈战争减少。

在与汉王朝连年争战的同时，匈奴也在加强对西域诸国、乌桓等的统治。直至宣帝神爵二年（前60），经营西域地区的匈奴日逐王先贤掸归降汉朝，使汉政府得以在西域设置都护。此时，匈奴的社会危机也在日益加剧，统治集团内部的矛盾恶化，分裂和内讧不断发生，出现了“五单于争立”（分别为呼韩邪单于、屠耆单于、呼揭单于、车犁单于和乌藉单于）和“兄弟争国”（呼韩邪单于和郅支单于）的混乱局面。后来，匈奴的杰出首领呼韩邪单于力挽狂澜，采取接受西汉王朝统一领导的方针，主动归附汉朝，因而得到汉王朝的大力扶持和帮助，力量逐步壮大并重归单于庭，统一各部。匈奴终于摆脱困境，转危为安。汉匈关系亦得以改善，双方保持了近60年的和平友好关系。王莽在篡汉之后，实行了一系列倒行逆施的歧视和压迫匈奴的政策，并从中挑拨离间，多次制造匈奴内乱，致使匈奴内部矛盾不断加深，亦使汉匈关系重新紧张起来。

东汉初期，匈奴地区发生灾荒，统治阶级争权夺利的斗争也愈演愈烈。匈奴最终彻底分裂为南、北两部分。此后，南、北匈奴各自走上了不同的发展道路。南匈奴单于比抢先附汉，入居塞内，得到了东汉政府的扶植。北匈奴多次向东汉提出修好请求，却未得到同意，后来又因受到东汉王朝、南匈奴、乌桓和鲜卑等的联合攻伐，连年大败而日渐衰耗。最终，除余众十余万落留在原地融入鲜卑，其余部众由北单于率领被迫逃往西方。因而，匈奴自分裂之后再未实现统一。

北匈奴一路西迁，最后辗转进入欧洲，并建立了强大的匈奴帝国，使得全欧骚动。北匈奴人在欧洲近百年的活动，使整个欧洲发生了翻天覆地的变化，推动了欧洲的民族大迁徙，对古代欧洲政治格局的变动和历史的发展演进起到了至关重要的作用。公元455年，匈奴帝国瓦解。匈奴人逐渐融入欧洲各民族中，这与后来匈牙利人的形成有密切的关系。① 入居塞内的南匈奴部众则不断内迁，在魏晋南北朝时期发生了很大的变化，分化出屠各胡、铁弗匈奴、卢水胡等支系部族，彼此互不相属，分别活跃在今山西、陕西、内蒙古、甘肃和青海各地。屠各胡在山西、陕西建立“汉—前赵”政权；临松卢水胡居于今甘肃河西走廊和青海省之间，于5世纪前期在河西一带建立“北凉”政权；铁弗匈奴在今陕北一带建立“大夏”政权。随着这些匈奴政权的相继灭亡，“匈奴”作为一个民族共同体逐渐从中国历史舞台上消失了。匈奴部人最终融入汉族和其他民族之中。

---

① ［英］爱德华·吉本著，黄宜思、黄雨石译:《罗马帝国衰亡史（D. M. 洛节编本）》，商务印书馆1997年版。

第二章
匈奴与中原王朝关系的发展演变

匈奴与中原王朝的关系可分为两个层面。一是上层统治阶级之间的政治关系。这是最主要、最明显、占主导地位的关系。二是两族人民之间的交往和联系。双方上层统治阶级之间的关系必然影响和制约两族人民间的交往，但是上层统治阶级不可能长期或者永久阻止各族人民往来和接触。在特定时期内，政治、战争的确对历史的发展具有强大的作用力。但从长远的角度看，各族间经济、文化等方面的联系、互动是其中不可忽视且更深久的发展因素。“而且历史的发展往往是以政治、战争这种大多带有强制和主观色彩的方式为手段，一旦打开了各族交往的缺口之后，经济文化的交流与发展却有其自身的规律，甚至与打开这种‘缺口’者的主观愿望背道而驰。”① 汉匈两族人民之间的经济文化交流和相互影响也是如此。本章着重对不同时期匈奴与中原王朝政治层面上的关系做一简要论述。

① 彭建英:《论汉匈关系的演变》，载《西北民族学院学报（哲学社会科学版)》1999 年第 4 期。

第一节　匈奴与秦朝的关系

先秦时期，匈奴已与中原地区有所接触。战国末期，匈奴开始强大。此时，匈奴的单于名为头曼，是见于史书记载的第一个匈奴单于。在秦灭六国、中原混乱之时，匈奴经常趁机南下骚扰、掠夺，一度占领河套地区，打通了向中原扩张的门户，对秦国造成了极大的威胁。

秦朝是史书中有明确记载的与匈奴有较大规模往来的第一个中原封建王朝。公元前221年，秦始皇统一六国，建立了中央集权制的封建王朝，开始全面整顿，对内对外实施了一系列强有力的措施。面对北方气势汹汹的匈奴，秦始皇决意用兵讨伐。秦始皇三十二年（前215），秦大将蒙恬将兵三十万大举北击匈奴，收取“河南地”，迫使匈奴向北退却七百余里。第二年，秦军渡过黄河，“西北斥逐匈奴。自榆中并河以东，属之阴山，以为四十四县，城河上为塞。又使蒙恬渡河取高阙、阳山、北假中，筑亭障以逐戎人。徙谪，实之初县”①。为加强边备，秦始皇还把原先燕、赵、秦三国在北方修筑的长城连接起来，征调数十万民夫重新整修，向四周扩展，筑成了一条西起临洮东至辽东、绵延万余里的“万里长城”。秦始皇还派蒙恬拥兵坐镇上郡，戍守边疆。秦始皇三十六年（前211），秦朝复迁移内地百姓三万户至北河、榆中以实边。秦朝的徙民实边和屯田开荒之策对开垦边疆地区和加强边防力量起到了积极作用。

---

① （西汉）司马迁:《史记》卷六《秦始皇本纪》，中华书局1959年版，第253页。

秦王朝对匈奴实行的军事打击和积极防御相结合的政策，取得了显著成效。蒙恬“威震匈奴”，匈奴单于头曼“不胜秦，北纵”，“不敢南面而望十余年”①。而对于秦始皇的用兵匈奴和修筑长城之举，后人也给予了不同的评论。否定者如汉文帝时晁错、汉武帝时王恢等。晁错云：“秦时北攻胡貉，筑塞河上，南攻杨粤，置戍卒焉。其起兵而攻胡、粤者，非以卫边地而救民死也，贪戾而欲广大也，故功未立而天下乱。”② 他认为秦出击匈奴并不是为了守卫边疆、救民于难，而是为了扩张领土，反而使民陷于水火，是造成社会大乱的一个重要原因。王恢则说：“蒙恬为秦侵胡，辟数千里，以河为竟，累石为城，树榆为塞，匈奴不敢饮马于河，置烽燧然后敢牧马。夫匈奴独可以威服，不可以仁畜也。”③ 亦有人对秦出兵和防御匈奴的举措给予肯定，认为只有用武力才能征服匈奴。王莽时将军严尤另有评价。他说：“秦始皇不忍小耻而轻民力，筑长城之固，延袤万里，转输之行，起于负海，疆境既完，中国内竭，以丧社稷，是为无策。”④ 由此可见，文臣武将对秦朝针对匈奴实施的政策各有说法，褒贬不一。后世对秦始皇修建万里长城的行为更是颇有非议，但我们不得不承认万里长城是中华民族的一大壮举和中华文化悠久历史的见证，在防御北方民族（尤其是匈奴）

① （西汉）桓宽：《盐铁论》卷八《伐功》，上海人民出版社 1974 年版，第 95 页。

② （东汉）班固：《汉书》卷四九《晁错传》，中华书局 1962 年版，第 2283～2284 页。

③ （东汉）班固：《汉书》卷五二《韩安国传》，中华书局 1962 年版，第 2401 页。

④ （东汉）班固：《汉书》卷九四下《匈奴传下》，中华书局 1962 年版，第 3824 页。

南下侵扰方面起到了很大的作用；而且以长城为界，以北为游牧区，以南为农耕区，长城成为一道天然屏障。

第二节　西汉时期的汉匈关系

在西汉两百多年的统治中，匈奴是与中原王朝交往最多的一个少数民族政权。西汉时期也是中国历史上中原王朝与匈奴发生关系最多的一个时期。在这一时期，匈奴始终是汉朝最大的外来威胁和边境隐患。汉匈关系的发展尤为复杂多变，不仅与内外形势的变化密切相关，而且随着汉匈双方力量的消长而起伏变化，呈现出你强我弱、你弱我强、分庭抗礼的特点。这一时期既有汉王朝对匈奴的和亲妥协、汉匈的连年战争，又有匈奴对汉王朝的称臣归附。汉匈关系的好坏直接影响到了汉朝北方和西北边疆的稳定与否。

一、西汉初期匈奴的强大和汉王朝的妥协

西汉初期指汉高祖刘邦至汉武帝刘彻继位的一段时期，历经高祖、惠帝、文帝和景帝四世。这段时期也是匈奴迅速发展强大时期，尤其是冒顿单于在位时，匈奴发展到了最盛。这无疑给刚建立起来的西汉政权带来了极大的外在威胁和压力。在经历了由秦的暴政而引起的长年大规模农民战争和楚汉之争后，社会经济已遭到严重破坏。新建的西汉政权面对的是千疮百孔、凋敝不堪的萧条局面，社会生产力急剧衰退，人民流离失所，军事力量薄弱，经济残破，百废待兴。据史书记载："汉兴，接秦之敝，诸侯并起，民失作业，而大饥馑。凡米石五千，人相食，死者过半。高祖乃令民得卖子，就食蜀汉。天下既定，民亡盖臧，自天子不能具醇驷，而将

相或乘牛车。”① 平民百姓竟然到了以卖儿女求生的地步，连皇帝都无法找到同种颜色的四匹马，文武官员更是只能乘坐牛车。由此可以想见，当时的社会境况是多么窘困。特别是，在汉朝政权建立过程中由于斗争形势的需要而分封的异姓诸侯王的势力也逐渐强大起来，形成了地方割据政权，不断与中央朝廷对抗，反叛此起彼伏，以致政局动荡不安、统一政权立足难稳。此时的匈奴却是异常强盛。公元前209年，冒顿自立为单于，对士兵严加训练，建立起了一整套政权机构。匈奴迅速发展强大，已拥有“控弦”之士三十余万。在冒顿单于的指挥下，匈奴人四处扩张，不断征服周边的弱小民族，史称“至于汉兴，匈奴冒顿兵强，破东胡，走月氏，威震百蛮，臣服诸羌”②。在中原楚汉相争、内部混乱之时，匈奴又乘机重新攻占了秦皇朝时收复的河套地区，控制了整个北方草原。匈奴已经成为中国北方一股强大的政治军事势力，时刻对贫弱的中原汉王朝虎视眈眈，威胁着北部边疆的安全和稳定。

高帝六年（前201），匈奴围攻韩王信于马邑，信投降匈奴。随后，匈奴引兵南下，进犯太原至晋阳。于是，汉高祖决定回击。第二年（前200），汉高祖亲率大军三十余万出击匈奴冒顿单于，结果中计被围困在平城白登山，七天七夜未得逃脱。而后，高祖刘邦采用陈平之计——“使使间厚遗阏氏”③，方得解困。此次汉匈交锋宣告了汉高祖对匈奴实施武力政策的失败，也使汉中央政府充

---

① （东汉）班固：《汉书》卷二四上《食货志》，中华书局1962年版，第1127页。

② （南朝宋）范晔：《后汉书》卷八七《西羌传》，中华书局1965年版，第2876页。

③ （西汉）司马迁：《史记》卷一一〇《匈奴列传》，中华书局1959年版，第2894页。

分认识到西汉是无力以军事力量对抗匈奴的。大臣刘敬曾对当时的形势做出了精辟的分析："天下初定，士卒罢于兵，未可以武服也。冒顿杀父代立，妻群母，以力为威，未可以仁义说也。"因此，他向刘邦提出了和亲之策："以适长公主妻之，厚奉遗之，彼知汉适女送厚，蛮夷必慕以为阏氏，生子必为太子，代单于。何者？贪汉重币。陛下以岁时汉所余彼所鲜数问遗，因使辩士风谕以礼节。冒顿在，固为子婿；死，则外孙为单于。岂尝闻外孙敢与大父抗礼者哉？兵可无战以渐臣也。"① 汉高祖接受了刘敬的建议，派他前往匈奴缔结和亲之约。双方约定：汉匈约为兄弟之国；汉以宗室女嫁匈奴单于为阏氏；每年赠送大量的絮、缯、酒、食物等财物；以长城为界，以北为匈奴游牧区，以南为汉族耕织区。另外，双方还约定开通关市，进行贸易往来。

此后直到武帝即位之初，西汉仍一直奉行和亲政策。和亲政策成为西汉前期对匈奴的主要政策。据文献记载，汉匈和亲共有十多次，分别为：

（1）高帝九年（前198），汉遣刘敬以宗室女为公主嫁与冒顿单于为阏氏。

（2）惠帝三年（前192），汉复与匈奴和亲，以宗室女为公主，嫁与冒顿单于。

（3）文帝初立，汉与匈奴复修和亲之事。

（4）文帝六年（前174），匈奴老上单于初立，汉以诸侯王之女为单于阏氏，使宦者中行说护送公主。

（5）文帝后二年（前162），汉与匈奴约和亲，以宗室女翁主

---

① （西汉）司马迁：《史记》卷九九《刘敬传》，中华书局1959年版，第2719页。

嫁与老上单于。

（6）文帝后四年（前160），匈奴军臣单于继位，汉复与匈奴和亲。

（7）景帝元年（前156），汉遣御史大夫翟青至代下与匈奴和亲。

（8）景帝二年（前155），汉以宗室女与军臣单于和亲。

（9）景帝五年（前152），汉遣公主嫁与单于，并通关市。

（10）武帝建元元年（前140），汉武帝即位初，仍履行和亲约定，开通关市贸易。

（11）武帝建元六年（前135），武帝"许和亲""饰子女以配单于"①。

西汉前期的统治者之所以能够数十年对匈奴实行和亲政策，主要是因为汉匈双方的力量对比悬殊、汉弱匈强的形势。汉王朝不可能凭借战争的方式制服匈奴，因而不得已采取了嫁公主、送财物、开关市的妥协政策。其目的就是以女子和大量的财富满足匈奴的贪欲来缓解外部压力、换取安定的发展环境，进一步实现对匈奴的"渐臣"之举。而另一方面，"和亲"是符合当时的实际形势的。

西汉前期正处于战后新政权的建设和调整阶段，国力不济，国运未稳。恢复生产、维持社会稳定、增强国家经济实力、解决百姓生计是汉王朝的首要任务。而且在铲除异姓王之后，文景时期又出现了同姓诸王侯势力的膨胀问题，甚至在景帝初年爆发了"吴楚七

---

① 参阅（西汉）司马迁《史记》卷一一〇《匈奴列传》，中华书局1959年版；（宋）司马光《资治通鉴》卷一二、一四、一五、一六，中华书局1956年版；（东汉）班固《汉书》卷九四《匈奴传》、卷二《惠帝纪》、卷四《文帝纪》、卷五《景帝纪》、卷六《武帝纪》，中华书局1962年版；（宋）王钦若等《册府元龟》卷九七八，中华书局1960年版。

国之乱”。“削藩”亦迫在眉睫。国家的安定、经济的发展和“安内”政策的实施都需要很长的时间和大量的精力来实现。对边疆民族尤其是匈奴民族实行和亲政策正可以暂时避免大规模的战争，有利于保持汉匈之间相对安定的局面，有利于保证边塞地区的安宁，有利于为西汉王朝的发展争取宝贵的时间和相对和平的环境。这也使西汉王朝得以发展生产、积蓄国力、集中力量打击国内各地的割据势力、平定内乱，从而使西汉王朝可以较为从容地谋划和制定对付匈奴的策略。同时，和亲政策的实施对西汉社会秩序的稳定、经济的稳步发展、军事力量的逐步提高和中央集权的巩固都起到了一定的积极作用。对匈奴而言，和亲、赠送财物和通关市可以使匈奴获得更多的经济利益和政治影响。匈奴主要以畜牧业为生，需要中原地区的农产品和手工业品以解决生产和生活中的困难。他们也需要将大量的牲畜和毛皮产品与汉朝边地人民进行交换和买卖。与汉族人民的经济来往和物品交换可以充分补充匈奴人民的生活所需。汉王朝每年奉送的絮缯、锦衣、粮食、黄金直接满足着匈奴人民的需求。关市的开放更是加强了汉匈两族的贸易和交流。这些都使得匈奴自单于以下皆好汉物、乐关市。贾谊在《新书·匈奴》篇中十分形象地描绘了汉匈互通关市的情景：“大每一关，屠沽者、卖饭食者、羹臛膹炙者，每物各一二百人，则胡人著于长城下矣。”我们从繁荣生动的贸易景象中可以看出汉匈两族人民之间经济往来的频繁和密切。这也是汉匈上层统治者间的政治婚姻给双方人民的生活和社会经济发展带来的较好客观效果。

此外，匈奴与汉朝和亲可以扩大匈奴的政治影响，有利于提高其在被征服地区的威望，以便“长于百蛮”，加强对被征服地区各族人民的统治。因此，和亲给匈奴带来的实惠是直接受用的，既有中原公主为阏氏，又可无戎马之劳而唾手可得大批财物，匈奴何乐而不为呢？

但值得注意的是，和亲虽然缓和、约束了匈奴南侵的势头，使“冒顿乃少止”，边无大寇，客观上也使得汉高祖至“孝惠、高后之间，衣食滋殖”①，但也绝不会像汉王朝所希望的那样——出现子婿不攻翁父、外孙不攻大父、和顺如一家且匈奴最终归顺称臣的理想效果。这只是西汉统治者的一厢情愿和美好愿望罢了。对匈奴统治者而言，他们并不注重汉政府送出的是宗室女还是真正的公主，他们更重视的是能从和亲中获得多少经济和政治利益。和亲成为匈奴从西汉王朝获取财富的一种手段和实现与汉地进行贸易往来的一种途径。它并不能从根本上消除匈奴的威胁，没有阻止匈奴南侵掠财的脚步。所以说：“中国的公主，仍然一个跟着一个送到匈奴的单于庭，但这并不能停止匈奴马蹄的南进。”② 事实上也是如此，自与汉结“和亲”以来，匈奴从未停止过对中国北方的侵扰。如，高后六年（前182），匈奴连犯狄道。汉文帝时，匈奴不断侵犯边塞。文帝三年（前177），匈奴右贤王入河南地，侵犯上郡，杀掠吏民。文帝十四年（前166），匈奴单于率14万大军进犯朝那、萧关，掳掠大量人口畜产，甚至直接威胁到了长安。文帝后六年（前158），匈奴绝和亲，大入上郡、云中，杀掠甚众，烽火直逼长安。汉景帝在位时，匈奴又屡次入侵燕、上郡、雁门等地。匈奴的行为与他们的生活环境和生存需要有紧密关系。“匈奴处北地，寒，杀气早降。”③ 漠北地区经常发生干旱、严寒、暴风雨雪等灾

---

① （东汉）班固：《汉书》卷二四上《食货志上》，中华书局1962年版，第1127页。

② 翦伯赞：《秦汉史》，北京大学出版社1999年版，第133页。

③ （东汉）班固：《汉书》卷九四上《匈奴传上》，中华书局1962年版，第3762页。

害，给匈奴人民的游牧生活和畜牧生产造成了巨大的损害，使他们很难有足够的产品和食物储备。于是，为了生存和发展，匈奴人不断四处寻求新的生存空间与获取财富的途径。漠南及中原广大地区地域广袤，温润多雨，水草丰美，物产丰富，对物资相对匮乏的匈奴人而言，充满了诱惑。因而，向南扩展以获得更大财富便成了匈奴人的迫切愿望和主观需要。即使是在和亲期间，匈奴也没有完全停止过南侵，往往是“倍约离兄弟之亲者，常在匈奴”① 或“率不过数岁即复倍约”②，绝和亲，数侵边，以至于汉朝“西边北边之郡，虽有长爵不轻得复，五尺以上不轻得息，斥候望烽燧不得卧，将吏被介胄而睡”③。

针对匈奴屡次背信弃义而频繁南下的侵犯行为，贾谊上书汉文帝反对再与匈奴和亲。他认为和亲是向匈奴纳贡，以皇帝的九五之尊而为戎人诸侯，是臣下之礼也；而且以汉王朝之大“困于一县之众”的匈奴，“甚为执事者羞之”④。因此，针对汉朝“远方之卒守塞，一岁而更，不知胡人之能”⑤ 和汉兵“少发则不足，多发，远县才至，则胡又已去。聚而不罢，为费甚大；罢之，则胡复入”⑥

① （西汉）司马迁：《史记》卷一一〇《匈奴列传》，中华书局 1959 年版，第 2897 页。

② （西汉）司马迁：《史记》卷一〇八《韩长孺列传》，中华书局 1959 年版，第 2861 页。

③ （东汉）班固：《汉书》卷四八《贾谊传》，中华书局 1962 年版，第 2240 页。

④ （东汉）班固：《汉书》卷四八《贾谊传》，中华书局 1962 年版，第 2241 ~ 2242 页。

⑤ （东汉）班固：《汉书》卷四九《晁错传》，中华书局 1962 年版，第 2286 页。

⑥ （东汉）班固：《汉书》卷四九《晁错传》，中华书局 1962 年版，第 2285 页。

的边防弊端，汉政府于文景时期采取了一系列积极的防御措施。首先，徙民实边。“选常居者，家室田作”①，募民徙居塞下，并且采取了一些鼓励政策以吸引更多的人迁移到边塞定居、屯田筑城；还对他们进行训练，“居则习民于射法，出则教民于应敌”②，建立起一套兵民合一的戍边防御体系。其次，入粟于边。即将内地的粮食大批运往边塞，供应新安置的边民和守边的将士，并且规定“能输及转粟于边者拜爵”③。这就调动了人们交纳和转运粮食的积极性。此外，就与匈奴主要是马上交战的特点，汉政府不仅大力提倡和鼓励民间养马，而且在西北边郡设立了三十多个马苑专门养马。这些边防措施的实行虽然耗去了汉王朝大量的人力、财力，甚至造成了“屯戍者多，边粟不足给食当食者”④ 的状况，但确实大大增强了北方边塞的防御能力。终景帝之世，匈奴“时时小入盗边，无大寇”⑤。这也为之后汉武帝反击匈奴做了前期准备工作。

二、汉武帝时期的汉匈战争

在汉文帝、汉景帝的大力努力下，汉朝出现了“文景之治”的繁荣局面。到汉武帝即位时，“汉兴七十余年之间，国家无事，非

---

① （东汉）班固:《汉书》卷四九《晁错传》，中华书局 1962 年版，第 2286 页。

② （东汉）班固:《汉书》卷四九《晁错传》，中华书局 1962 年版，第 2289 页。

③ （西汉）司马迁:《史记》卷三〇《平准书》，中华书局 1959 年版，第 1419 页。

④ （西汉）司马迁:《史记》卷三〇《平准书》，中华书局 1959 年版，第 1419 页。

⑤ （东汉）班固:《汉书》卷九四上《匈奴传上》，中华书局 1962 年版，第 3765 页。

遇水旱之灾，民则人给家足，都鄙廪庾皆满，而府库余货财。京师之钱累巨万，贯朽而不可校。太仓之粟陈陈相因，充溢露积于外，至腐败不可食。众庶街巷有马，阡陌之间成群，而乘字牝者傧而不得聚会。守闾阎者食粱肉，为吏者长子孙，居官者以为姓号”①。可见，由于承接了前期的繁盛，汉武帝时，汉王朝国力强大，财力充足，中央集权得到巩固，人民安居乐业，已具备了反击匈奴的实力。汉武帝本人也是一位具有雄才大略和过人胆识的思想家、军事家。他早已对匈奴人的进犯和卑辞厚币以事匈奴的蒙羞之举极为不满，急欲改变之前汉匈之间“足反居上，首顾居下”② 的“倒悬”之势，一雪前耻。因此，汉武帝曾在一封诏书中明示：“高皇帝遗朕平城之忧，高后时单于书绝悖逆。昔齐襄公复九世之仇，《春秋》大之。”③ 我们由此可知他要出击匈奴以报仇雪恨的决心。

汉武帝在继位之初，也与匈奴进行过几次和亲，但这只是一种策略，是为维持双方的安定局势所做的表面文章而已。因为在和亲的同时，汉武帝又派遣张骞出使西域，计划联合月氏共同夹击匈奴。《汉书·西域传》曰：“孝武之世，图制匈奴，患其兼从西国，结党南羌……列四郡，开玉门，通西域，以断匈奴右臂。”所以，汉武帝的最终目的就是打击、制服匈奴。元光二年（前133），汉武帝召集公卿商讨对付匈奴的策略。他首先表态：“单于待命加嫚，侵盗亡已，边境被害，朕甚闵之。今欲举兵攻之，何如?” 此话引

---

① （西汉）司马迁:《史记》卷三〇《平准书》，中华书局1959年版，第1420页。

② （东汉）班固:《汉书》卷四八《贾谊传》，中华书局1962年版，第2240页。

③ （东汉）班固:《汉书》卷九四上《匈奴传上》，中华书局1962年版，第3776页。

起了以大行王恢为代表的主战派和以御史大夫韩安国为代表的主和派的激烈争论。双方各执一词，主要围绕和亲与“威服”的利弊和攻打匈奴的性质、可行性、战略战术等问题展开了辩论，针锋相对，互不相让。尽管两派的分歧很大，但这场辩论廓清了朝野上下在出击匈奴问题上的思想障碍，使汉武帝坚定了出兵的决心。于是，汉武帝决定“从恢议”，以武力应对匈奴，设下了“马邑之谋”。后来由于匈奴单于捕得雁门御史进而得知汉兵有埋伏，所以“马邑之谋”终告失败。自此以后，汉匈关系破裂，“匈奴绝和亲，攻当路塞，往往入盗于边，不可胜数”①。汉匈战争正式拉开序幕。

从汉武帝元光二年（前 133）至征和四年（前 89）汉武帝下诏痛悔征伐之事而不复出兵，前后共历 45 年，战争的时间就占 20 余年。据史籍记载，汉朝出兵达 18 次之多。其中影响较大的战役为：元朔二年（前 127），河南之战。汉王朝收复河南地，设置朔方、五原郡，募民十余万口徙居此地，解除了匈奴对关中的威胁。元朔五年（前 124），汉派卫青、苏建等六将军出朔方击匈奴右贤王。元朔六年（前 123），卫青将六将军出塞与单于战，赵信降匈奴。元狩二年（前 121），河西之战。骠骑将军霍去病将万骑出陇西，进击匈奴，降服浑邪王之众，占领河西走廊地区，打通了与西域的通道。匈奴失去了河西水草丰美的天然牧场，也因此与羌人隔绝了交通。从此，“金城、河西西并南山至盐泽空无匈奴。匈奴时有候者到，而希矣”②。元狩四年（前 119），漠北之战。卫青、霍去病各率五万骑绝幕击匈奴。双方皆损失惨重。匈奴远遁，漠南无

① （东汉）班固：《汉书》卷九四上《匈奴传上》，中华书局 1962 年版，第 3765 页。

② （西汉）司马迁：《史记》卷一二三《大宛列传》，中华书局 1959 年版，第 3167 页。

王庭，而汉亦少马，无以复往。太初二年（前103），汉遣浞野侯赵破奴将二万骑，出朔方击匈奴，全军覆没。天汉二年（前99），贰师将军李广利将三万骑出酒泉击匈奴，损失十之六七。同年，李陵将兵五千人出居延北千余里与匈奴单于战，兵败而降匈奴。天汉四年（前97），李广利等率军出击匈奴，不利而归。征和三年（前90），汉再派李广利等人出兵匈奴。李广利兵败而降匈奴。第二年，已经备受打击的匈奴主动遣使向汉求和亲，并称“边不相盗矣”。汉武帝虽未应允，但此后亦不再出兵。

汉匈连年交战，各有胜负。但从战争的全过程来看，匈奴的势力遭到极大削弱，匈奴远徙西北，其内部的分化加速，矛盾愈加深化。汉匈的力量对比发生了巨大改变，汉强匈弱的形势明朗。在战争中，匈奴战死、降汉和被汉俘获者数十万，马匹和牲畜的损失难以统计。而且匈奴人失去了他们赖以生存的阴山和河西等水草丰茂、冬暖夏凉、宜畜宜牧的地区，其生产和生活遭到了极大破坏。在不断遭受战争和自然灾害的同时，和亲和关市的一度中断使得匈奴人无法继续获得中原的财物，无法与汉人进行经济贸易。所以匈奴人的生存难以保障，他们四处逃散。此时，匈奴统治下的周边各族也在乘机蠢蠢欲动。匈奴对各小国的威慑力和政治影响已大不如从前。《汉书·匈奴传》曰：“汉兵深入穷追二十余年，匈奴孕重惰殰，罢极苦之。”匈奴从此一蹶不振。

对于汉朝来说，汉武帝连续出兵攻打匈奴，沉重打击了狂妄的匈奴奴隶主贵族势力，保卫了西汉的安全，而且开拓了汉王朝的疆土，基本解除了北方匈奴边患的威胁。更重要的是，汉武帝对匈奴采取的强硬武力政策改变了长期以来统治者“以帝皇之号为戎人诸侯”的屈辱境地，为汉王朝争得了尊严，抬高了汉朝的政治地位。从此，西汉政权摆脱了凌辱，声威远播。

周边各族亦开始与汉政府交往。

对于汉匈战争的性质和作用，历来颇有不同的看法。大多数文人和学者对此给予肯定和高度评价，认为西汉王朝曾长期受到匈奴人的侵扰和羞辱，汉武帝在内部安定、实力强盛的基础上力主出兵反击匈奴是正义之举，具有反侵略和防御的性质。更多的学者在肯定了前期汉匈战争之积极作用的同时，也客观地认识到中后期（尤其是天汉年间以后）汉武帝对匈奴发动的一系列战争已经带有掠夺性质，是不义之举。汉武帝在后期已被战争的胜利冲昏了头脑，甚至企图彻底征服、击垮匈奴，走上了穷兵黩武的道路，最终导致劳民伤财，得不偿失。战争中的耗资动辄“费数十百巨万”，即使政府采取了非常手段，仍是“陈藏钱经耗，赋税既竭，犹不足以奉战士”①。

史书对当时的情况多有描述，《史记·平准书》云汉自“王恢设谋马邑，匈奴绝和亲，侵扰北边，兵连而不解，天下苦其劳，而干戈日滋。行者赍，居者送，中外骚扰而相奉，百姓抏弊以巧法，财赂衰耗而不赡”。刘向《新序》亦云：“孝武皇帝自将师伏兵于马邑……其后交兵接刃，结怨连祸。相攻击十年，兵凋民劳，百姓空虚，道殣相望，槥车相属，寇盗满山，天下摇动。”《汉书·夏侯胜传》载长信少府夏侯胜说：“武帝虽有攘四夷广土斥境之功，然多杀士众，竭民财力，奢泰亡度，天下虚耗，百姓流离，物故者半……”

累年的战争已造成国力虚耗、土地兼并、流民布野、盗贼四起等问题。即使汉政府采取了统一货币、算缗告缗、盐铁专营、均输平准等经济政策，取得了一定成效，仍无法较好地解决严重的财政

---

① （西汉）司马迁：《史记》卷三〇《平准书》，中华书局1959年版，第1422页。

危机和其他诸多社会问题。一些政策的实施不当也连带引发了更多的社会问题，卖官鬻爵成风，人民负担加重。这使年迈的汉武帝不得不痛发“罪己之诏”，“深陈既往之悔”。汉武帝明确指出“当今务在禁苛暴，止擅赋，力本农，修马复令，以补缺，毋乏武备而已”①；并封丞相为富民侯，重兴休养生息之策，偃文习武，思富养民，以恢复元气。

三、昭宣时期汉匈关系的改善

后元二年（前87），汉武帝去世，其幼子刘弗陵继位，是为汉昭帝。皇帝年幼，故以霍光为大司马大将军并让其辅政。时“承孝武奢侈余敝师旅之后，海内虚耗，户口减半，光知时务之要，轻徭薄赋，与民休息。至始元、元凤之间，匈奴和亲，百姓充实。举贤良文学，问民所疾苦，议盐铁而罢榷酤”②。汉宣帝执政后，继续奉行汉昭帝“与民休息”的政策，提倡节俭，减轻赋税徭役，整饬吏治。在边防上，汉朝亦加强了阴山至盐泽一线的警备，同时很少对他族用兵。由于昭宣时期统治者实行了一系列积极政策，所以汉朝的经济得到恢复发展，社会比较安定。在这一时期，汉匈关系也有所缓和。史称：“汉边郡烽火候望精明，匈奴为边寇者少利，希复犯塞。”③ 昭宣时期，汉朝出现了“昭宣中兴”的局面。此时的匈奴由于遭受武帝以来的频繁攻击，“兵数困，国益贫”，又因“国内乖离”而常恐汉兵袭击。于是，匈奴一方面将扣留多年的汉使苏

---

① （东汉）班固：《汉书》卷九六下《西域传下》，中华书局1962年版，第3914页。

② （东汉）班固：《汉书》卷七《昭帝纪》，中华书局1962年版，第233页。

③ （东汉）班固：《汉书》卷九四上《匈奴传上》，中华书局1962年版，第3784页。

武、马宏等遣返归汉，另一方面“常使左右风汉使者。然其侵盗益希，遇汉使愈厚，欲以渐致和亲”①。汉匈之间基本上维持了和平相处的状态。当然，匈奴偶尔也会有小的侵犯行为。

汉昭帝始元四年（前83），匈奴侵入代郡，杀都尉。元凤元年（前80），匈奴发左右部两万骑为四队，入侵为寇。汉兵追之，斩首获虏九千人，生得瓯脱王。汉无所失亡，匈奴遂西北远去，不敢南逐水草，徙人民屯瓯脱地。元凤三年（前78）春，匈奴右贤王、犁汙王四千骑，分三队，入日勒、屋兰、番和。汉张掖太守、属国都尉发兵击破之，杀犁汙王。自此，匈奴不敢入张掖。明年，匈奴发三千骑入五原，杀掠数千人。后数万骑南傍塞猎，沿途进攻塞外亭障，掠取吏民而去。然而，这些入侵的规模都不大，且因汉朝边塞防守严密，所以未构成威胁。“匈奴繇是恐，不能出兵。”② 匈奴遂把精力转移至与汉有和亲关系的乌孙。匈奴多次入侵乌孙地，并几欲索得汉公主，欲使乌孙与汉隔绝。乌孙昆弥与公主上书向汉求救，愿发精兵人马五万，与汉合击匈奴。这是昭宣之际由乌孙关系引发的一次较大规模出击匈奴的战争。

宣帝本始二年（前72），“汉大发关东轻锐士，选郡国吏三百石伉健习骑射者，皆从军”③。汉派遣御史大夫田广明为祁连将军，领四万余骑，出西河；派度辽将军范明友领三万余骑，出张掖；派前将军韩增领三万余骑，出云中；派后将军赵充国为蒲类将军领三

① （东汉）班固:《汉书》卷九四上《匈奴传上》，中华书局1962年版，第3783页。

② （东汉）班固:《汉书》卷九四上《匈奴传上》，中华书局1962年版，第3785页。

③ （东汉）班固:《汉书》卷九四上《匈奴传下》，中华书局1962年版，第3785页。

万余骑，出酒泉；派云中太守田顺为虎牙将军，领三万余骑出五原。五将军出塞各两千余里。汉又命校尉常惠护乌孙兵，昆弥自将翕侯以下五万骑从西方攻入。汉兵与乌孙兵合二十余万众，于第二年咸击匈奴。匈奴闻知汉军大出，遂老弱奔走，驱赶畜产远逃。所以，汉五将军所得不多。然而匈奴民众受伤散失者及因远移而死亡的畜产不可胜数，匈奴于是大衰耗。同年冬，匈奴为报复乌孙，单于亲率万骑出击，“颇得老弱”；但在返回途中，遭遇大雨雪，人民畜产冻死，损失惨重。此时，受匈奴长期压迫的丁零、乌桓、乌孙等族趁其虚弱起而反抗，杀掠人口、马匹、牛羊甚众。匈奴腹背受敌，孤立难支，遂“兹欲乡和亲，而边境少事矣”①。

在受到外部群起攻击打压的同时，匈奴又遭受了严重的饥荒。匈奴日益衰弱，其政权凝聚力不足和经济基础薄弱的隐患逐渐显现出来。社会危机严重，统治集团内部的种种矛盾激化，权势之争一触即发。先是虚闾权渠单于即位后，黜前单于所幸颛渠阏氏，颛渠阏氏之父左大且渠因而怀恨在心。神爵二年（前60），虚闾权渠单于死，颛渠阏氏与其弟都隆奇合谋立右贤王屠耆堂为握衍朐鞮单于，废黜了前单于子稽侯狦。稽侯狦不得立，逃往妻父乌禅幕处。乌禅幕遂与姑夕王、左地贵人共立稽侯狦为呼韩邪单于，与握衍朐鞮单于对抗。握衍朐鞮单于不得人心，兵败自杀。其他几位封王于是趁乱自立为单于。这场权位之争很快演变成了五位单于的相互争斗和厮杀，最终发展成为郅支单于和呼韩邪单于兄弟争国之势。呼韩邪单于不敌郅支单于，兵败而走。郅支遂占据单于庭。

① （东汉）班固：《汉书》卷九四上《匈奴传下》，中华书局1962年版，第3787页。

匈奴内部的斗争加剧了其衰败的进程。匈奴经济萧条，民不聊生，人口“死者以万数，畜产大耗什八九，人民饥饿，相燔烧以求食”①。大批民众不得已归降汉朝以求生。在这样的背景下，呼韩邪单于兵败而迷茫失措，进退维谷。于是，左伊秩訾王向呼韩邪单于进献归汉之策，劝其向汉称臣、入朝事汉、从汉求助，以定匈奴。此计一出便引起了匈奴统治集团内部的激烈讨论。

诸大臣皆认为匈奴称臣事汉之策不可行，指出：“匈奴之俗，本上气力而下服役，以马上战斗为国，故有威名于百蛮。战死，壮士所有也。今兄弟争国，不在兄则在弟，虽死犹有威名，子孙常长诸国。汉虽强，犹不能兼并匈奴，奈何乱先古之制，臣事于汉，卑辱先单于，为诸国所笑！虽如是而安，何以复长百蛮！”② 反对者认为称臣事汉为下下之策，不仅违背了先古之制，令祖先蒙羞，而且会损害匈奴威名，使匈奴无法立威于百蛮，为诸国所耻笑。他们主要是担忧匈奴“百蛮大国”的名声和威望受到损害，这是很有道理的。左伊秩訾王则据理力争，进一步阐述了自己的看法：“强弱有时，今汉方盛，乌孙城郭诸国皆为臣妾，自且鞮侯单于以来，匈奴日削，不能取复，虽屈强于此，未尝一日安也。今事汉则安存，不事则危亡，计何以过此！”③ 他从国力强弱的角度对汉匈双方的力量进行了分析比较，坚持主张依汉则可安存。最终，呼韩邪单于力排众议，听从了左伊秩訾王的建议，决定归汉。甘露元年（前53），呼

---

① （东汉）班固：《汉书》卷八《宣帝纪》，中华书局1962年版，第266页。

② （东汉）班固：《汉书》卷九四下《匈奴传下》，中华书局1962年版，第3797页。

③ （东汉）班固：《汉书》卷九四下《匈奴传下》，中华书局1962年版，第3797页。

韩邪单于“引众南近塞，遣子右贤王铢娄渠堂入侍”①。次年，呼韩邪单于至五原塞，愿奉族中珍宝，朝汉于甘露三年正月。自此以后，汉匈关系发生了根本性的改变。

对于呼韩邪单于的即将来朝面圣，汉王朝的公卿大臣都十分重视，并针对应以何种态度和礼仪对待匈奴展开了一番讨论。其中，丞相黄霸和御史大夫于定国曰：“圣王之制，施德行礼，先京师而后诸夏，先诸夏而后夷狄。《诗》云：‘率礼不越，遂视既发；相土烈烈，海外有截。’陛下圣德充塞天地，光被四表，匈奴单于乡风慕化，奉珍朝贺，自古未之有也。其礼仪宜如诸侯王，位次在下。”② 于定国主张依据传统的“夷夏有别观”将匈奴视如诸侯王以待之。而太子太傅萧望之则持反对意见，他认为：“单于非正朔所加，故称敌国，宜待以不臣之礼，位在诸侯王上。外夷稽首称藩，中国让而不臣，此则羁縻之谊，谦亨之福也。《书》曰‘戎狄荒服’，言其来服，荒忽亡常。如使匈奴后嗣卒有鸟窜鼠伏，阙于朝享，不为畔臣。信让行乎蛮貉，福祚流于亡穷，万世之长策也。”③ 萧望之主张以礼待之。汉宣帝采纳了萧望之的建议，下诏曰：“盖闻五帝三王教化所不施，不及以政。今匈奴单于称北藩，朝正朔，朕之不逮，德不能弘覆。其以客礼待之，令单于位在诸侯王上，赞谒称臣而不名。”④ 由此可知，即便汉宣帝和萧望之等人出于尊重对匈奴待以“客礼”，然而他们仍

① （东汉）班固：《汉书》卷九四下《匈奴传下》，中华书局1962年版，第3797页。

② （东汉）班固：《汉书》卷七八《萧望之传》，中华书局1962年版，第3282页。

③ （东汉）班固：《汉书》卷七八《萧望之传》，中华书局1962年版，第3282页。

④ （东汉）班固：《汉书》卷七八《萧望之传》，中华书局1962年版，第3282～3283页。

以“正朔”自居，而把匈奴等民族视为“枝叶”或“分叉”。

甘露三年（前51）和黄龙元年（前49），呼韩邪单于两次进京觐见汉宣帝。汉宣帝皆宠以殊礼，盛情款待，不仅令单于“位在诸侯王上”，而且赐以冠带衣裳、刀剑、弓矢、黄金、衣被、锦绣和缯絮等。单于归国时，自请“愿留居光禄塞下，有急保汉受降城”。汉宣帝答应了这一请求，以呼韩邪单于居漠南，保光禄城，派长乐卫尉高昌侯董忠、车骑都尉韩昌将兵送单于出朔方鸡鹿塞，“留卫单于，助诛不服”①。匈奴因此正式向汉奉藩称臣。这一举措对其他各族的影响很大。自乌孙以西至安国等临近匈奴的诸国之前畏惧匈奴而轻视汉朝。匈奴使者持单于书信到各地时，各地传送食物招待，不敢留难。但是汉朝的使者在各国则是不出货币和物品就换不到食物，不购买牲畜就得不到骑乘。而在呼韩邪单于附汉之后，这些小国也都开始敬畏汉朝了。

到汉元帝时，经过近十年的安定发展，呼韩邪单于之“民众益盛”，“足以自卫”，“竟北归庭，人众稍稍归之，国中遂定”②。而后不久，郅支单于在康居为西域都护甘延寿与陈汤所杀，呼韩邪单于的政敌被消灭。于是，竟宁元年（前33），呼韩邪单于第三次进京，朝见汉元帝，并求姻亲。汉元帝不仅加倍赏赐，并将后宫良家子王昭君赐予单于，达成和亲。单于亦上书“愿保塞上谷以西至敦煌，传之无穷，请罢边备塞吏卒，以休天子人民”③。对此请求，

---

① （东汉）班固:《汉书》卷九四下《匈奴传下》，中华书局1962年版，第3798页。

② （东汉）班固:《汉书》卷九四下《匈奴传下》，中华书局1962年版，第3801页。

③ （东汉）班固:《汉书》卷九四下《匈奴传下》，中华书局1962年版，第3803页。

汉元帝在与朝中大臣廷议之后，以“中国四方皆有关梁障塞，非独以备塞外也，亦以防中国奸邪放纵，出为寇害，故明法度以专众心也”① 为由婉言谢绝了。呼韩邪单于的这次朝汉延续并巩固了宣帝时建立起来的汉匈友好关系。在匈奴郅支单于被诛杀之后，呼韩邪单于在很大程度上是因为担心自己会成为下一个被汉王朝攻击的对象才主动与汉交好，然而呼韩邪单于也有“不忘恩德”“乡慕礼义”而“复修朝贺之礼”的一面。他在临终之时曾遗言曰：“有从中国来降者，勿受，辄送至塞，以报天子厚恩。”② 可见，呼韩邪单于对汉朝的恩情是有所感念的。王昭君嫁给呼韩邪单于号为“宁胡阏氏”和汉元帝改元“竟宁”都是汉匈双方友好关系的生动反映。

呼韩邪单于降汉称臣，不但入朝觐见，还要遣子入侍。但匈奴的臣服并不是汉朝以武力征服匈奴的结果，所以汉朝对匈奴没有直接统治管辖的权力。匈奴仍然是一个独立的民族政权。汉政府对匈奴的政治、经济和军事等内部事务都不加干涉。相反，汉王朝还不时转送给匈奴许多谷物粮食，派遣将士护卫匈奴上层统治者，热情招待来访的匈奴使臣和贵族。在匈奴臣服汉朝的这一时期，汉始终对匈奴“客礼以待”。而且汉宣帝和汉元帝曾与匈奴约定：“长城以南天子有之，长城以北单于有之。有犯塞，辄以状闻；有降者，不得受。”③ 所以，匈奴向汉称臣是建立在平等基础上的，汉匈之间是和睦相处、平等对待的。

---

① （东汉）班固：《汉书》卷九四下《匈奴传下》，中华书局 1962 年版，第 3805 页。

② （东汉）班固：《汉书》卷九四下《匈奴传下》，中华书局 1962 年版，第 3818 页。

③ （东汉）班固：《汉书》卷九四下《匈奴传下》，中华书局 1962 年版，第 3818 页。

呼韩邪单于勇于主动附汉，不仅是因为他个人的胆识、智慧和对时势的正确把握，更是社会历史发展的结果；不仅是他人生中的壮举，更为汉匈关系的改善做出了重要贡献。林幹先生对此做过精到评述："呼韩邪之附汉，并不是偶然的。这不是他个人主观愿望的结果，而是汉匈两族历史长期发展的必然产物。不过他能够把握当时的形势，顺应历史的潮流，反映了匈奴族人民的愿望，并通过他个人的政治远见、才能和毅力，终于完成了汉匈两族的团结事业，促成了塞北与中原的统一，从而加强了汉族与匈奴族之间的经济文化的交流。"① 虽然呼韩邪向汉称臣是形势所迫——附汉则安，不附则危，但一个曾经辉煌强悍、不可一世的政权向一个曾经软弱受欺的政权俯首称臣，呼韩邪单于需要有多大的勇气和决心可想而知。所以，呼韩邪单于的这一举措是伟大的，也是明智的。

匈奴能够臣服于汉的主要原因是其内讧严重，统治阶级内部矛盾尖锐，所以面对兄弟争国的局势，以呼韩邪单于为首的上层统治者审时度势做出了大胆的决策。这也反映出匈奴人受到了汉王朝的不少影响，对中原的文化、生活是有所向往的，渴望与汉王朝加强联系。匈奴统治者的这一决策基本达到了他们的预期效果，不仅结束了汉匈两族100余年来的对立状态，开创了汉匈两族团结合作的新局面，而且加深了两族在经济、文化、语言、风俗、生产技术等各方面的交流和影响，符合两族人民的愿望和要求。就匈奴方面来讲，在汉王朝的帮助下，呼韩邪单于消灭了政敌，重返单于庭，从而结束了匈奴20余年来的分裂状态，恢复了民族统一和社会安定，为社会生产、经济发展、人民安居乐业提供了有利条件。汉朝也从中获益，北边无战事。宣帝以来"边城晏闭，牛马布野，三世无犬

① 林幹：《匈奴通史》，人民出版社1986年版，第71页。

吠之警，黎庶亡干戈之役”①。北方边境人民获得安定生活 60 余年。

在这一重大历史事件中，尤其值得注意的一个人物是为汉匈两族友好关系做出巨大贡献的“和亲”使者——王昭君。“昭君出塞”早已是千年佳话。王昭君的方方面面已受到人们的关注。研究者从文学、史学、考古学、民族学等角度进行了深入的分析和探讨，也取得了很多有价值的成果，在此不再一一阐述。

第三节　匈奴与新莽政权的关系

呼韩邪单于死后，相继在位的复株累单于、搜谐单于、车牙单于、乌珠留单于都遵从呼韩邪单于的遗嘱，与汉王朝保持和平往来，或遣子入侍，或遣名王奉献，甚至亲自入朝觐见汉帝。成帝河平四年（前 25），复株累单于朝汉，汉加赐锦绣缯帛二万匹、絮二万斤，其他皆如竟宁年间时。元延元年（前 12），搜谐单于欲朝汉，未入塞，病死。哀帝元寿二年（前 1），乌珠留单于入朝，并将随从人员由原先的二百人增至五百人。汉所赐财物丰厚，一如河平年时，另又加赐单于衣三百七十袭、锦绣缯帛三万匹、絮三万斤。汉自元帝以来，也一直秉承汉匈间的约定，厚遇匈奴使臣，善待匈奴来者。而这样的友好关系至王莽时被破坏了。

王莽在汉成帝时作为皇太后王政君的外戚之一正式踏入仕途。从此，他通过诛亲、献国、素食等手段沽名钓誉、收买人心，并诬陷忠良以排除异己，一步步由“秉政”“居摄”到篡

① （东汉）班固：《汉书》卷九四下《匈奴传下》，中华书局 1962 年版，第 3832～3833 页。

夺皇位成为天子。在篡位的同时，王莽对匈奴及其他周边少数民族也实行了一系列的政策。而事实证明，王莽实行的这些民族政策是极其错误的，直接导致边塞战事重起、汉匈和睦关系破裂。

汉平帝元始二年（2），王莽欲取悦于太后，乃讽单于令遣王昭君女须卜居次云入侍。针对西域车师后王姑句、婼羌国去胡来王唐兜降匈奴之事，王莽向匈奴颁布四条规定："中国人亡入匈奴者，乌孙亡降匈奴者，西域诸国佩中国印绶降匈奴者，乌桓降匈奴者，皆不得受。"① 王莽还一并收回宣帝所为约束的封函。新颁四条规定背弃了宣元时期与匈奴的故约，直接介入匈奴的内部事务。同年，王莽又"奏令中国不得有二名"②，"乃遣使者赍黄金币帛，重赂匈奴单于，使上书言：'闻中国讥二名，故名囊知牙斯今更名知，慕从圣制。'"③ 这有悖于匈奴人的生活风俗和语言习惯。

公元8年，王莽正式代汉建立新政权。第二年，王莽即策命曰："天无二日，土无二王，百王不易之道也。汉氏诸侯或称王，至于四夷亦如之，违于古典，缪于一统。其定诸侯王之号皆称公，及四夷僭号称王者皆更为侯。"④ 于是遣"五威将奉符命，赍印绶，王侯以下及吏官名更者，外及匈奴、西域，徼外

① （东汉）班固：《汉书》卷九四下《匈奴传下》，中华书局1962年版，第3819页。

② （东汉）班固：《汉书》卷九四下《匈奴传下》，中华书局1962年版，第3819页。

③ （东汉）班固：《汉书》卷九九《王莽传》，中华书局1962年版，第4051页。

④ （东汉）班固：《汉书》卷九九《王莽传》，中华书局1962年版，第4105页。

蛮夷，皆即授新室印绶，因收故汉印绶”①。其中，北出者至匈奴单于庭，更换汉所赐单于印绶，将“匈奴单于玺”更换为“新匈奴单于章”，实际上使匈奴从汉朝的藩属变为新室的藩属。单于见印玺有所变更，乃遣右骨都侯欲向王莽使者索回汉印，辩解道：“汉赐单于印，言‘玺’不言‘章’，又无‘汉’字，诸王已下乃有‘汉’言‘章’。今即去‘玺’加‘新’，与臣下无别，愿得故印。”② 但故印早已被使者毁坏。王莽将原来与汉天子玺相同制式的玺印变为与汉诸侯王印同一级别的章印，明显是对匈奴单于地位的贬低，也违背了宣元时期匈奴单于“位在诸侯王上”的原则。因此，单于大怒，“遂寇边郡，杀略吏民”③。

始建国二年（10），匈奴单于不顾王莽所颁四条，接受车师后王须置离之兄狐兰支所将二千余人和陈良、终带所胁略戊己校尉吏士男女二千余人的投降；又令南将军右伊秩訾王将兵寇击西域诸国。对于匈奴单于表现出的不满和反抗，王莽不仅没有反思、调整政策，反而采取了报复性的措施。他将匈奴单于更名为降奴单于，并曰：“降奴服于知威侮五行，背畔四条，侵犯西域，延及边垂，为元元害，罪当夷灭。命遣立国将军孙建等凡十二将，十道并出，共行皇天之威，罚于知之身。惟知先祖故呼韩邪单于稽侯狦累世忠孝，保塞守徼，不忍以一知之罪，灭稽侯狦之世。今分匈奴国土人

① （东汉）班固：《汉书》卷九九《王莽传》，中华书局 1962 年版，第 4114 页。

② （东汉）班固：《汉书》卷九四下《匈奴传下》，中华书局 1962 年版，第 3821 页。

③ （东汉）班固：《汉书》卷九九《王莽传》，中华书局 1962 年版，第 4119 页。

民以为十五，立稽侯狦子孙十五人为单于。”① 王莽于是遣各路将军出五原、云中、代郡、西河、渔阳、张掖等地，“募天下囚徒、丁男、甲卒三十万人，转众郡委输五大夫衣裘、兵器、粮食，长吏送自负海江淮至北边，使者驰传督趣，以军兴法从事，天下骚动。先至者屯边郡，须毕具乃同时出”②，欲逐匈奴于丁零。王莽同时还派遣中郎将蔺苞、副校尉戴级到塞下，招诱单于弟咸及咸子登、助三人，胁拜咸为孝单于，送登至长安拜为顺单于③。王莽这样做主要是为了打击单于囊知牙斯的背叛，却也破坏了匈奴内部的统一和稳定。单于因此极为愤怒，扬言：“先单于受汉宣帝恩，不可负也。今天子非宣帝子孙，何以得立？”④ 单于遂出兵入侵云中益寿塞，大杀吏民。是后，单于遍告左右都尉和诸边王，入塞寇略，大辈万余，中辈数千，少者亦数百；杀朔方太守、都尉等，抄掠吏民畜产不可胜数，缘边衰耗。咸在勉强做了几天的孝单于之后也出塞逃归单于庭。王莽分立十五单于的阴谋破灭。王莽对单于知的打击未遂，反受其害，因而恼羞成怒，对单于的报复变本加厉；甚至在天凤二年（15）遣使匈奴时，“敕令掘单于知墓，棘鞭其尸”⑤。

新莽政权实行的这些错误民族政策使汉匈关系重新紧张起来，

① （东汉）班固：《汉书》卷九九《王莽传》，中华书局1962年版，第4121页。

② （东汉）班固：《汉书》卷九九《王莽传》，中华书局1962年版，第4121页。

③ 《汉书·匈奴传下》曰：“拜助为顺单于，赐黄金五百斤；传送助、登长安。……后助病死，莽以登代助为顺单于。”

④ （东汉）班固：《汉书》卷九四下《匈奴传下》，中华书局1962年版，第3823页。

⑤ （东汉）班固：《汉书》卷九九《王莽传》，中华书局1962年版，第4139页。

使边境战事重开。王莽不仅对此置若罔闻，反而一错再错，企图用武力制服匈奴。当时，诸将在边，以大夫未集，未敢出击。将军严尤上书王莽力谏不可轻易征伐匈奴。王莽不听，“转兵谷如故，天下骚动”①。此时，匈奴屡屡寇边，杀掠吏民，驱略畜产甚众，北境深受其害。自“莽挠乱匈奴，与之构难，边民死亡系获”，“数年之间，北边虚空，野有暴骨矣”②。

始建国五年（13），乌珠留单于囊知牙斯死，其弟咸继立为乌累单于，即求和亲。天凤元年（14），王莽遣和亲侯王歙及其弟王飒出使匈奴，贺单于初立，赐黄金、衣被、缯帛，并购求叛臣陈良、终带等。第二年，汉匈既已和亲，王莽复遣王歙及五威将王咸、伏黯等至匈奴，谕说改其号，号匈奴曰“恭奴”、单于曰“善于”，封骨都侯须卜当为后安公，当之子奢为后安侯，又令匈奴却塞于漠北，责让单于进献马匹和牛三万头、羊十万只并还回所掳的汉民生口。单于受此大辱，虽因贪图王莽之金币财富而“曲听之”，但仍寇盗如故。天凤三年（16），“长平馆西岸崩，邕泾水不流，毁而北行”③。群臣以为“以土填水”是匈奴灭亡之兆。王莽听此昏言，遣并州牧宋弘、游击都尉任萌等将兵击匈奴。结果与第一次出征一样，仍是“至边止屯”。两次出兵匈奴未成，王莽于天凤六年（19）不顾国内盗贼横行、流民遍布、起义迭起的严峻形势，再次大肆招募天下丁男及死罪囚、吏民奴，编为锐卒，命名为“猪突

① （东汉）班固：《汉书》卷九四下《匈奴传下》，中华书局1962年版，第3825页。

② （东汉）班固：《汉书》卷九四下《匈奴传下》，中华书局1962年版，第3826页。

③ （东汉）班固：《汉书》卷九九《王莽传》，中华书局1962年版，第4144页。

豨勇”，并广募有奇技者，“待以不次之位”，以征发匈奴。直至新莽政权行将灭亡的地皇二年（21），王莽还在下令“转天下谷币诣西河、五原、朔方、渔阳，每一郡以百万数，欲以击匈奴”①。而他试图征服匈奴、建不朽功业的妄想始终未能实现。

天凤五年（18），单于舆当政，贪利赏赐，乃遣大且渠奢与伊墨居次云（王昭君之女）女弟当于居次子醯椟王共入长安奉献。而后，王莽遣和亲侯王歙诱云及其婿须卜当至塞下，以兵胁迫至长安，欲立当为单于。大司马严尤劝阻王莽说：“当在匈奴右部，兵不侵边，单于动静，辄语中国，此方面之大助也。于今迎当置长安槀街，一胡人耳，不如在匈奴有益。”② 须卜当是当时匈奴的用事大臣，也是匈奴贵族中的亲汉势力，与中原王朝有着密切的关系。他在匈奴自然要比被安置在长安对新莽政权有利得多。但王莽未听从严尤的劝说，一意孤行，强立当为须卜单于，且欲遣严尤与廉丹出击匈奴，诛灭单于舆而辅立当。须卜当死后，王莽又欲出兵辅立当之子奢为单于。此举使匈奴单于十分愤怒。匈奴单于发兵并入北边诸郡，“北边由是败坏”③。

王莽对匈奴的种种倒行逆施和对匈奴内部事务的妄加干涉，不仅没有达到制服匈奴的目的，反而将汉匈关系一步步推向恶化最终破裂的境地，导致北方边境狼烟四起、兵戈再现，导致阶级矛盾和民族矛盾尖锐。直到东汉初期，汉匈关系仍没有得到改善。

---

① （东汉）班固：《汉书》卷九九《王莽传》，中华书局 1962 年版，第 4167 页。

② （东汉）班固：《汉书》卷九九《王莽传》，中华书局 1962 年版，第 4156 页。

③ （东汉）班固：《汉书》卷九四下《匈奴传下》，中华书局 1962 年版，第 3829 页。

第四节 东汉时期的汉匈关系

一、东汉初期匈奴分裂的原因

东汉初期，匈奴发生了一件彻底改变其命运的重大历史事件——南北分裂。匈奴政权分裂的原因是多方面的，既有其自身内在的原因，又有外部因素。笔者在总结上述几节内容的基础上，对匈奴分裂的原因做如下具体分析。

（一）匈奴分裂的直接原因

自呼韩邪单于死后，至乌累若鞮单于，各匈奴单于都能恪守呼韩邪单于规定的“传国与弟”的“约令”，社会比较安定。新莽天凤五年（18），乌累若鞮单于死，其弟舆继位。他刚愎自用，想改变“约令”而传位于其子，借故杀害了右谷蠡王伊屠知牙师。前单于子右薁鞬日逐王比闻知牙师被诛，非常不满，乃出怨言：“以兄弟言之，右谷蠡王次当立；以子言之，我前单于长子，我当立。”① 比遂很少参加庭会。单于怀疑他有二心，遣两骨都侯监领比所率官兵。东汉建武二十二年（46），单于舆死，其子左贤王乌达鞮侯立，又死，其弟左贤王蒲奴成为单于。比因未即单于位，更加愤恨。时逢匈奴连年旱蝗，人口和牲畜都受到很大损失。蒲奴单于怕汉会乘机来袭，便遣使至渔阳求和亲。于是比密遣汉人郭衡奉匈奴地图给汉，并向西河太守求内附。此事被两骨都侯察觉。两骨都侯与单于商定于五月

① （南朝宋）范晔：《后汉书》卷八九《南匈奴列传》，中华书局1965年版，第2942页。

龙城会诛杀比。比得知而惊惧，遂率所辖南边八部众四五万人，欲击杀两骨都侯。两骨都侯知其谋而逃奔于单于。单于遣兵击之，见比兵多人众，未敢轻举妄动而还。

比自知不能再与蒲奴单于共事，遂自立为单于（以其祖稽侯狦附汉而得安，遂袭其号亦称“呼韩邪单于”），率所辖南边八部兵众于建武二十四年（48）春归附东汉政府。至此，匈奴分为南北两个政权，分居漠南、漠北。

（二）匈奴分裂的内在原因

1．匈奴贵族的归汉和内徙事件频繁

南单于比率所领八部附汉以前，匈奴贵族归汉和内徙事件屡次发生。

汉武帝元朔三年（前126），“军臣单于死，其弟左谷蠡王伊稺斜自立为单于，攻败军臣单于太子於单。於单亡降汉，汉封於单为陟安侯”①。数月后，於单死，匈奴内部大乱。

元狩二年（前121），“单于怒浑邪王、休屠王居西方为汉所杀虏数万人，欲召诛之”②。二王惧怕，遂谋降于汉。后“浑邪王杀休屠王，并将其众降汉。凡四万余人，号十万”③。汉“封浑邪王万户，为漯阴侯”④，将其众安置于陇西、北地、上郡、朔方、云中故塞外，由五属国统之。

---

① （东汉）班固：《汉书》卷九四上《匈奴传上》，中华书局1962年版，第3767页。

② （西汉）司马迁：《史记》卷一一〇《匈奴列传》，中华书局1959年版，第2909页。

③ （西汉）司马迁：《史记》卷一一〇《匈奴列传》，中华书局1959年版，第2909页。

④ （西汉）司马迁：《史记》卷一一一《卫将军骠骑列传》，中华书局1959年版，第2933页。

汉宣帝地节二年（前68）秋，“匈奴前所得西嗕居左地者，其君长以下数千人皆驱畜产行，与瓯脱战，所战杀伤甚众，遂南降汉”①。

神爵二年（前60），握衍朐鞮单于继立。他性情残虐，尽诛前单于用事大臣刑未央等，任用都隆奇等人；尽免前单于子弟近亲，而重用自己的家族子弟。前单于子稽侯狦被迫逃至妻父乌禅幕处，贵族大臣们人心惶惶。“日逐王素与握衍朐鞮单于有隙，即率其众数万骑归汉。汉封日逐王为归德侯。”②

五凤二年（前56）冬，匈奴左大将乌厉屈与其父乌厉温敦见匈奴大乱，率其众数万人南降汉。汉封乌厉屈为新城侯，封乌厉温敦为义阳侯，并在西河、北地二郡设置属国安置。③

此后，稽侯狦自立为呼韩邪单于。匈奴“五单于争立”事件平息后，呼韩邪单于与郅支单于又处于“兄弟争国”的对立局势。为摆脱困局、求得生存，甘露元年（前53），呼韩邪单于率众附汉，臣服于汉。

长期以来，匈奴贵族频繁率众降汉的行为使原本体制较为松散的匈奴政权更为涣散，削弱了匈奴贵族对民族利益的捍卫意识，也使得匈奴民众更加缺乏依赖感、归属感和拥护意识。

2. 匈奴的政治制度不够完善

匈奴没有建立一种非常严密的政权体制，政治权力不集中，缺乏强有力的专制权力和控制力，其民族向心力不强。匈奴“自淳维

---

① （东汉）班固：《汉书》卷九四上《匈奴传上》，中华书局1962年版，第3788页。

② （东汉）班固：《汉书》卷九四上《匈奴传上》，中华书局1962年版，第3790页。

③ （东汉）班固：《汉书》卷九四下《匈奴传下》，中华书局1962年版，第3796页。

以至头曼千有余岁，时大时小，别散分离”①，故多以部落或部落联盟的形式存在。公元前3世纪末期，头曼单于当政时，匈奴的氏族部落制度被奴隶制取代，并出现了政权的最高首领“单于”。匈奴社会已不再是原始的氏族部落或部落联盟，而是具有私有制阶级关系和最高首领的政权形式了。但其政权机构和政治、军事等体制还不是很健全，直到冒顿单于时，匈奴的政权机构才得到进一步完善。

关于匈奴的社会性质，学术界有不同的说法。有的人主“奴隶制社会说”②，如马长寿、林幹先生等；有的人主“半家长制半封建制社会说”③，如欧阳熙。目前国内大多数研究者认为，公元前3世纪末建立的匈奴政权，是以奴隶主占有主要生产资料和生产者（奴隶）为基础的奴隶主专政的政权，即奴隶制政权。④ 无论匈奴政权属于哪种性质，其整个政权内部都是一个比较松散的组合，并未形成中原王朝那样严密的中央集权体制。

首先，匈奴是原有本民族和被征服民族的一个联合体，缺乏统一稳定的经济基础。基层统治单位仍以部落为主，这种政权是暂时的、不巩固的。⑤ 冒顿单于时，匈奴的发展达到了极盛。他破灭东胡，西击走月氏，南并楼烦、白羊河南王；又趁中原征战混乱之际，收回秦所夺匈奴地，侵犯燕、代。这样就形成了一个东接朝

---

① （西汉）司马迁：《史记》卷一一〇《匈奴列传》，中华书局1959年版，第2890页。

② 马长寿：《论匈奴部落国家的奴隶制》，载《历史研究》1954年第5期；林幹：《匈奴史》（修订本），内蒙古人民出版社1977年版。

③ 欧阳熙：《匈奴社会的发展》，载《华东师大学报》1958年第4期。

④ 杨建新：《中国西北少数民族史》，民族出版社2003年版，第39页。

⑤ 齐思和：《匈奴西迁及其在欧洲的活动》，载《历史研究》1977年第3期。

鲜、西接月氏和氐羌而控弦三十余万众的强大政权。后来，匈奴还向北征服浑庾、屈射、丁零、鬲昆、薪犁各国。汉文帝时，冒顿单于又出兵西域，使楼兰、乌孙等西域城邦大多臣服之。由此出现了北方“诸引弓之民，并为一家”而“皆以为匈奴”① 的局面。匈奴的扩张结束了中国北疆各游牧民族长期分裂割据不相统属的状态，建立了北方第一个强大的军事主义政权，为加快北方游牧民族的发展做出了贡献。

匈奴控制的地域虽然广阔，但其政权组织比较松散，是由原有的匈奴族和被征服的部落或者部落联盟整合而成的②，缺乏牢固的统治基础和强大的民族凝聚力。这种政治组织所维系的纽带非常薄弱，不像秦汉郡县制那样有严格的中央和地方之分。匈奴的力量还没有达到使其他民族完全臣服和统治其他民族的程度，匈奴贵族对各部也缺少强硬的统辖和控制力。被征服的各部落和各国仍保持其机构，仍有自己的活动。匈奴贵族只能派出少量的监督官员到被征服的部落中。③ 这种靠武力联合起来的军事性政权，虽可能强大一时，却很容易瓦解。一旦匈奴的实力削弱，无力控制所降各部，他们就会脱离匈奴的统治又成为独立的民族，甚至对匈奴进行反击。汉宣帝时，匈奴单于自将万骑击乌孙而还，“会天大雨雪，一日深丈余，人民畜产冻死，还者不能什一。于是丁令乘弱攻其北，乌桓入其东，乌孙击其西。凡三国所杀数万级，马数万匹，牛羊甚众。又重以饿死，人民死者什三，畜产什五，匈奴大虚弱，诸国羁属者

---

① （西汉）司马迁：《史记》卷一一〇《匈奴列传》，中华书局 1959 年版，第 2896 页。

② 齐思和：《匈奴西迁及其在欧洲的活动》，载《历史研究》1977 年第 3 期。

③ 杨建新：《中国西北少数民族史》，民族出版社 2003 年版，第 40 页。

皆瓦解，攻盗不能理”①。当羁属国或羁属部落与匈奴人民不愿再受匈奴贵族的控制时，便纷纷从匈奴政权中分离出来。可见，他们之间的统属关系非常脆弱。

其次，匈奴政权实行领主分封制，贵族领主的独立性很强，单于的权力不稳固。冒顿单于取得政权后，积极整顿内部，已经形成了一套比较完整的政权机构。单于以血缘世袭继承为主，一般为传子、传弟或传宗族，并掌握着军政等统治大权。在匈奴中部设立“单于庭”，辖地为代郡及云中郡以北广大地区。单于之下置左右贤王、左右谷蠡王，地位最崇高，分别建庭于各自的驻牧地。单于和左右贤王都有相对的自主权，各自管理境内的属民。左贤王的地位和权力均高于右贤王，通常由太子充任。后来又有左右日逐王、左右温禺犊王，他们均是单于的亲族，有血缘关系，有继承单于位的资格。谷蠡王以下设左右大将、左右大都尉、左右大当户、左右骨都侯等中央官员，自贤王以下至当户，都可统军作战，大者万余骑，小者数千骑。每万骑又各自设置千长、百长、什长等官，他们的权力大小、地位高低视其所领部众的多寡而定。左右骨都侯及以下官员多由异姓贵族担任。呼衍氏、兰氏和须卜氏等是单于挛鞮氏之外的外姓贵族，他们与单于氏族世为姻亲。左右骨都侯由他们出任，官位世袭，辅佐单于断刑狱、处理日常政务。除此之外，还有戍守边界的首领“瓯脱王”和其他因人、因事而设的官位。如汉武帝时，汉降将赵信被封为“自次王”，仅次于单于（匈奴还为赵信建赵信城）；李陵降匈奴，被封为右校王；卫律降匈奴，被封为丁灵王，等等。

---

① （东汉）班固：《汉书》卷九四上《匈奴传上》，中华书局1962年版，第3787页。

官职层层递分，形成了一个比较系统的统治网络和严整的官僚机构。整个匈奴的社会组织有很强的军事特色，其社会结构是军政一体的。但匈奴政权没有形成强大的中央集权力量，诸王各自为政，单于对各部和诸王的控制力很弱。胜利时，贵族们分享胜利果实，大家拥护单于的领导；失败时，人心涣散，众叛亲离，单于威信扫地。①“单于位继承中缺少一个成熟和规范的继承制度”②，各王不断为争夺单于位发生内讧，造成政局混乱，“五单于争立”正反映了这一点。同时，游牧首领在势力足够强大时，也会争夺最高统治权。呼韩邪单于稽侯狦率部南迁至汉边以后，汉匈恢复了和平友好关系。匈奴因此经过了很长一段和平发展时期，社会经济得到了恢复和发展，人口增多，牲畜数量增加，人民生活安定，各领主的势力也有了很大的增长。至东汉初年，右薁鞬日逐王比的实力相当强大，统领漠南八部之众，兵力充足，人畜兴旺。所以当单于倒行逆施、破坏继位制度时，他敢于逆君鳞，口出怨言，与单于对抗。“单于遣万骑击之，见比众盛，不敢进而还。”③ 单于只好任其南下附汉。这就是一个匈奴贵族领主权力过盛而造成恶果的很好例证。

3. 南北匈奴部落差距加大

汉匈联系不断加强，漠南地区长城沿边的匈奴部落受汉族的影响很大，社会性质也有所变化，在政治、经济、文化等方面都与北部匈奴产生了很大的差别。自西汉高祖以来，虽然汉匈之间战争很多，但经济、文化联系从未中断过，并主要以“和亲”和“互市”

---

① 齐思和：《匈奴西迁及其在欧洲的活动》，载《历史研究》1977年第3期。

② 武沐：《匈奴史研究》，民族出版社2005年版，第104页。

③ （南朝宋）范晔：《后汉书》卷八九《南匈奴列传》，中华书局1965年版，第2942页。

的方式进行。

就汉王朝来说，和亲政策的主要内容是以汉宗室女嫁匈奴单于为阏氏，汉匈约为兄弟，汉岁奉物品，匈奴不侵犯汉边，保证边境的安宁。汉高祖时，“使刘敬奉宗室女公主为单于阏氏，岁奉匈奴絮缯酒米食物各有数，约为昆弟以和亲”①。惠帝三年（前192），“以宗室女为公主，嫁匈奴单于”②。文帝前元六年（前174），孝文帝复修和亲之事，“复遣宗室女公主为单于阏氏，使宦者燕人中行说傅公主”③。匈奴军臣单于时，汉文帝“复与匈奴和亲。而中行说复事之”④。景帝五年（前152），“孝景帝复与匈奴和亲……遣公主，如故约”⑤。因此，终景帝之世，匈奴“时时小入盗边，无大寇”⑥。汉朝争取到了六十多年比较和平安定的环境。之后，武帝初继位，仍然奉行和亲政策，“饰子女以配单于”。汉元帝以后宫良家子王昭君赐呼韩邪单于。和亲是汉政府不得已采取的一项政治措施，也是当时的必然趋势，使双方有了更多的回旋余地，从而尽可能地避免战争，也为边境人民换取了安定的生活环境。

汉匈联系的另一方式是“通关市”，即两国人民进行商贸活动。

---

①（西汉）司马迁：《史记》卷一一〇《匈奴列传》，中华书局1959年版，第2895页。

②（东汉）班固：《汉书》卷二《惠帝纪》，中华书局1962年版，第89页。

③（西汉）司马迁：《史记》卷一一〇《匈奴列传》，中华书局1959年版，第2898页。

④（西汉）司马迁：《史记》卷一一〇《匈奴列传》，中华书局1959年版，第2904页。

⑤（西汉）司马迁：《史记》卷一一〇《匈奴列传》，中华书局1959年版，第2904页。

⑥（东汉）班固：《汉书》卷九四上《匈奴传上》，中华书局1962年版，第3765页。

关市与和亲密切相关。据史书载，汉文帝时，“与通关市，妻以汉女，增厚其赂，岁以千金”①。汉景帝“复与匈奴和亲，通关市，给遗单于，遣翁主如故约”②。武帝即位，“明和亲约束，厚遇，通关市，饶给之”③。关市贸易受战争等多种因素的影响，虽时开时停，但也或多或少地促进了汉匈经济、文化和人员的交流。所以关市贸易被两族人民欣然接受，使双方加深了了解，为汉匈相互依存关系的建立奠定了基础。

西汉王朝还经常赏赐匈奴物品。汉高祖时，“岁奉匈奴絮缯酒米食物各有数”④。汉文帝时，送单于“服绣袷绮衣、绣袷长襦、锦袷袍各一，比余一，黄金饰具带一，黄金胥纰一，绣十匹，锦三十匹，赤绨、绿缯各四十匹”⑤。汉景帝和汉武帝时也是“给遗匈奴”，“厚遇单于”。在和亲的基础上，赠送物品更直接地使匈奴贵族阶层接受了中原文化，使汉匈的经济联系更加密切。“单于变俗好汉物”就很能说明这一点。同时，汉文化和技术也一并传到了匈奴，对匈奴文化产生了重大影响。媵臣中行说教匈奴人“左右疏记，以计课其人众畜物”，并且“日夜教单于候利害处”⑥。降臣赵

---

① （东汉）班固:《汉书》卷九四下《匈奴传下》，中华书局 1962 年版，第 3831 页。

② （东汉）班固:《汉书》卷九四上《匈奴传上》，中华书局 1962 年版，第 3764 ~ 3765 页。

③ （西汉）司马迁:《史记》卷一一〇《匈奴列传》，中华书局 1959 年版，第 2904 页。

④ （西汉）司马迁:《史记》卷一一〇《匈奴列传》，中华书局 1959 年版，第 2895 页。

⑤ （西汉）司马迁:《史记》卷一一〇《匈奴列传》，中华书局 1959 年版，第 2897 页。

⑥ （西汉）司马迁:《史记》卷一一〇《匈奴列传》，中华书局 1959 年版，第 2899 ~ 2901 页。

信教单于筑城技术、储备积粟等。“卫律为单于谋‘穿井筑城，治楼以藏谷，与秦人守之，汉兵至，无奈我何。’即穿井数百，伐材数升。”

“和亲”“关市”“赏赐”等方式增强了匈奴在经济上对汉朝的依赖。老上单于时，匈奴已喜好汉的缯絮食物。中行说劝其曰：“匈奴人众不能当汉之一郡，然所以强者，以衣食异，无仰于汉也。今单于变俗好汉物，汉物不过什二，则匈奴尽归于汉矣。”[①] 这表明汉物流入之多已引起了维护匈奴制度的中行说的担忧。汉武帝时，“匈奴贪，尚乐关市，耆汉财物，汉亦通关市不绝以中之”[②]，反映了汉财物对匈奴的影响之深，同时也使汉王朝在经济上加强了对匈奴的控制。

呼韩邪单于稽侯狦率众归汉后，长城沿边的匈奴部落与汉族往来更加频繁。他们在诸多方面都受到汉民族地区的强烈影响。这些漠南匈奴部落的社会性质也慢慢地发生了变化，即由奴隶制向封建制过渡。[③] 单于比所统管的匈奴南边八部长期驻牧于漠南长城附近，与汉族的交往日深，受汉文化影响很大，与北部匈奴各部落的差距明显。这种社会经济制度的变化以及汉文化对他们的影响，“必然使南边的各部落在政治上要与中原王朝保持联系，而与北部匈奴各部不仅在政治上，特别在经济领域有了巨大差别”[④]。南北匈奴分裂正是这一变化的反映和结果。

---

① （西汉）司马迁：《史记》卷一一〇《匈奴列传》，中华书局 1959 年版，第 2899 页。

② （东汉）班固：《汉书》卷九四上《匈奴传上》，中华书局 1962 年版，第 3765 页。

③ 杨建新：《中国西北少数民族史》，民族出版社 2003 年版，第 55 页。

④ 杨建新：《中国西北少数民族史》，民族出版社 2003 年版，第 55 页。

（三）匈奴分裂的外部因素

外部的强大军事压力、王莽实行的错误民族政策以及连年的灾荒，致使匈奴大衰耗、人民生活困难、社会动荡不安，加速了匈奴分裂的进程。

其一，外部的强大军事压力。

汉武帝时，汉王朝的中央集权已十分巩固，社会比较稳定。汉政府改变以往的和亲政策，开始对匈奴进行强硬反击。汉武帝一方面派张骞出使西域，联合大月氏、乌孙等邻近民族共同对付匈奴；一方面主动出击，大举攻伐匈奴。直到呼韩邪单于附汉前，汉匈之间一直战争不断，使双方消耗巨大，亦使匈奴实力衰退并一步步走向衰落。

汉武帝元朔二年（前127），匈奴入渔阳、雁门侵犯。汉派卫青“出云中以西至陇西，击胡之楼烦、白羊王于河南，得胡首虏数千，羊百余万。于是汉遂取河南地，筑朔方”①。

元狩二年（前121）春，汉武帝“使票骑将军去病将万骑出陇西，过焉耆山千余里，得胡首虏八千余骑级，得休屠王祭天金人”②。同年夏，霍去病复与合骑侯公孙敖率数万骑出陇西、北地，过居延，攻祁连山，获胡首虏三万余人、裨小王以下七十余人。

元狩四年（前119），大将军卫青、骠骑将军霍去病两军并出，共发兵十万骑，卫青出定襄，霍去病出代，“咸约绝幕击匈奴”。汉军斩杀匈奴八九万人，汉士卒战死者亦数万，汉马死者十余万匹。卫青率兵至赵信城，悉烧其城余粟而还。霍去病获胡首虏七万余

① （东汉）班固:《汉书》卷九四上《匈奴传上》，中华书局1962年版，第3766页。

② （东汉）班固:《汉书》卷九四上《匈奴传上》，中华书局1962年版，第3768页。

人，“封于狼居胥山，禅姑衍，临瀚海而还”①。“匈奴远遁，而幕南无王庭”，然而“汉亦马少，无以复往”②。

汉匈双方在以上战役中均损失惨重。对于汉王朝而言，上述这些战争可以说是防御性的、抗击匈奴侵略的正义战争。此后，汉武帝对匈奴的战争便具有了侵犯性，主要以报复匈奴、使匈奴臣服甚至消灭匈奴为目的。

天汉二年（前 99），贰师将军李广利率军三万出酒泉，“击右贤王于天山，得首虏万余级而还”。“骑都尉李陵将步兵五千人出居延北千余里，与单于会，合战，陵所杀伤万余人，兵食尽，欲归，单于围陵，陵降匈奴。”③ 征和三年（前 90），李广利领兵出朔方，兵败，降匈奴。

汉宣帝时，汉与乌孙联合出兵攻打匈奴。本始二年（前 72），匈奴出兵攻乌孙，企图切断乌孙与汉的联系。汉遣五将军分别出西河、张掖、云中、酒泉、五原，兵力十余万，出塞各两千余里击匈奴。乌孙昆弥亲率军五万余人攻入匈奴右谷蠡王庭。在汉与乌孙联军的强大攻势下，匈奴各部远遁，“民众死伤而去者，及畜产远移死亡不可胜数”④，匈奴益衰。同年冬，匈奴单于将兵万骑出击乌孙，颇得老弱，欲还，会天大雨雪，人民畜产大部分被冻死。长期被匈奴奴役的丁零、乌桓、乌孙等族乘机奋起反抗匈奴的统治，给

---

① （东汉）班固：《汉书》卷九四上《匈奴传上》，中华书局 1962 年版，第 3769～3770 页。

② （西汉）司马迁：《史记》卷一一〇《匈奴列传》，中华书局 1959 年版，第 2911 页。

③ （东汉）班固：《汉书》卷九四上《匈奴传上》，中华书局 1962 年版，第 3777 页。

④ （东汉）班固：《汉书》卷九四上《匈奴传上》，中华书局 1962 年版，第 3786 页。

匈奴带来了沉重打击。

连年不断的战争使匈奴国力衰弱、民不聊生，亦使人民的厌战情绪日盛。原本缺乏牢固统治基础的匈奴政权更加松散，民族凝聚力也更弱，为匈奴的分裂埋下了隐患。

其二，王莽政权错误民族政策的干预。

王莽篡夺汉政权执政后，采取了一系列歧视匈奴的错误政策，企图进一步征服匈奴。王莽迫使匈奴单于囊知牙斯改名为“知”；擅自将匈奴单于更名为降奴单于；将汉朝政府颁发给单于的原刻有“匈奴单于玺”字样的印玺收回并毁坏，改授“新匈奴单于章”①；把匈奴人民分为十五部分，立稽侯狦子孙十五人为单于。王莽倒行逆施，妄图分裂匈奴，激起了匈奴的强烈不满和愤怒，使汉匈关系日趋紧张。

王莽又多次制造匈奴内乱，企图从内部瓦解匈奴。但经过数年的征战，“吏士罢弊”，“北边虚空，野有暴骨”②。因此，双方有意和亲。匈奴要求与王昭君的侄子和亲侯王歙相见，汉遂派王歙至匈奴。与此同时，王莽仍野心勃勃，下令“号匈奴曰‘恭奴’，单于曰‘善于’，赐印绶”③；并趁机将王昭君的女儿伊墨居次云和女婿须卜当掳至长安，立须卜当为单于，以挑起匈奴内部争端。结果须卜当死，王莽的阴谋未得逞。

王莽实行的种种错误政策极大地破坏了中原与匈奴的关系，也

① （东汉）班固:《汉书》卷九四下《匈奴传下》，中华书局1962年版，第3820页。

② （东汉）班固:《汉书》卷九四下《匈奴传下》，中华书局1962年版，第3826页。

③ （东汉）班固:《汉书》卷九四下《匈奴传下》，中华书局1962年版，第3828页。

造成了匈奴内部的混乱，增加了匈奴社会的不稳定因素，促使匈奴走向分裂。

其三，草原上灾荒连年。

匈奴人主要以游牧为生。自然生态环境和气候的变化对匈奴民众的生存和发展有重要影响。每次大的自然灾害都会给匈奴造成重大损失，使其生存环境越来越恶化。西汉元封六年（前105）冬，“匈奴大雨雪，畜多饥寒死”①。狐鹿姑单于时，“会连雨雪数月，畜产死，人民疫病，谷稼不孰”②。本始二年（前72），“会天大雨雪，一日深丈余，人民畜产冻死，还者不能什一”③。地节二年（前68），“匈奴饥，人民畜产死十六七”④。建武二十二年（46），匈奴地区发生严重蝗灾，“赤地数千里，草木尽枯，人畜饥疫，死耗太半”⑤。当游牧环境遭到严重破坏时，生活在草原上的人民的生存就会受到威胁，进一步导致人民生活困顿、社会骚动。大灾还诱发了一系列的人祸，乌桓亦乘匈奴虚弱之机主动出击。匈奴统治阶级内部也出现了危机，展开了激烈的争权夺位斗争，矛盾一触即发。统治者无暇顾及军民的安危，导致军心混乱、民心不稳，促使匈奴走向分裂。

---

① （西汉）司马迁：《史记》卷一一〇《匈奴列传》，中华书局1959年版，第2915页。

② （东汉）班固：《汉书》卷九四下《匈奴传下》，中华书局1962年版，第3781页。

③ （东汉）班固：《汉书》卷九四下《匈奴传下》，中华书局1962年版，第3787页。

④ （东汉）班固：《汉书》卷九四下《匈奴传下》，中华书局1962年版，第3788页。

⑤ （南朝宋）范晔：《后汉书》卷八九《南匈奴列传》，中华书局1965年版，第2942页。

总之，匈奴南北分裂的原因是多重的，既是匈奴社会历史发展的必然趋势，也是匈奴统治阶级内部矛盾激化和外界多方干扰的结果。南北匈奴的分裂使匈奴势力再次受到削弱，成为其走向衰微的新转折点。① 而作为匈奴强大对手的汉王朝不仅在匈奴发展、衰弱的过程中扮演了重要的角色，而且在匈奴分裂之后，依然与南、北匈奴有着复杂的关系。

二、北匈奴与东汉王朝的关系

此处所说北匈奴与东汉王朝的关系主要指公元 91 年北匈奴西迁之前，北匈奴政权与东汉王朝之间的关系，可以归纳为两个方面——亲汉和侵汉。

（一）亲汉

北匈奴见南匈奴附汉后受到优遇，十分惶恐，“惧于见伐”，遂一改以往寇抄边境的行径，实行亲汉政策，不断向汉王朝做出友好的举动，以表示其善意。首先，北匈奴主动归还了所掳汉人，并且骑兵每过亭障时，总是声称：我们是去进攻亡虏薁鞬日逐王的，不敢去侵犯汉人。此外，北匈奴多次向汉求和亲、互市并贡献财物，以期促进双方的友好关系。

建武二十七年（51）、建武二十八年（52），北匈奴连续遣使向汉进贡，乞求和亲，并请音乐，希望率领西域诸国一起觐见。于是，光武帝召集大臣商议酬答之策。司徒掾班彪奏曰：“臣闻孝宣皇帝敕边守尉曰：‘匈奴大国，多变诈。交接得其情，则却敌折冲；应对入其数，则反为轻欺。’今北匈奴见南单于来附，惧谋其国，

① 王钟翰主编：《中国民族史》，中国社会科学出版社 1994 年版，第 224 页。

故数乞和亲，又远驱牛马与汉合市，重遣名王，多所贡献，斯皆外示富强，以相欺诞也。臣见其献益重，知其国益虚，归亲愈数，为惧愈多。然今既未获助南，则亦不宜绝北，羁縻之义，礼无不答。谓可颇加赏赐，略与所献相当，明加晓告以前世呼韩邪、郅支行事。"① 光武帝遂依班彪之议，只稍加赏赐，不派使者，并拒绝了其"率西域诸国胡客与俱献见"的请求，对北匈奴采取了既不答应和亲也不中断往来的羁縻之策。建武三十一年（55），北匈奴再次派使者向汉进献。东汉政府仍然只是玺书报答、赐以彩缯而已。

明帝永平七年（64），北匈奴遣使求合市，并请和亲。"显宗（汉明帝）冀其交通，不复为寇，乃许之。"② 此后，北匈奴与东汉王朝维持了大约八年的合市关系。永平十五年（72），合市关系因北匈奴的寇边而中断。

章帝建初八年（83），北单于遣使贡献，复求和亲。汉议者认为匈奴乃"变诈之国"，若接受北匈奴的请求，恐怕会动摇南匈奴的亲附之心，反而成就了北匈奴的猜诈之计。章帝遂依故事羁縻之。第二年，北单于又通过武威太守孟云求合市，"诏书听云遣驿使迎呼慰纳之"③。于是，北匈奴大且渠伊莫訾王等驱牛马万余头来，与汉贾客交易。但此次合市时间不长，至和帝永元元年（89），因东汉王朝的大举北伐而中断了。这两次合市的时间虽然都不长，但促进了两族的经济交往，加深了两族的联系，符合两族人民的需求。

---

① （南朝宋）范晔:《后汉书》卷八九《南匈奴列传》，中华书局1965年版，第2946页。

② （南朝宋）范晔:《后汉书》卷八九《南匈奴列传》，中华书局1965年版，第2949页。

③ （南朝宋）范晔:《后汉书》卷八九《南匈奴列传》，中华书局1965年版，第2950页。

正如先前一些东汉大臣所担忧的那样，东汉与北匈奴的屡次通使、合市的确引起了部分南匈奴人的不满。明帝永平八年（65），匈奴南部须卜骨都侯得知汉与北匈奴交使，遂心生嫌怨而欲背叛，秘密与北匈奴使者联络，令其遣兵接应。但此事被越骑司马郑众发觉，东汉因此设立“度辽营”加以防备，方使南匈奴此谋未果。章帝元和元年（84），南单于闻知东汉王朝要与北匈奴合市，遂派轻骑出上郡抄掠牛马和生口而还。因此东汉政府对北匈奴一再提出的和亲与合市请求有顾虑是有一定道理的。况且，北匈奴向东汉王朝的多次进献和求亲等举措并非单纯为了与汉朝和睦相处，而是另有所图：一是惧怕遭到汉王朝和南匈奴的讨伐；二是企图离间南匈奴与汉王朝的关系；三是挑拨西域各族、乌桓与汉王朝的关系，坚定西域三十六国对北匈奴的效忠之心。正如出使北匈奴的郑众所做的分析：“北单于所以要致汉使者，欲以离南单于之众，坚三十六国之心也。又当扬汉和亲，夸示邻敌，令西域欲归化者局促狐疑，怀土之人绝望中国耳。”① 郑众的话道破了北匈奴的居心。由此可知，东汉王朝对北匈奴怀有的心思是有所察觉的。所以，东汉政府对北匈奴的种种示好表现持谨慎态度，并对其实行了羁縻之策。

公元89年，两军大战之后，北匈奴仍有亲汉之意。当时，北匈奴大败，北单于修好之心更甚。逢窦宪派遣军司马吴汜、梁讽至北匈奴宣扬国力威信，奉金帛给北单于。北单于于西海上稽首拜受，因听梁讽说汉要以呼韩邪单于故事行事而喜悦，欲将众与讽同回。北单于到私渠海上时，闻知汉军已入塞，于是遣送其弟右温禺鞮王奉贡入侍、随讽诣阙。窦宪以单于未能亲自到来而奉还其弟。

① （南朝宋）范晔：《后汉书》卷三六《郑众传》，中华书局1965年版，第1224页。

于是，第二年九月，北单于复遣车偕储王等款居延塞，准备入朝觐见，但终因南匈奴灭北庭心切、出兵讨伐而中止。北匈奴从此再无机会与汉修好。

（二）侵汉

新莽时期，王莽实行了一系列错误的民族政策，致使一度和睦友好的汉匈关系急剧恶化。直到东汉初年，这种状况仍无明显改善。匈奴依然不断侵扰东汉边境地区，不仅支持卢芳、张晔、彭宠、李兴等中原割据势力为害北方、扩大割据范围，而且控制乌桓、鲜卑等族与匈奴联兵寇抄汉边。恰逢东汉政权初建，立足未稳，加之地方割据势力尚存，经济萧条，边防败坏，所以东汉政府无力积极反攻。又正当“弱狄尚强”之时，因此东汉政府为谋求长治久安，以保境安民为宗旨，对匈奴的侵扰只采取了“筑亭候，修烽火”等以防守为主的一些消极防御措施。这反而助长了匈奴中主战势力的嚣张气焰。建武六年（30），光武帝刘秀遣使至匈奴，遗赠金币，以通旧好，以期缓和与匈奴的关系，抑制匈奴的入侵。单于却益加骄慢，自比冒顿，对使者“辞语悖慢”。东汉王朝的出使通好未见成效。匈奴侵扰如故，“钞暴日增”，数与边地割据势力勾结，入侵北边。建武十三年（37），匈奴入寇河东。建武二十年（44），匈奴侵入上党、扶风、天水。建武二十一年（45），匈奴复寇上谷、中山，杀略抄掠甚众。汉朝“北边无复宁岁”。尽管东汉政府也派兵遣将迎击匈奴的入侵，但多以防守为主或只是局部作战，因此往往应对不力，“经岁无功”。故光武初年，匈奴气势甚是猖獗，一度危害东汉北境地区。

匈奴分裂之后，北匈奴见南匈奴附汉，因惧怕会受到东汉和南匈奴的联合攻击而改变了之前的张狂态度，一心想要改善双方的紧张态势，以保证自身生命财产的安全。于是，北匈奴数次向汉乞求和亲，请求合市。但与此同时，北匈奴并未因此而终止对东汉的侵扰。尤其是和亲、合市请求遭拒后，北匈奴因未实现其目的，更是加紧了对汉朝边境的侵犯。明帝永平五年（62）冬，北匈奴六七千骑侵入五原。十二月，又寇抄云中至原阳。之后，北匈奴数次骚扰边境地区。不久，北单于再次请求和亲、互市。东汉政府为求边境安宁，答应了他们的请求。然而，东汉政府的这一举措是很失策的。当时，北匈奴的势力仍然比较强大，气势犹盛，相对于较贫弱的东汉来说，其实力处于上峰。北匈奴数次侵边就是为了依靠强势力量掠夺更多的财物。汉王朝此时企图通过和亲与合市使其不再为寇，只不过是空想罢了。很快，永平八年（65），北匈奴侵犯河西诸郡，焚烧城邑，杀掠民众，致使河西城门白天都不敢打开。永平十五年（72），北匈奴复侵河西，直接导致汉匈合市中断。永平十六年（73），北匈奴大入云中，至渔阳。太守廉范将其击破，匈奴被斩首及自相踩踏而死者千余人，自此不敢再入云中。

此后，北匈奴忙于应付与东汉王朝的西域之争，又因受到多方的攻击而益加衰耗，于是很少再骚扰汉境。北匈奴政权逐渐走向衰亡。

北匈奴在不同的形势下，交替实行了“亲汉”和“侵汉”的不同政策，但都收效甚微。北匈奴对东汉王朝态度的反复正应证了郎陵侯臧宫所说的“匈奴贪利，无有礼信，穷则稽首，安则侵盗”①。

三、南匈奴与东汉王朝的关系

匈奴分裂为南北两部之后，南匈奴南下附汉，并不断向中原内

---

① （南朝宋）范晔:《后汉书》卷一八《臧宫传》，中华书局1965年版，第695页。

地迁徙，与汉族人民交错杂居。南匈奴内附于汉是匈奴发展史上的一件大事，体现了落后文化必然向先进文化迈进的社会发展规律，促进了匈奴社会的进步和统一多民族国家的形成与发展，意义重大，影响深远。

（一）南匈奴内附

经过“五单于争立”和“兄弟争国”的混乱局面之后，虽然呼韩邪单于重新统一了匈奴，但其内部早已处于分裂状态，统治阶级间争夺继承权的矛盾和斗争在无形中不断滋长，为后来匈奴南北政权的对立和南匈奴被迫南下附汉埋下了隐患。

公元48年，日逐王比与蒲奴单于彻底决裂，决心率部南下附汉。从此，南匈奴部落便长期居住于北边的北地、朔方、五原、云中、定襄、雁门、代、上谷等郡地，并得到东汉政府的大力帮助，“严塞明候，大兵拥护，积四十年”。南匈奴居于汉地，“开口仰食，岁时赏赐，动辄亿万”①。匈奴人民由此休养生息，匈奴人口逐渐增多，匈奴社会有了很大的发展，并不断南迁。

那么究竟是哪些原因促成了南匈奴南下呢？

1．匈奴贵族频繁内徙

如前所述，从汉武帝元朔三年（前126）军臣单于太子於单逃奔于汉到汉宣帝甘露元年（前53）呼韩邪单于被迫率部附汉，屡屡发生的匈奴贵族内徙事件为处于内部矛盾尖锐状况下的右薁鞬日逐王比寻求生存提供了一条可借鉴之路。尤其是“兄弟争国”时，呼韩邪单于率众附汉称臣，汉王朝不仅给以厚遇和强大扶持，而且帮助呼韩邪单于重返单于庭、重新统一匈奴，使匈奴得以安定。此

① （南朝宋）范晔：《后汉书》卷八九《南匈奴列传》，中华书局1965年版，第2952页。

时，呼韩邪单于的这种“依汉得安”的余温尚在，对南边八部匈奴有很大的影响。比袭用“呼韩邪单于”的名号便是有力的说明。因此，内附于汉便成为南部匈奴的首选之策。

2. 内部亲汉势力不断强大

西汉时呼韩邪单于培植的亲汉传统势力和维护这一传统的力量仍在发挥很大的作用。呼韩邪单于时，匈奴称臣附汉，双方友好往来，和平相处。汉元帝时，王昭君嫁给呼韩邪单于，生有二子。呼韩邪单于死后，王昭君再嫁复株累单于，生有二女，其长女伊墨居次云和丈夫右骨都侯须卜当就是亲汉势力的代表。他们见右犁汉王咸“前后为莽所拜”，遂越舆而拥立咸为乌累若鞮单于。而且云、当“常欲与中国和亲”，“遂劝咸和亲”①，以恢复与汉朝的友好关系。从当时的历史事件来看，亲汉势力无疑是推动汉匈关系友好发展的一股强大力量，为促进双方的沟通和交流做出了突出贡献。

比所率南边八部民众长期居住于紧邻东汉的漠南地区，经过与汉族人民的不断接触和融合，中原的农业经济和定居生活已经潜移默化地渗透到他们的生产方式和生活习惯之中。因此南部匈奴逐渐与漠北匈奴完全的游牧经济生活脱离，反而与中原保持了更为密切的联系，在保留自己传统民族特色的同时，也在不断借鉴汉文化的可取之处、吸收汉文化的精华。而且，南部匈奴中有不少汉人（如郭衡等）存在，他们的言行亦对匈奴人民产生了很大影响。他们为推进南匈奴附汉做出了重要贡献。所以这一时期，南匈奴内部的亲汉势力强大，亲汉愿望也更为迫切。因此，在受到蒲奴单于排挤的

---

① （东汉）班固:《汉书》卷九四下《匈奴传下》，中华书局1962年版，第3827页。

情形下，南下归附东汉王朝成为南匈奴各部众普遍认同的一种选择，这符合匈奴人民的利益，具有广泛的群众基础。

3．汉政府抚优政策的影响

汉政府对归汉的匈奴贵族和民众实行了种种优待政策，按其旧俗妥善安置。这对南匈奴部众有一定的影响和吸引力。

第一，对归汉的匈奴贵族加官封侯，给以优厚待遇。

汉朝廷封归汉的单于太子於单为陟安侯，封浑邪王为漯阴侯，封日逐王先贤掸为归德侯，并设都护协助他们处理政务。呼韩邪单于稽侯狦附汉后，更是得到汉政府的大力扶植。汉政府派兵击杀郅支单于，并帮助呼韩邪单于重新统一匈奴，使其“民众益盛，塞下禽兽尽，单于足以自卫”①。甘露三年（前51），呼韩邪单于亲至长安觐见汉宣帝。“汉宠以殊礼，位在诸侯王上，赞谒称臣而不名”②；赐以冠带衣裳、黄金玺绶、刀剑弓矢、马匹、锦绣帛絮等物，使留居光禄塞，又转运谷米34000斛以供食用。黄龙元年（前49），呼韩邪单于复入朝。汉朝廷赐礼如初，并增加衣服百一十袭、锦帛九千匹、絮八千斤。元帝即位之初，“呼韩邪单于复上书，言民众困乏。汉诏云中、五原郡转谷二万斛以给焉”。竟宁元年（前33），单于再次来朝。汉“礼赐如初，加衣服锦帛絮，皆倍于黄龙时”③。汉元帝以后宫良家子王昭君赐单于。此后，双方保持了很长一段时期的和平友好关系。

---

① （东汉）班固：《汉书》卷九四下《匈奴传下》，中华书局1962年版，第3801页。

② （东汉）班固：《汉书》卷九四下《匈奴传下》，中华书局1962年版，第3798页。

③ （东汉）班固：《汉书》卷九四下《匈奴传下》，中华书局1962年版，第3800～3803页。

第二，对归附民众因其故俗，设属国以安置之。

属国制始设于秦朝，秦安置归附少数民族的制度称属邦制。西汉为避刘邦讳改为属国制。属国制在汉武帝时真正明确下来。属国主要设在边地对付匈奴，以招徕大批降者，从内部分化瓦解匈奴的力量，“系单于之颈而制其命”，“举匈奴之众唯上之令”，以此与单于争其民。[①] 汉武帝元狩二年（前121），汉将归附的浑邪王部众安置于陇西、北地、上郡、朔方、云中五属国。汉宣帝五凤二年（前56）冬，汉将呼速累及右伊秩訾部众安置于西河、北地二属国。汉政府为了安置不断来附的匈奴民众，后又增设了张掖属国、金城属国等。属国置都尉、丞、候、千人。属官，九译令。因汉“因其故俗”，故属国“各依本国之俗而属于汉”[②]。针对匈奴“逐水草迁徙，毋城郭常处耕田之业”[③] 及“食畜肉，饮其汁，衣其皮”[④] 的特点，汉“乃诏有司开北鄙，择肥美之地，量水草以处之”[⑤]。汉尊重其固有习俗和生产生活方式，保留原来的部族组织，仍以部落为单位，以其原首领为首领，保留原有的组织和职官（只在行政上归属国都尉管理）。来附匈奴民众不交纳赋税，平时驻牧，战时打仗。遇有灾荒，汉朝廷赡其衣食，供给牛羊，给以物资接济。

---

① 肖瑞玲:《东汉对匈奴政策评析》，载《内蒙古师大学报（哲学社会科学版）》2000年第6期。

② （西汉）司马迁:《史记》卷一一一《卫将军骠骑列传》，中华书局1959年版，第2934页。

③ （西汉）司马迁:《史记》卷一一〇《匈奴列传》，中华书局1959年版，第2879页。

④ （东汉）班固:《汉书》卷九四上《匈奴传上》，中华书局1962年版，第3760页。

⑤ （南朝宋）范晔:《后汉书》卷八九《南匈奴列传》，中华书局1965年版，第2966页。

由此可见，属国就是让内徙降服的少数民族在不改变其原有部落组织形式、生产方式和生活风俗的前提下，接受汉朝的统治，“存其国号而属汉朝”①。其最终目的是维护中原王朝的统治，稳定社会秩序。属国的设立确保了内地生产的恢复和发展，也促进了边地附汉少数民族的发展和民族融合，增加了匈奴人与汉人的接触和交流，使匈奴人逐渐接受了先进的汉文化，使匈奴人增进了对中原政治、经济的了解和适应，有利于缩小民族间的差异，有利于保证归附民众生活的安定。

4. 中原先进文化的吸引

南匈奴的内附与汉族先进的经济文化也有一定的关系。塞北匈奴的游牧经济产品经常需要通过关市贸易、赠送等方式与中原汉地的农产品和手工业品交换。这不仅加强了双方的经济文化联系和相互依存关系，同时也有利于促进塞北与中原、匈奴与汉族的团结统一。但匈奴地域广阔，社会经济发展不平衡，西汉时呼韩邪单于稽侯狦附汉后，南部各部落受汉文化影响日益深重，匈奴社会发展的不平衡状态更加明显，南北各部落间的差距在不断扩大。

自新莽天凤五年（18）以来，右薁鞬日逐王比所领八部牧民便驻牧于匈奴南部长城沿边，与汉民族往来比漠北其他各部更频繁，与汉民族融合更深，受中原农耕经济文化的影响自然比漠北各部落深得多。在长期的交往中，不仅汉族的物品和生产生活方式影响了匈奴人民，而且中原先进的精神文明也对他们造成了很大影响。漠南各部在社会政治、经济制度等方面都在向中原靠拢，汉化程度不断加深。他们慢慢接受和适应了中原先进的精神和物质文明，并逐

---

① 见（东汉）班固《汉书》卷六《武帝纪》颜师古注，中华书局 1962 年版，第 176～177 页。

渐将其融入自身的生活中。尤其是在匈奴地区发生“赤地数千里，草木尽枯，人畜饥疫，死耗太半”① 的严重天灾时，其游牧条件越来越差，生活环境愈加恶劣。中原相对稳固的农耕经济和安定的定居生活对匈奴各部具有更强大的吸引力。为求得生存与发展，南匈奴只得归汉。

综上可知，南匈奴南下附汉是匈奴社会历史发展的必然趋势和匈奴统治阶级矛盾恶化的必然结果。内部社会力量的强大推动、东汉政府开明的民族政策和中原先进文化的吸引是南匈奴南下附汉的重要原因。

南匈奴内附后，在相对安定的环境下，逐渐恢复发展。南单于醢落尸逐鞮单于比之后，丘浮尤鞮单于、伊伐於虑鞮单于、醢僮尸逐侯鞮单于、丘除车林鞮单于、胡邪尸逐侯鞮单于、伊屠於闾鞮单于等相继嗣位，南匈奴的势力逐渐强大起来，人口也在不断增加。休兰尸逐侯鞮单于屯屠何在章和二年（88）继立时，正值北匈奴大衰耗，国内大乱。南单于屯屠何抓住时机，上书汉朝廷请兵出塞，与东汉政府共击北匈奴，最终迫使北匈奴主力向西逃亡迁徙。虽然来自北匈奴的威胁已解除，但南匈奴统治阶级内部的矛盾不断滋生并渐渐暴露出来，其政治危机日趋严重。屯屠何死后，安国继位，与左谷蠡王师子展开了激烈的夺位之争。南匈奴随后又爆发了薁鞬日逐王逢侯率领北匈奴降众叛离北逃之事。之后，南匈奴内部争端连起，叛汉之举也经常出现。直到曹魏时期，面对南匈奴部众不断大规模向内地迁徙的形势，曹操“恐其户口滋蔓，浸难禁制”②。

① （南朝宋）范晔：《后汉书》卷八九《南匈奴列传》，中华书局1965年版，第2942页。

② （宋）司马光：《资治通鉴》卷六七《汉纪五十九》“建安二十一年”，中华书局1956年版，第2146页。

因而，曹魏政权从经略中原和争取统一全国的总方针出发，采取分化政策来限定匈奴部众的所在范围，以便控制和削弱匈奴的力量。南匈奴部众被分为五部，每部选立尊贵者为帅，同时选汉人为司马对其进行监督；令南匈奴左部万余落居太原故兹氏县、右部六千余落居祁县、南部三千余落居蒲子县、北部四千余落居新兴县、中部六千余落居大陵县①，并使南匈奴右贤王监国、管理各部，将单于呼厨泉滞留于邺城。从此以后，虽然匈奴部落组织名义上还被继续保留着，但单于只是徒有虚名，实权已全部落入曹魏政权之手。匈奴已没有实际可控制的地域。南匈奴政权实已败亡。

（二）南匈奴政权与东汉王朝的关系

1. 确立藩属关系

建武二十四年（48），日逐王比协所属南边八部众款五原塞，表示“愿永为蕃蔽，扞御北虏”②。“修呼韩之好，以御北狄之冲，奉藩称臣，永为外扞。”③ 光武帝采纳五官中郎将耿国的建议，应许了比的请求。同年冬，比自立为“呼韩邪单于”。建武二十五年（49），“南单于复遣使诣阙，奉藩称臣，献国珍宝，求使者监护，遣侍子，修旧约”④。次年，东汉政府遣使入南匈奴颁布诏书，并在五原塞西部八十里处设立单于庭，允许南单于比各部进入云中郡。南单于延迎使者，伏拜受诏而称臣。

---

① 参阅王钟翰主编《中国民族史》，中国社会科学出版社 1994 年版，第 226 页。

② （南朝宋）范晔：《后汉书》卷八九《南匈奴列传》，中华书局 1965 年版，第 2942 页。

③ （南朝宋）范晔：《后汉书》卷八九《南匈奴列传》，中华书局 1965 年版，第 2966 页。

④ （南朝宋）范晔：《后汉书》卷八九《南匈奴列传》，中华书局 1965 年版，第 2943 页。

同年秋，南单于遣子入侍，奉奏诣阙。汉“诏赐单于冠带、衣裳、黄金玺、盭緺绶，安车羽盖，华藻驾驷，宝剑弓箭，黑节三，驸马二，黄金、锦绣、缯布万匹，絮万斤，乐器鼓车，棨戟甲兵，饮食什器”① 等大量财物。汉还“令中郎将置安集掾史将弛刑五十人，持兵弩随单于所处”② 加以护卫，一方面防御北匈奴，另一方面“参辞讼，察动静”，以协助南单于管理匈奴各部。同年冬，东汉政府复下诏南单于徙居西河美稷。此后，南单于每年“岁尽辄遣奉奏，送侍子入朝”，“元正朝贺，拜祠陵庙”，“兼祠汉帝”③。这样，东汉王朝与南匈奴正式建立起君臣关系，确定了南匈奴隶属于东汉王朝的藩属地位。

东汉政府针对南匈奴归附所实行的一系列举措是依“前世呼韩邪故事”而行事，是对西汉宣帝时对呼韩邪单于所采取政策的延续。但不同的是，第一代呼韩邪单于依附汉朝时，匈奴民众主要在原驻牧地和汉匈边境地区活动；单于位在汉朝各诸侯王之上，匈奴政权仍然是独立的，不受命于汉王朝，虽然也要履行称臣、进献、派使者、遣侍子等约定，但自主性较强，具有汉王朝的外臣国的性质。南单于比附汉时，南匈奴人一再南迁，大部已脱离大漠进入东汉境内；而且单于比的地位也已经不能与前呼韩邪单于同日而语了，单于面对汉朝来使，还需行跪拜之礼而接诏。单于位的传承亦是如此，虽然仍按照匈奴的既有制度进行承袭，汉朝不可直接介

① （南朝宋）范晔:《后汉书》卷八九《南匈奴列传》，中华书局 1965 年版，第 2943～2944 页。

② （南朝宋）范晔:《后汉书》卷八九《南匈奴列传》，中华书局 1965 年版，第 2944 页。

③ （南朝宋）范晔:《后汉书》卷八九《南匈奴列传》，中华书局 1965 年版，第 2944 页。

入，却需要经过汉政府封绶、颁发印信，需要取得汉王朝的认可。纳贡、遣送侍子入朝为质更是常规。此外，汉中央政府派使匈奴中郎将等官员常年进驻南匈奴，对其进行监控和保护。所以，此时的东汉王朝与南匈奴的关系较呼韩邪单于时期的汉匈关系更具有严格意义上的君臣关系的性质。

2．“开口仰食”

南匈奴部众进入塞内初期，势力薄弱，在东汉王朝的庇护下得以生存发展。南匈奴部众在政治上受到东汉政府的卫护和监督，在经济和物质上得到东汉的援助和扶持，“被蒙覆载”，“开口仰食，岁时赏赐”，“大兵拥护，积四十年”①。

第一，政治上的卫护和监督。

因北匈奴不断发兵骚扰南匈奴，所以东汉将南单于庭迁至西河美稷，并派使匈奴中郎将段郴及副校尉王郁驻留西河加以保护，为其设置官府、从事、掾史，还令西河长史每年将兵协助中郎将护卫南单于。冬屯夏罢，以为定例。南单于入居西河后，分列诸部于各郡，帮助汉王朝戍守边疆、捍御北虏，使韩氏骨都侯屯驻于北地、右贤王屯驻于朔方、当于骨都侯屯驻于五原、呼衍骨都侯屯驻于云中、郎氏骨都侯屯驻于定襄、左南将军屯驻于雁门、栗籍骨都侯屯驻于代郡，南单于自领一部驻于西河。可见，东汉政府对南匈奴采取了一定的保护措施，南匈奴对东汉政府的安排也是积极响应的。

使匈奴中郎将是东汉政府派遣到南匈奴的最高官员，直接隶属于汉中央政府，代表朝廷对南单于实行监护，主要职责是保护南匈奴，使之不受北匈奴或其他民族的侵扰，但实际上更重要的目的是

---

①（南朝宋）范晔：《后汉书》卷八九《南匈奴列传》，中华书局 1965 年版，第 2952 页。

监督南匈奴，防止其有“离心”行为发生。① 除此之外，使匈奴中郎将还参与南匈奴内部日常事务的商讨和解决；要及时传达皇帝命令，并将南单于的请求和奏章转达给东汉政府；要负责迎送单于侍子，负责接收、转运汉廷对南匈奴的赏赐，负责对南匈奴的救济以及吊祭慰赐等汉匈交往事宜。东汉后期，随着南匈奴叛汉事件的经常发生，使匈奴中郎将又担负起平息叛乱的任务。但需要注意的是，使匈奴中郎将只是对南单于行使监护权，而不是取代南匈奴的原有机构，因此不能对匈奴民众进行直接管理，更不具有生杀大权，不可越权擅杀南匈奴单于及官员或干涉单于位的继承事宜。如，顺帝永和五年（140），中郎将陈龟因南匈奴左部叛汉之事治单于“不能治下”之罪，逼迫单于休利及其弟左贤王自杀。陈龟因此被免职并入狱。灵帝元和二年（179），中郎将张修与新单于呼徵不和，擅自将呼徵处斩，改立右贤王羌渠为单于。张修“以不先请而擅诛杀，槛车征诣廷尉抵罪”②。总之，中郎将作为东汉朝廷与南匈奴之间的联络者，起到了很好的上传下达作用，也更好地加强了东汉对南匈奴的监控。

明帝永平八年（65），东汉王朝又设置度辽营，以中郎将吴棠行度辽将军事，副校尉来苗、左校尉阎章、右校尉张国将黎阳虎牙营士屯驻于五原曼柏，又遣骑都尉秦彭率兵屯驻于美稷。设置度辽营和度辽将军主要是为了防止南北匈奴勾结、融通，抵御北匈奴来犯。据《后汉书·百官志》注引《汉官仪》，度辽将军“银印青绶，秩比两千石”，主要配合使匈奴中郎将加强对南匈奴的监管和

---

① 胡玉春：《南匈奴与东汉的政治关系及其社会变革》，载《内蒙古社会科学（汉文版）》2007 年第 6 期。

② （南朝宋）范晔：《后汉书》卷八九《南匈奴列传》，中华书局 1965 年版，第 2964 页。

军事防护，同时配合北部各郡县和有关机构加强对整个北方地区的政治统治和军事控制。度辽营为维护东汉北部边塞的安宁起到了十分重要的作用。①

第二，经济援助和物质扶持。

长城往往被作为游牧经济和农耕经济的分界线。因为南单于比所领部众受汉人影响，所以南匈奴之农业已有所发展。但在跨过长城进入农耕区之后，南匈奴仍一时无法适应塞内的生活。东汉针对匈奴民众的生活特点，依其故俗，“乃诏有司开北鄙，择肥美之地，量水草以处之”②。东汉政府不仅允许南匈奴人保留原有的生产生活方式，将五原、云中、定襄、朔方、雁门、上谷、北地、代郡缘边八郡划为南匈奴部众的驻牧区，并给予南匈奴丰厚的赏赐，“岁以为常”。遇有灾荒、饥馑，汉政府还以大量物资、粮食赈济南匈奴。

据《后汉书·南匈奴列传》记载，南匈奴附汉后，东汉政府对其有一年一度的赏赐，甚至会因时因事不定期给予厚赏。建武二十六年（50），南单于遣送侍子时，东汉朝廷赐予单于衣裳、黄金、马匹、乐器、兵器、食器等财物，“又转河东米糒二万五千斛，牛羊三万六千头，以赡给之”。每年单于侍子入朝拜祠陵庙完毕后，东汉政府便派人将南匈奴使者遣回，并赐予彩缯、锦绣、黄金、食酱、橙、橘、龙眼、荔枝等；另“赐单于母及诸阏氏、单于子及左右贤王、左右谷蠡王、骨都侯有功善者，缯彩合万匹”。③ 建武二

① 王平：《论东汉对南匈奴的政策》，载《白城师范学院学报》2008年第1期。

② （南朝宋）范晔：《后汉书》卷八九《南匈奴列传》，中华书局1965年版，第2966页。

③ （南朝宋）范晔：《后汉书》卷八九《南匈奴列传》，中华书局1965年版，第2943～2944页。

十九年（53），汉赐南单于羊数万头。光武中元元年（56），南单于比死，汉派遣中郎将段郴“将兵赴吊，祭以酒米，分兵卫护之”①。在单于比之弟左贤王莫继位后，光武帝又“遣使者赍玺书镇慰，拜授玺绶，遗冠帻，降单衣三袭，童子佩刀，绲带各一，又赐缯彩四千匹，令赏赐诸王、骨都侯已下。其后单于薨，吊祭慰赐，以此为常”②。章帝建初元年（76），南匈奴驻牧地发生蝗灾，饥荒严重，汉“禀给其贫人三万余口”③。由此可见，东汉王朝对南匈奴实行了许多优抚政策，给予了南匈奴非常优厚的待遇。据大臣袁安奏疏，东汉政府每年给予南匈奴的经济和物质支援总额高达一亿九十余万。正因为得到东汉政府如此庞大金额的援助，南匈奴民众在入塞后，生活渐趋稳定，人口有所增加；南匈奴的经济得到恢复发展，实力也逐渐增强。

3. 协助东汉出征

南匈奴在接受东汉政府赏赐和接济的同时，不仅分部驻守各郡帮助东汉戍守边境，还出兵协助东汉征讨北匈奴。这同时也维护了南匈奴自身的利益，为其实现南北统一开拓了道路。明帝永平十六年（73），南单于派重兵与汉军大举征伐北匈奴。左贤王信与祭肜一道出朔方高阙塞攻皋林温禺犊王。和帝永元元年（89），以耿秉为征西将军，与车骑将军窦宪率骑八千，与度辽兵及南单于众三万骑，出朔方击北匈奴，大破之。次年，南单于又派左谷蠡王师子将

---

① （南朝宋）范晔：《后汉书》卷八九《南匈奴列传》，中华书局1965年版，第2948页。

② （南朝宋）范晔：《后汉书》卷八九《南匈奴列传》，中华书局1965年版，第2948页。

③ （南朝宋）范晔：《后汉书》卷八九《南匈奴列传》，中华书局1965年版，第2950页。

左右部八千骑出鸡鹿塞配合汉中郎将耿谭夜围北单于，给北匈奴造成了致命打击，直接导致了北单于随后的溃败西逃。不久，鲜卑乘机进据漠北，并入北匈奴余留者，逐渐强盛起来，不断侵扰汉边。南匈奴兵又成为帮助汉政府抵御鲜卑的一支力量。安帝元初六年（119）秋，鲜卑入侵马城塞。度辽将军邓遵及中郎将马续率南单于将其击破。顺帝永建二年（127）春，汉中郎将张国遣从事将南单于兵步骑万余人出塞，击退鲜卑其至鞬。同年二月，鲜卑复寇辽东、玄菟。汉护乌桓校尉耿晔率南单于兵将鲜卑击破。阳嘉二年（133），汉使匈奴中郎将赵稠遣从事领南匈奴骨都侯夫沈等出塞进击鲜卑，斩获甚众。灵帝熹平三年（174），鲜卑侵入北地。汉太守夏育率屠各胡追击，大破之。熹平六年（177），汉政府又派遣护乌桓校尉夏育出高柳，破鲜卑中郎将田晏出云中，使匈奴中郎将臧旻率南单于出雁门，各将万骑，分三道出塞攻打鲜卑檀石槐。① 在东汉的其他征战中，南匈奴也起到了不小的作用。如，安帝永初五年（111），安定、北地、上郡皆被羌侵扰。汉诏度辽将军梁慬发缘边兵迎三郡太守，使率吏人徙入扶风界。梁慬即遣南单于兄之子优孤涂奴将兵迎之。元初三年（116），邓遵任度辽将军率南单于及左鹿蠡王须沈于灵州击破零昌（先零羌）。但是后来，南匈奴出兵助战的自愿成分越发减少，南匈奴常常是因为被东汉王朝征调而参战。

4．叛汉事件迭起

公元 93 年，安国继单于位之后，南匈奴内部的矛盾开始暴露出来，与汉朝的关系也发生了明显的变化。两民族间的不和谐因素凸显，反对汉王朝的斗争陡然增多。这类事件在南匈奴依附汉朝的

---

① 参阅（南朝宋）范晔《后汉书》卷五《安帝纪》、卷六《顺帝纪》、卷八《灵帝纪》、卷九〇《乌桓鲜卑列传》，中华书局 1965 年版。

前四十年时间里是鲜有发生的，在此时却骤然频繁起来。这与汉王朝对南匈奴态度的变化有很大关系。这种态度变化主要表现为东汉政府派驻南匈奴的使匈奴中郎将等官员介入单于庭内部事务，甚至直接插手单于位的继承事宜。

另外，汉王朝对南匈奴兵骑的多次征调也是他们反叛的一个重要原因。和帝永元六年（94），由于汉度辽将军皇甫棱对南匈奴左贤王师子的偏袒和中郎将杜崇等人出于私利从中作梗，单于安国和左贤王师子的争斗愈演愈烈，终于一发而不可收，最后导致安国被杀。师子继位后不久，降汉北匈奴十五部二十余万人皆造反，立日逐王逢侯为单于，烧杀吏民，将车重向朔方奔漠北而去。汉与南单于遣兵击之，不能追而还。直至安帝元初四年（117），逢侯为鲜卑所破，部众四下分散。元初五年（118）春，逢侯困极，将百余骑亡归汉，汉将其徙之颍川郡。永元八年（96），南单于师子以右温禺犊王乌居战曾与安国同谋，欲考问之。结果，乌居战率数千人叛逃出塞。庞奋及越骑校尉冯柱出兵追击，破之，徙其余众及诸降汉北匈奴人二万余人于安定、北地。

师子死后，万氏尸逐鞮单于檀、乌稽侯尸逐鞮单于拔、去特若尸逐就单于休利先后嗣位。在檀、拔、休利统治期间，东汉统治越来越黑暗，政局动荡，民变不断，居住在边境的氐、羌等族人民也不时聚众反抗。在这种混乱的局势下，南匈奴亦深受影响。

安帝永初三年（109），汉人韩琮随南单于檀入朝返回后，进言说关东水患，饥困可击。单于听信其说，遂起兵反汉，攻中郎将耿种于美稷。汉遣行车骑将军何熙、副中郎将庞雄出兵反击。永初四年（110）春，单于檀遣千余骑寇常山、中山。汉又以西域校尉梁慬行度辽将军，与辽东太守耿夔击破之。汉大军数道并出，使南单于大为惊恐。南单于乃遣使乞降。汉政府准其请求，并待之如初。

延光三年（124），汉政府连年征发新降匈奴抵御鲜卑，引起了匈奴部众的怨恨。其一部大人阿族遂率众反叛，携妻子辎重亡去。中郎将马翼遣兵与南匈奴骑追击，破之。阿族部众大都投河而死或被斩首。

顺帝永和五年（140），南匈奴左部句龙大人吾斯、车纽等叛汉，寇略西河，招诱右贤王兵合七八千骑围美稷，杀朔方、代郡长史。夏五月，度辽将军马续将其击破。吾斯等遂更屯聚，攻没城邑。中郎将陈龟以南单于不能制其部众，“外顺内畔，促令自杀”①。南庭一度虚席以待。汉诏马续以恩信招抚匈奴叛者。右贤王部抑鞮等万三千余寇皆归附。秋九月，句龙吾斯等立车纽为单于，侵掠并、凉、幽、冀四州。汉遣中郎将张耽将兵击车纽于马邑，斩首三千级，获生口及兵器牛羊甚众。车纽乞降，而吾斯犹率部与乌桓为寇。汉安元年（142），吾斯与薁鞬台耆、且渠伯德等复掠并部。

桓帝建和元年（147），伊陵尸逐就单于居车儿继位，对东汉极为忠诚，但平庸无为、缺乏威望。永寿元年（155），左薁鞬台耆、且渠伯德等再度暴动，攻美稷，东羌举族响应。安定属国都尉张奂招诱东羌诸豪，共击破之，叛者遂归附。延熹元年（158），南匈奴各部叛汉，与乌桓、鲜卑侵扰缘边九郡。汉以张奂为北中郎将讨伐叛军，诸部乃归降。延熹九年（166），鲜卑闻张奂征为大司农，遂招结南匈奴、乌桓同叛，侵掠缘边九郡。汉复诏张奂为护匈奴中郎将，发兵追讨。匈奴及乌桓闻奂至，皆相率复降，凡二十万口。鲜卑出塞去。

---

① （南朝宋）范晔：《后汉书》卷五一《陈龟传》，中华书局 1965 年版，第 1692 页。

汉灵帝年间，南匈奴羌渠单于在位时，东汉统治更加腐朽，东汉政权已摇摇欲坠，各地农民起义风起云涌，地方势力纷纷割地称雄，据守一方，叛乱不断。中平四年（187），屠各胡叛汉，攻西河，杀郡守。第二年，因汉前中山太守张纯造反，南匈奴兵屡被征发平乱。这引起了他们的担忧。右部醢落遂与休著各胡白马铜等十余万人反，攻杀单于羌渠。众人立羌渠子右贤王於扶罗为持至尸逐侯单于。杀於扶罗之父者又叛，另立须卜骨都侯为单于。会灵帝崩，天下大乱，於扶罗将数千骑寇河内诸郡。当时民皆保聚，抄掠无利，而兵遂挫伤。於扶罗欲归国，遭到南庭族人的拒绝，遂只好止于河东而居。

虽然上述南匈奴连续不断的反汉事件的具体起因不同，但或多或少是东汉王朝（尤其是统治后期）黑暗没落的统治和东汉王朝对南匈奴一定程度上的压迫造成的，既是民族矛盾的反映，也是阶级矛盾的体现，是双方矛盾激化的结果。

第三章
不同时期匈奴首领对汉王朝的态度

匈奴的最高首领称为“单于”。自头曼单于开始，史书中才有对匈奴首领名称的确切记载。匈奴于战国时期兴起之后，与中原汉族的往来日益频繁。两族的上层统治者在双方交往中扮演了非常重要的角色。统治者的态度和决策对匈奴与中原王朝的关系在一定程度上起着决定性的作用。特别是在两汉时期即匈奴最为活跃的时期，匈奴首领对汉王朝的态度随着时间的推移和社会态势的变化而有明显的不同，或骄横跋扈，或谦恭卑顺，或敌对，或傲慢凌厉，或友好。这也使汉匈关系不断变化。

第一节　匈奴单于的“自尊”意识

少数民族首领“自尊”意识的说法最早是由崔明德先生提出的。[①] 这里所说的“自尊”的含义跟现在提倡的自立、自尊、自爱中之“自尊”的含义有明显不同。崔明德先生在其《两汉民族关系思想史》一书中对“自尊”的含义做了明确界定：按照现代人

① 参见崔明德《两汉民族关系思想史》，人民出版社 2007 年版；崔明德《略论两汉时期匈奴首领的“自尊”意识》，载《中国边疆史地研究》2008 年第 1 期。

的解释，所谓“自尊”就是尊重自己，既不向别人卑躬屈节，也不容许别人歧视和侮辱。其实，在中国古代社会，“自尊”的含义比较宽泛，既属于道德范畴和做人处事的原则，也有自立为王或自己称帝之意，还有唯我独尊和妄自尊大之意。在匈奴的发展历程中，每位单于都有一定的“自尊”意识，只是在程度上强弱不同罢了。前期，匈奴正如日中天，不仅控制着周边其他民族，甚至西汉王朝都要屈身求和亲。因此，冒顿单于、老上单于和军臣单于的“自尊”意识尤为强烈。汉武帝时，伊稚斜单于和乌维单于虽然继续保持着较强的“自尊”意识，但因为受到汉军的重创，这种意识已经趋于弱化。到虚闾权渠单于和握衍朐鞮单于时，他们的“自尊”意识逐渐淡化。在呼韩邪单于归附汉朝之后的几十年里，匈奴的历任单于都能做到与汉王朝和睦共处，他们的“自尊”意识没有明显显现。直到王莽当政时，中原混乱，边疆骚动，匈奴首领的“自尊”意识有所恢复，提出了“复尊我”的说法。东汉初期，匈奴单于“尊事我”的诉求体现了其“自尊”意识的增强。但很快，随着匈奴政权的南北分裂，匈奴单于的“自尊”意识随之再次淡化。南单于对东汉王朝谦顺感恩，北单于也不再一味与东汉为敌，反而“倾耳而听”，不断示好。匈奴首领这种“自尊”意识的变化既与匈奴自身势力的强弱有关，也与匈奴与周边政权的关系尤其是汉匈关系的变化有关。①

头曼单于时，匈奴刚刚抬头于北方草原不久。时东胡强而月氏盛，又因受到秦朝猛将蒙恬十万兵众的重创，匈奴曾不得已而一度北退。因此，头曼单于的“自尊”意识没有太多表现。到冒顿单于

① 崔明德：《两汉民族关系思想史》，人民出版社 2007 年版，第 420～421 页。

当政时，局势陡然发生转变，匈奴发展到鼎盛时期，因此冒顿单于的“自尊”意识也最为强烈。他目空一切，凌势逼人。当然，冒顿单于也确是匈奴历史上当之无愧的最有作为的一位首领。他勇猛果敢，弑父自立；对兵士训练有术，令行禁止；作战时，决策英明，行事勇猛。冒顿单于在执政后不久，便率领部众四处征战，东破东胡，西灭月氏，使邻族尽服、领域扩大，威震百蛮。楼兰、乌孙、呼揭及其旁二十六国皆归于匈奴统治之下。就在匈奴势头正盛之时，汉朝正值新立，经济萧条，百业待兴，急需调整国策，休养生息。面对强势的匈奴，西汉政府只得采取屈辱的和亲政策，以求边境的些许安宁。而其他各族大多已被匈奴征服，更是无力与匈奴对抗。这更加助长了冒顿单于的嚣张气焰。他仰仗国力强盛，自傲自大，唯我独尊，蛮横、无礼，不把任何人放在眼里。西汉高祖刘邦死后，吕后当政。冒顿单于益加骄横，在给吕后的书信中说：“孤偾之君，生于沮泽之中，长于平野牛马之域，数至边境，愿游中国。陛下独立，孤偾独居。两主不乐，无以自虞，愿以所有，易其所无。”① 信中言语极具侮辱之意，狂妄之形色表露无遗。而在给汉文帝的书信中，冒顿单于的口气更是强硬，开头就是“天所立匈奴大单于”②，一副高高在上、不可一世的样子。当时力量尚弱的西汉王朝只好忍气吞声、委曲求全，在回信中也以“皇帝敬问匈奴大单于无恙”③ 开头，这是对冒顿单于无礼做法的一种默许。

---

① （东汉）班固：《汉书》卷九四上《匈奴传上》，中华书局1962年版，第3754～3755页。

② （西汉）司马迁：《史记》卷一一〇《匈奴列传》，中华书局1959年版，第2896页。

③ （西汉）司马迁：《史记》卷一一〇《匈奴列传》，中华书局1959年版，第2897页。

冒顿死后，其子老上单于稽粥继位，延续了冒顿单于强烈的自尊意识。汉朝皇帝写给匈奴单于的书信都是“牍以尺一寸”，辞为“皇帝敬问匈奴大单于无恙”。而老上单于为了充分显示其自尊自大、高高在上的架势，不仅“遗汉书以尺二寸牍，及印封皆令广大长”，而且“倨傲其辞曰‘天地所生日月所置匈奴大单于敬问汉皇帝无恙’”①。他竟然自诩为日月所设的天地之子，足见其已傲慢到自觉无人能及的地步了。不仅如此，老上单于还多次出兵寇掠汉境，但汉军未有所杀，只是将匈奴兵逐出塞而已。所以“匈奴日已骄，岁入边，杀略人民畜产甚多”②。而此时，汉朝也只能再请和亲、修定约。

军臣单于继续保持着较强的“自尊”意识。军臣单于刚继位时，汉文帝便主动与匈奴和亲。但几年后，匈奴便绝和亲，大举进攻上郡、云中。汉景帝即位后，“复与匈奴和亲，通关市，给遗匈奴，遣公主，如故约”③。汉武帝在即位之初，仍是严守“和亲约束”，互通关市。然而，汉朝皇帝坚守故约、数次请求和亲的行为无疑助长了军臣单于的“自尊”意识。后来，汉朝的“马邑之谋”失败，使得匈奴断绝和亲。匈奴派兵“攻当路塞，往往入盗于汉边，不可胜数”④。自是之后，汉军在汉匈交战中又屡屡失利。公孙贺出云中征讨匈奴无所获，公

① （西汉）司马迁：《史记》卷一一〇《匈奴列传》，中华书局1959年版，第2899页。

② （西汉）司马迁：《史记》卷一一〇《匈奴列传》，中华书局1959年版，第2901页。

③ （西汉）司马迁：《史记》卷一一〇《匈奴列传》，中华书局1959年版，第2904页。

④ （西汉）司马迁：《史记》卷一一〇《匈奴列传》，中华书局1959年版，第2905页。

孙敖出代郡、李广出雁门皆为匈奴所败。匈奴于是屡次入盗边境。渔阳尤受其害，渔阳太守军千余人为匈奴所败，将军安国被围。而且匈奴杀辽西太守，略二千余人，又入雁门，杀略千余人。最后，汉朝不得不“弃上谷之什辟县造阳地以予胡”①。这更加助长了军臣单于的“自尊”意识。

军臣单于死后，其弟左谷蠡王伊稚斜攻败太子於单，自立为单于。初期，单于数遣匈奴骑兵入代郡、雁门、定襄、上郡等地骚扰杀略。右贤王还侵入河南，侵扰朔方，“杀略吏民甚众”②。于是，汉王朝连年出兵大规模进击匈奴。匈奴大多失利，但伊稚斜单于还是保有一定的“自尊”心理。当听到汉使任敞针对“匈奴新破”提出的“宜可使为外臣，朝请于边”③ 的计策时，伊稚斜单于大怒，认为有贬低匈奴之意而将任敞“留之不遣”。乌维单于在位时，依然如此。汉使郭吉出使匈奴，对单于提出：“南越王头已县于汉北阙下。今单于即能前与汉战，天子自将兵待边；即不能，亟南面而臣于汉。何但远走，亡匿于幕北寒苦无水草之地为？”④ 乌维单于受此威胁，极为愤怒，“立斩主客见者，而留郭吉不归，迁辱之北海上”⑤。汉使杨信面见单于，提出和亲就要以匈奴太子为人质。

---

① （西汉）司马迁：《史记》卷一一〇《匈奴列传》，中华书局 1959 年版，第 2906 页。

② （西汉）司马迁：《史记》卷一一〇《匈奴列传》，中华书局 1959 年版，第 2907 页。

③ （西汉）司马迁：《史记》卷一一〇《匈奴列传》，中华书局 1959 年版，第 2911 页。

④ （东汉）班固：《汉书》卷九四上《匈奴传上》，中华书局 1962 年版，第 3772 页。

⑤ （东汉）班固：《汉书》卷九四上《匈奴传上》，中华书局 1962 年版，第 3772 页。

乌维单于强烈反对："今乃欲反古，令吾太子为质，无几矣。"① 之后，在汉匈通使中，乌维单于又提出必得"汉贵人使"才"可与诚语"的要求。汉遂遣贵人路充国携财物出使匈奴。路充国却被单于扣留。

尽管如此，经过汉军的多次军事打击，"匈奴远遁，而幕南无王庭。汉度河自朔方以西至令居，往往通渠置田，官吏卒五六万人，稍蚕食，地接匈奴以北"②。匈奴单于的"自尊"意识在这一阶段有所弱化。这在伊稚斜单于在位时已有所表现。他曾主动遣使于汉，好言请和亲。这在以前是未曾有过的。乌维单于则"终不肯为寇于汉边，休养息士马，习射猎，数使使于汉，好辞甘言求请和亲"③，并"复谄以甘言，欲多得汉财物"④；甚至允许汉使杨信不去节，单于坐于穹庐外接见他。且鞮侯单于在位时，其"自尊"意识弱化的表现更加明显。且鞮侯单于刚继位便将以前被扣留在匈奴的汉朝使者全部归还于汉，并且声称"我儿子，安敢望汉天子！汉天子，我丈人行也"⑤，表现得非常恭顺。

汉武帝末期，汉骑都尉李陵和贰师将军李广利先后兵败，投降匈奴。汉朝也因为长期的频繁征兵、军费浩大、赋税繁重而引起民怨。

---

① （西汉）司马迁：《史记》卷一一〇《匈奴列传》，中华书局 1959 年版，第 2913 页。

② （西汉）司马迁：《史记》卷一一〇《匈奴列传》，中华书局 1959 年版，第 2911 页。

③ （西汉）司马迁：《史记》卷一一〇《匈奴列传》，中华书局 1959 年版，第 2912 页。

④ （西汉）司马迁：《史记》卷一一〇《匈奴列传》，中华书局 1959 年版，第 2914 页。

⑤ （西汉）司马迁：《史记》卷一一〇《匈奴列传》，中华书局 1959 年版，第 2917 页。

这为匈奴单于“自尊”意识的恢复提供了契机。狐鹿姑单于在写给汉武帝的信中口出狂言：“南有大汉，北有强胡。胡者，天之骄子也，不为小礼以自烦。今欲与汉闿大关，取汉女为妻，岁给遗我糵酒万石，稷米五千斛，杂缯万匹，它如故约，则边不相盗矣。”① 言语中充满了威胁和命令的口气，明确指出有“汉南胡北”之分，不仅是汉匈平起平坐，而且匈奴更胜一筹、高汉一等，匈奴是“天之骄子”，似已超越汉朝皇帝“天子”的称谓了。狐鹿姑单于甚至还派遣其左右亲信讽刺、刁难汉朝使者，并将汉朝使者留之不遣。

狐鹿姑单于“自尊”意识的增强是暂时的。之后的匈奴首领的“自尊”意识随即重新转入弱化趋势。壶衍鞮单于即位之初便“风谓汉使者，言欲和亲”②。两年后，匈奴因为“国内乖离”，遂常常担忧汉兵来袭。于是，匈奴将扣留多年的汉使苏武、马宏二人归还，“欲以通善意”。后来，匈奴“兵数困，国益贫”③。单于弟左谷蠡王因此经常想起卫律所说的和亲之利，乃“欲和亲而恐汉不听，故不肯先言，常使左右风汉使者。然其侵盗益希，遇汉使愈厚，欲以渐致和亲，汉亦羁縻之”④。然而，汉匈终未实现和亲。相反，在宣帝本始二年（前72），由于匈奴出击乌孙，乌孙昆弥与公主数次上书求救，汉王朝遂大发兵十万余骑，五将军分道并出，与乌孙兵进攻匈奴。匈奴民众死伤及逃亡者不可胜数，匈奴大衰

① （东汉）班固：《汉书》卷九四上《匈奴传上》，中华书局1962年版，第3780页。

② （东汉）班固：《汉书》卷九四上《匈奴传上》，中华书局1962年版，第3782页。

③ （东汉）班固：《汉书》卷九四上《匈奴传上》，中华书局1962年版，第3782～3783页。

④ （东汉）班固：《汉书》卷九四上《匈奴传上》，中华书局1962年版，第3783页。

耗。单于因此怨乌孙，复又自将万余骑击乌孙，返回时，会天大雨雪，一日深丈余，人民畜产大都冻死，生还者不足十分之一。此时，丁零、乌桓、乌孙等受匈奴压迫的众民族乘其弱纷纷起兵反抗，杀匈奴部众数万级、马数万匹、牛羊甚众。又有因饥饿而死的人民十分之三、畜产十分之五，匈奴损失惨重而大虚弱。其后，汉朝动用三千余骑，分三道进入匈奴，捕虏数千人而还。面对这种状况，“匈奴终不敢取当，兹欲乡和亲，而边境少事矣”①。之后继位的虚闾权渠单于和握衍朐鞮单于的“自尊”意识更为微弱，曾数次遣贵人使者入汉请求和亲。匈奴单于以往盛气凌人的气势已荡然无存。

第二节　呼韩邪单于的“汉与匈奴合为一家”思想

呼韩邪单于时，汉匈关系发生了很大变化，得到极大改善。“今事汉则安存，不事则危亡”的思想基本成为匈奴处理与汉朝关系的指导思想。② 呼韩邪单于还积极促成了“汉与匈奴合为一家”的友好局面。

虚闾权渠单于死后，颛渠阏氏与其弟左大且渠都隆奇合谋拥立右贤王屠耆堂为握衍朐鞮单于。握衍朐鞮单于继任后，任人唯亲，尽杀贵人大臣，尽免前单于子弟近亲。其暴虐滥杀致使“国中不附”。宣帝神爵四年（前58），姑夕王与乌禅幕及左地贵人共立虚闾权渠单于子稽侯狦为呼韩邪单于，发左地兵四五万人，西击握衍

① （东汉）班固：《汉书》卷九四上《匈奴传上》，中华书局1962年版，第3787页。

② 崔明德：《两汉民族关系思想史》，人民出版社2007年版，第425页。

胸鞮单于。握衍朐鞮单于被迫自杀，民众尽降呼韩邪单于。

正当呼韩邪单于欲大力整顿王庭时，匈奴内部爆发了五单于争权的斗争。五单于分别是屠耆单于、呼揭单于、车犁单于、乌藉单于、呼韩邪单于。他们相互争斗、厮杀，使局面一片混乱。最终，呼韩邪单于打败屠耆单于，捕斩乌藉单于，收降了车犁单于。而在局势未稳之际，呼韩邪单于兄左贤王呼屠吾斯又自立为郅支骨都侯单于，进攻呼韩邪单于。呼韩邪单于败走，郅支单于进据单于庭。这样，匈奴出现了兄弟南北争国的局面。面对如此困境，左伊秩訾王为呼韩邪单于出谋划策，劝说单于“称臣入朝事汉，从汉求助，如此匈奴乃定”①。呼韩邪单于再三斟酌之后，决定向汉称臣，于是“引众南近塞”，并遣其子右贤王铢娄渠堂入汉为侍。

甘露三年（前51），呼韩邪单于入朝觐见汉宣帝，正式向汉称臣。汉王朝对呼韩邪单于优待有加，“宠以殊礼，位在诸侯王上，赞谒称臣而不名”②；赐以大量财物，并护送出塞。汉元帝时，汉派遣车骑都尉韩昌、光禄大夫张猛送还呼韩邪侍子，见“单于民众益盛，塞下禽兽尽，单于足以自卫，不畏郅支”③，“恐北去后难约束”，遂与匈奴订立盟约：“自今以来，汉与匈奴合为一家，世世毋得相诈相攻。有盗窃者，相报，行其诛，偿其物；有寇，发兵相助。汉与匈奴敢先背约者，受天不祥。令其世世子孙尽如盟。”④

---

①（东汉）班固：《汉书》卷九四下《匈奴传下》，中华书局1962年版，第3797页。

②（东汉）班固：《汉书》卷九四下《匈奴传下》，中华书局1962年版，第3798页。

③（东汉）班固：《汉书》卷九四下《匈奴传下》，中华书局1962年版，第3801页。

④（东汉）班固：《汉书》卷九四下《匈奴传下》，中华书局1962年版，第3801页。

元帝建昭三年（前36），汉西域都护甘延寿与副校尉陈汤诛郅支单于。呼韩邪单于闻郅支被诛，且喜且惧，于竟宁元年（前33）第三次入汉朝见，并主动请求和亲，愿为汉家婿。汉元帝以后宫良家子王昭君赐呼韩邪单于。由此，王昭君出塞和亲成为世传佳话，真正实现了“汉与匈奴合为一家”的盟约，也换取了边境的长期安宁。

呼韩邪单于附汉，在汉王朝的帮助下重回单于庭，使匈奴得以安定。因此，呼韩邪单于始终对汉感恩于心，临终前留下遗言：“有从中国来降者，勿受，辄送至塞，以报天子厚恩。”① 其颛渠阏氏也明确表示：“匈奴乱十余年，不绝如发，赖蒙汉力，故得复安。”② 这对后世产生了深远的影响，继呼韩邪单于之后的六任单于（复株累若鞮单于雕陶莫皋、搜谐若鞮单于且糜胥、车牙若鞮单于且莫车、乌珠留若鞮单于囊知牙斯、乌累若鞮单于咸、呼都而尸道皋若鞮单于舆）都谨遵呼韩邪单于和颛渠阏氏的教诲，与汉朝友好往来，努力做到“汉与匈奴合为一家”，以报天子厚恩。直到东汉，日逐王比自立时，仍以“呼韩邪单于”为号。而且汉和帝永元年间，一直与东汉对抗的北匈奴单于也“愿和亲修呼韩邪故约”③。

复株累若鞮单于初立，即遣子入侍，遣使奉献，并做到“诎体称臣，列为北藩，遣使朝贺，无有二心”④。后继的几位单于也能恪守先

① （东汉）班固：《汉书》卷九四下《匈奴传下》，中华书局1962年版，第3818页。

② （东汉）班固：《汉书》卷九四下《匈奴传下》，中华书局1962年版，第3807页。

③ （宋）王钦若等：《册府元龟》卷九七八，中华书局1960年版，第11492页。

④ （东汉）班固：《汉书》卷九四下《匈奴传下》，中华书局1962年版，第3808页。

例，遣子入侍。乌珠留单于甚至于哀帝元寿二年（前1）率五百人入朝觐见。之后，他还顺应汉意将西域降者归还，并接受汉制，上书将其名“囊知牙斯”更为单字“知”。自呼韩邪单于以后的匈奴单于名号中多含有“若鞮”二字。匈奴称“孝”为“若鞮”。呼韩邪单于之后，匈奴“与汉亲密，见汉谥帝为‘孝’，慕之，故皆为‘若鞮’”①。这也是汉匈关系和睦、匈奴慕汉的很好说明。

自呼韩邪单于始，匈奴单于对汉王朝的态度发生了急剧变化，由激战转为求和，以至称臣。汉匈双方由此保持了60余年的友好关系。北方边境出现了少有的安定繁荣局面。史书称：“北边自宣帝以来，数世不见烟火之警，人民炽盛，牛马布野。”② 这种一派祥和的状态正是汉匈两族人民所期望的，也是当时汉匈两族和平共处的生动写照。

第三节　匈奴首领的“复尊我”和“尊事我”诉求

乌珠留单于、乌累单于和呼都而尸道皋若鞮单于也都秉承了呼韩邪单于的遗训，牢记并不负汉恩。但到新莽时期，王莽实行了一系列旨在征服、瓦解匈奴的政策，引起了匈奴单于的强烈不满，使汉匈关系再度紧张起来，甚至使战端重起。新莽始建国元年（9），王莽遣五威将王骏等至匈奴，更换单于故印，将“匈奴单于玺”改为“新匈奴单于章”。“玺”代表了至高无上的地位，甚至只有王者才可用“玺”，诸王以下的官员

① （东汉）班固：《汉书》卷九四下《匈奴传下》，中华书局1962年版，第3829页。

② （东汉）班固：《汉书》卷九四下《匈奴传下》，中华书局1962年版，第3826页。

则使用“章”。王莽将“玺”改为“章”，自然是降低了匈奴的地位，“与臣下无别”①。乌珠留单于“始用夏侯藩求地有距汉语，后以求税乌桓不得，因寇略其人民，衅由是生，重以印文改易，故怨恨”②。始建国三年（11），王莽“怙府库之富欲立威”于匈奴，乃更名匈奴单于为“降奴单于”，又发重兵十道并出，欲逐匈奴于丁零，大分匈奴土地民众为十五部分，拜呼韩邪十五子为单于。单于囊知牙斯因此大怒，派兵入云中益寿塞，大杀吏民，并历告左右部都尉、诸边王，入塞寇盗，“略吏民畜产不可胜数，缘边虚耗”③。

乌珠留单于立二十一年，公元13年死，乌累单于咸立。当得知其子已被王莽斩杀于长安时，单于咸“怨恨，寇虏从左地入，不绝”④。天凤二年（15），王莽又“号匈奴为‘恭奴’，单于曰‘善于’，赐印绶”。单于因贪图财物金币而听从之，但仍寇盗如故。天凤五年（18），单于舆继位后，即遣须卜当子大且渠奢与须卜居次云女弟当于居次子醯椟王入长安奉献。王莽以兵胁迫须卜当及云至长安，强立当为须卜单于，并欲出兵护送当回匈奴以辅立之。这使得单于大为恼怒，并入北边侵扰，“北边由是败坏”⑤。

① （东汉）班固：《汉书》卷九四下《匈奴传下》，中华书局1962年版，第3821页。

② （东汉）班固：《汉书》卷九四下《匈奴传下》，中华书局1962年版，第3822页。

③ （东汉）班固：《汉书》卷九四下《匈奴传下》，中华书局1962年版，第3824页。

④ （东汉）班固：《汉书》卷九四下《匈奴传下》，中华书局1962年版，第3827页。

⑤ （东汉）班固：《汉书》卷九四下《匈奴传下》，中华书局1962年版，第3829页。

乌珠留单于曾说："先单于受汉宣帝恩，不可负也。今天子非宣帝子孙，何以得立？"① 在匈奴单于看来，他们感念的是汉朝皇帝的恩情，而王莽并非正统汉皇室子孙，自然就不必对其感恩戴德、尊崇有加。因此，此时匈奴单于的态度又逐渐强硬起来，并开始不断侵扰沿边地区。同时，王莽的种种恶劣行径不仅使得边疆战火重燃，而且早已激起民愤，致使天下骚动。西汉宗室刘玄在积极谋划恢复刘姓汉朝。此举得到了广泛支持，"海内豪杰翕然响应，皆杀其牧守，自称将军，用汉年号，以待诏命，旬月之间，遍于天下"②。刘玄于公元23年在淯阳称帝，年号更始。秋九月，汉兵诛莽，新莽政权瓦解。与此同时，匈奴也因出兵攻击王莽有功而自骄起来。更始二年（24）冬，汉遣中郎将归德侯飒、大司马护军陈遵出使匈奴，授予单于汉朝的旧制玺绶和王侯以下印绶。单于舆表现得非常骄横，对来使遵、飒说："匈奴本与汉为兄弟，匈奴中乱，孝宣皇帝辅立呼韩邪单于，故称臣以尊汉。今汉亦大乱，为王莽所篡，匈奴亦出兵击莽，空其边境，令天下骚动思汉，莽卒以败而汉复兴，亦我力也，当复尊我！"③ 由此可知，单于舆认为因为汉朝在匈奴危难之时出手相助使匈奴得以安稳下来，所以匈奴单于对此感激不尽；同样，在今汉朝为王莽所篡权、局势大乱之时，匈奴亦出兵伐莽，帮助汉朝挽回了败局，汉朝之所以能够复兴，匈奴功不可没，理当"尊我"。由于刘玄政权的随即败亡，匈

---

① （东汉）班固：《汉书》卷九四下《匈奴传下》，中华书局1962年版，第3823页。

② （南朝宋）范晔：《后汉书》卷一一《刘玄传》，中华书局1965年版，第469页。

③ （东汉）班固：《汉书》卷九四下《匈奴传下》，中华书局1962年版，第3829页。

奴“复尊我”的诉求未能得到满足。

新莽末年，还有其他各种势力存在。安定三水人卢芳诈称自己为汉武帝曾孙，称曾祖母为匈奴谷蠡浑邪王之姊，遂与三水属国的羌、胡一同起兵。匈奴与之勾结，不仅与卢芳和亲，迎卢芳兄弟进入匈奴，还拥立他为“汉帝”。匈奴单于不仅没有意识到这是在助纣为虐，反而振振有词：“匈奴本与汉约为兄弟。后匈奴中衰，呼韩邪单于归汉，汉为发兵拥护，世世称臣。今汉亦中绝，刘氏来归我，亦当立之，令尊事我。”① 乍听此言，匈奴单于所做似是投桃报李之举。事实上，单于明知道卢芳并非汉家刘氏后裔而立之，只是想利用人们乱世思汉的心理，只要与汉朝有一点关系，他就会支持，以使得他的所作所为名正言顺，进而实现其“尊事我”的意图，让汉室反过来以匈奴为尊。匈奴单于提出的“尊事我”的欲求不仅要求汉室尊崇他、侍奉他，甚至似有要求汉朝向匈奴称臣之意。由此可见匈奴单于之狂妄。

东汉光武初，“方平诸夏，未遑外事”②，而“匈奴转盛，钞暴日增”③，匈奴与卢芳的侵扰不息。朝廷以为患，乃于建武六年（30）遣使至匈奴，以通旧好。匈奴亦遣使奉献。汉遂复令中郎将韩统报命，且赠以金币。“而单于骄踞，自比冒顿，对使者辞语悖慢。”④ 之后，光武帝待之如初，匈奴却侵扰如故。匈奴单于之所

① （南朝宋）范晔:《后汉书》卷一二《卢芳传》，中华书局 1965 年版，第 506 页。

② （南朝宋）范晔:《后汉书》卷八九《南匈奴列传》，中华书局 1965 年版，第 2940 页。

③ （南朝宋）范晔:《后汉书》卷八九《南匈奴列传》，中华书局 1965 年版，第 2940 页。

④ （南朝宋）范晔:《后汉书》卷八九《南匈奴列传》，中华书局 1965 年版，第 2940 页。

以对汉王朝持如此态度与当时的形势有关。当时的匈奴单于论智慧、论谋略、论武功都无法与冒顿单于相比，当时的匈奴社会在各个方面也无法与冒顿单于统治时期相提并论；但当时的东汉在政治、经济和军事等方面与西汉初期有许多相似之处。[①] 因此，这也就促成了此时匈奴单于对汉王朝如此骄横跋扈的态度。

第四节　南单于的“永为蕃蔽”和北单于的“倾耳而听”

光武帝建武二十二年（46），呼都而尸道皋若鞮单于舆死，其子乌达鞮侯立。不久，乌达鞮侯死，其弟蒲奴继立为单于。这就破坏了呼韩邪单于立下的“传国与弟”的约令，引起了日逐王比的极大不满。日逐王比与蒲奴单于心生嫌隙。建武二十四年（48），日逐王比所领南边八部大人共同拥立比为呼韩邪单于（史书称为南单于，蒲奴单于为北单于），比率众南下附汉。匈奴遂分裂为南、北两个政权。此一时期，匈奴单于对汉王朝的态度大为改观。东汉王朝成为南北单于都想要拉拢和依赖的对象。蒲奴单于继位之初，匈奴连年发生旱灾和蝗灾，赤地数千里，草木干枯，饥馑严重，疫病流行，人口和牲畜损耗大半。单于担心汉王朝乘匈奴窘困之时出兵攻打，于是派遣使者至渔阳向汉朝求和亲。与此同时，日逐王比也在密谋向汉“内附”之事，甚至将匈奴地图献给了河西太守以表其决心。建武二十四年（48）春，比率领所辖的南边八部和乌桓部众合四五万人叩五原塞，并明确向汉表示“愿永为蕃蔽，扞御北

---

① 崔明德：《两汉民族关系思想史》，人民出版社2007年版，第430页。

虏”①。建武二十五年（49），南单于“复遣使诣阙，奉藩称臣，献国珍宝，求使者监护，遣侍子，修旧约”②。次年，东汉遣中郎将段郴、副校尉王郁协助南单于设立单于庭。单于乃出迎东汉使者。使者要求单于“伏拜受诏”。南单于虽极不情愿，不时地四下观望，犹豫不决，但最后还是伏地接诏。由此可见南单于对东汉是比较谦顺的。此外，南匈奴一直对东汉王朝存有感恩之心。首先，在南匈奴入居西河之后，南单于即列置诸部王于北边各郡地，“皆领部众为郡县侦罗耳目”“助为扞戍”③，帮助东汉守卫边疆。而且南匈奴还积极出兵协助东汉政府抵御外虏。因此，尽管后来南匈奴部分人众出现了反叛之举，但总体看来，南匈奴单于对东汉王朝还是比较谦恭的，能够做到“奉藩称臣”。

南匈奴在内附后得到了东汉王朝的优遇，给北匈奴带来了很大的压力。因此，北匈奴也在不失时机地努力改善与东汉的关系。北匈奴不仅主动归还了以前所掳掠的汉人，“以示善意”，而且还一再强调“非敢犯汉人也”④。从建武二十七年（51）始，北单于不断遣使至汉，“比年贡献，欲修和亲”⑤，开互市，甚至请求与西域各

---

① （南朝宋）范晔:《后汉书》卷八九《南匈奴列传》，中华书局1965年版，第2942页。

② （南朝宋）范晔:《后汉书》卷八九《南匈奴列传》，中华书局1965年版，第2943页。

③ （南朝宋）范晔:《后汉书》卷八九《南匈奴列传》，中华书局1965年版，第2945页。

④ （南朝宋）范晔:《后汉书》卷八九《南匈奴列传》，中华书局1965年版，第2945页。

⑤ （南朝宋）范晔:《后汉书》卷八九《南匈奴列传》，中华书局1965年版，第2947页。

国一同觐见。对于北匈奴这种急于与东汉和好的态度，东汉政府有着很清醒的认识：“南单于新附，北虏惧于见伐，故倾耳而听，争欲归义耳。”① 北匈奴“数乞和亲，又远驱牛马与汉合市，重遣名王，多所贡献”，这些无非是因为“北匈奴见南单于来附，惧谋其国”②。因此，东汉政府对北匈奴的数次遣使贡献与求和亲持既不积极响应也不完全拒绝的态度，羁縻而已。北匈奴见对汉的种种示好成效不大，所以仍间或侵扰边境，并与东汉王朝在西域展开了激烈的争夺战。汉帝常以为忧，有志北伐，分别于明帝永平十六年（73）、和帝永元元年（89）至永元二年（90）多次大规模出兵征讨北匈奴。此外，又因为南匈奴、丁零、鲜卑等族群起离叛，所以不断有北匈奴部众南下投汉，北匈奴遂大衰耗。北单于希望结束战争、和平往来的欲求日益强烈，对东汉王朝有所谦恭。公元 89 年，窦宪派军司马吴汜、梁讽奉金帛遗送北单于，于西海上宣国之威信，“以诏致赐”，单于稽首拜受。当听到梁讽提及汉有意重修呼韩邪之事时，北单于非常喜悦。永元二年（90）九月，北单于再派遣使者款居延塞，准备觐见，希望能挽回残局，双方讲和，恢复正常交往。恰逢南匈奴单于再次“上书求灭”北匈奴，于是，东汉政府大举出击北匈奴。直到永元三年（91）时，北单于不堪四面受敌，见大势已去、惨败已定，被迫逃走，而不知所往。北匈奴与汉王朝的关系从此再未出现转机，只是还有部分北匈奴人存在于北方草原与汉朝断断续续地发生一些联系。

---

① （南朝宋）范晔：《后汉书》卷八九《南匈奴列传》，中华书局 1965 年版，第 2945～2946 页。

② （南朝宋）范晔：《后汉书》卷八九《南匈奴列传》，中华书局 1965 年版，第 2946 页。

第四章
匈奴与周边民族关系的发展演变

第一节　匈奴分裂前与周边民族的关系

秦朝末年，冒顿单于执掌匈奴。他凭借强大的军事力量，苦心经营，不停地四处扩张。经过多年的东征西讨和治理整顿，匈奴的地域扩大，统治巩固，实力增强，达到极盛。匈奴周边有诸多部落、部落联盟或部族，东有乌桓、鲜卑等部族，西有西域诸国，南有楼烦、白羊河南王，北有浑庾、屈射、丁零、鬲昆、薪犁等国。他们虽受匈奴统属，但属于不同的民族，仍有各自的活动区域、生产方式和生活风俗，而且有不同的行政机构和管理制度。在南北分裂之前的这段历史时期，匈奴在实行严酷统治的同时，鉴于不同形势的需要，采取各种手段对各族实行或攻击或拉拢的政策，以维系对他们的控制。而各族因势力弱小往往周旋于匈奴和汉王朝之间，叛附不定。他们或贰于匈奴投奔汉王朝，或背叛汉王朝再次依附匈奴。因此，在这种非严密中央集权统治的羁属关系下，匈奴与周边的各民族始终保持着复杂多变的关系。

一、役属关系

冒顿单于当政后，对政权机构、职官制度、管理制度等进行了大规模的整顿调整。匈奴政权相对稳定，实力大增。经过一系列的对外扩张和征服，周边的各部族或部落纷纷臣服匈奴，受其奴役。乌桓和鲜卑是匈奴东边的两个部族，原属于东胡。汉初，“乌桓自为冒顿所破，众遂孤弱，常臣伏匈奴”①。鲜卑“亦为冒顿所破，远窜辽东塞外，与乌桓相接，未常通中国焉”②。匈奴还征服了远在北方的丁零。汉武帝时，匈奴且鞮侯单于的弟弟於靬王曾长期驻牧于北海地区。③降臣卫律曾被封为丁零王，统领被征服的丁零人，而且西汉的使臣郭吉、苏武曾被匈奴流放于北海，由此可见，匈奴当时的确统辖了丁零及其驻牧的北海一带。南部的楼烦自冒顿单于时被匈奴吞并后，直到汉武帝命大将卫青率领大军于公元前127年重新从匈奴手中夺回黄河两岸的河套地区，在此将近一个世纪的时间里，一直隶属于匈奴。

西域诸国更是一度臣属于匈奴。据《汉书·西域传》记载，“西域诸国大率土著，有城郭田畜，与匈奴、乌孙异俗，故皆役属匈奴”。④匈奴日逐王设置僮仆都尉，常居于焉耆、危须、尉黎间，以统辖管理西域事务。各国亦多为匈奴效力。西汉使者通西域时，“楼兰、姑师当道，苦之，攻劫汉使王恢等，又数为

① （南朝宋）范晔：《后汉书》卷九〇《乌桓鲜卑列传》，中华书局1965年版，第2981页。

② （南朝宋）范晔：《后汉书》卷九〇《乌桓鲜卑列传》，中华书局1965年版，第2985页。

③ 林幹编：《匈奴诸王驻牧地考》，见《匈奴史论文选集（1919—1979）》，中华书局1983年版，第92～106页。

④ （东汉）班固：《汉书》卷九六上《西域传上》，中华书局1962年版，第3872页。

匈奴耳目，令其兵遮汉使”①。羌族的先零部首领封煎等与匈奴通使，匈奴使者曾到小月氏传话给羌。与月氏一同游牧在祁连、敦煌一带的乌孙旧时也曾羁属于匈奴。后大月氏攻杀乌孙王难兜靡，新生王子猎骄靡被匈奴单于收养。长大后，匈奴“单于复以其父之民予昆莫，令长守于西域”②。猎骄靡英勇善战，重新统领乌孙部众并率部西进，为报父仇攻破大月氏。匈奴西边、锡尔河北岸的康居也曾“东羁事匈奴”③，受匈奴牵制。汉宣帝时，匈奴大乱，五单于并争，呼韩邪单于为汉所拥立，郅支单于遂怨恨，杀害汉朝使者，“自知负汉，又闻呼韩邪益强，遂西奔康居。康居王以女妻郅支，郅支亦以女予康居王”④。匈奴还曾“臣服诸羌”⑤。

匈奴实力雄厚，兵强马壮，远非周边其他民族所能匹敌，所以才能“威震百蛮”，成为百蛮之长。匈奴的游牧民族特性促使其不断对外扩张、扩大驻牧地、掠夺财物，以壮大自己的力量求得生存，由此形成了诸引弓之民“皆以为匈奴”的局面。

---

① （东汉）班固：《汉书》卷九六上《西域传上》，中华书局1962年版，第3876页。

② （西汉）司马迁：《史记》卷一二三《大宛列传》，中华书局1959年版，第3161页。

③ （东汉）班固：《汉书》卷九六上《西域传上》，中华书局1962年版，第3892页。

④ （东汉）班固：《汉书》卷七〇《陈汤传》，中华书局1962年版，第3009页。

⑤ （南朝宋）范晔：《后汉书》卷八七《西羌传》，中华书局1965年版，第2876页。

二、匈奴对各族的武力统治

匈奴地域辽阔，但其政权组织比较松散，是由原有的匈奴本族和被征服的部落或者部落联盟整合而成的。[①] 由于民族成分复杂、人员众多，匈奴缺乏牢固的统治基础和强大的民族凝聚力，也没有足够的号召和支配各族人民的能力。

各国或各部落“虽属匈奴，不相亲附。匈奴能得其马畜旃罽，而不能统率与之进退”[②]。因此，匈奴多以武力统治的方式加强对各族的控制，对各族人民进行残暴的压迫和剥削，以收其贡赋、得其人畜和财物。乌桓向匈奴“常岁输牛马羊，过时不具，辄虏其妻子”[③]。在西域境内，匈奴以僮仆都尉“赋税诸国，取富给焉”[④]。所谓“僮仆都尉”，顾名思义，即匈奴视西域诸国为“僮仆”，设都尉居中收其赋税、子女。僮仆都尉还起到了监护诸国的作用。[⑤]王莽篡位后，贬易西域各侯王，致使原背叛匈奴归附汉朝的各国复怨愤而与中原王朝断绝关系，重新役属于匈奴。由是“匈奴敛税重刻，诸国不堪命”[⑥]。匈奴还常依恃强大的军事力量，以各种方式

---

① 齐思和:《匈奴西迁及其在欧洲的活动》，载《历史研究》1977 年第 3 期。

② （东汉）班固:《汉书》卷九六下《西域传下》，中华书局 1962 年版，第 3930 页。

③ （西晋）陈寿:《三国志》卷三〇《魏书·乌丸鲜卑东夷传》，中华书局 1959 年版，第 833 页。

④ （东汉）班固:《汉书》卷九六上《西域传上》，中华书局 1962 年版，第 3872 页。

⑤ 佘太山:《匈奴、鲜卑与西域关系述考》，载《西北民族研究》1989 年第 1 期。

⑥ （南朝宋）范晔:《后汉书》卷八八《西域传》，中华书局 1965 年版，第 2909 页。

迫使他族人民为奴。奴包括战俘、债奴和罪奴等，他们都被称为“赀”或“赀虏”。东汉建武初年，数万名奴隶趁匈奴混乱衰弱之际，集体逃亡到金城、武威和酒泉一带，过着“畜牧逐水草”的生活。他们种族不一，有西域人、丁零人，还有羌人。由此可以想见匈奴掳掠他族人的种类之多、数量之庞大。

对于稍有不附的部落或部族，匈奴多采取武力攻击的政策，索其质子，掠其畜产。月氏曾与匈奴发生过多次冲突。头曼单于时，月氏强盛，匈奴遂以太子冒顿送月氏为质。后来，头曼单于为诱使月氏杀死冒顿以另立小儿子为太子，曾突袭月氏。冒顿自立为单于后，又向西击走月氏。公元前176年，匈奴再派右贤王击破月氏，致使他们又向西撤退。老上单于即位后，复出击月氏，并以“所破月氏王头为饮器”①。在匈奴的屡次进攻下，月氏人不断西迁至伊犁河流域塞人居住地。

汉昭帝元平元年（前74）、汉宣帝本始元年（前73），匈奴单于连续发兵侵略乌孙，夺取车延、恶师地，俘虏其人民，还要乌孙将汉公主送给他并要求乌孙与汉朝断绝关系。汉哀帝时，乌孙庶子卑援疐率众进入匈奴西界，盗牛马，杀人民。单于大怒，遣兵反击乌孙，大略其人口及牛畜。卑援疐恐，遣子趋逯为匈奴人质。楼兰曾降服汉朝并向汉朝进献，“匈奴闻，发兵击之”②。于是，楼兰遣一子质于匈奴、一子质于汉朝。楼兰王死后，匈奴抢先遣质子回楼兰，强立为王。汉昭帝时，匈奴复使四千骑田车师。汉宣帝即位后，“遣五将将兵击匈奴，车师

① （东汉）班固：《汉书》卷九四下《匈奴传下》，中华书局1962年版，第3801页。

② （东汉）班固：《汉书》卷九六上《西域传上》，中华书局1962年版，第3877页。

田者惊去，车师复通于汉。匈奴怒，召其太子军宿，欲以为质”①。王莽当政后，下令乌桓不再向匈奴交纳皮布税，“匈奴使怒，收乌桓酋豪，缚到悬之”②。于是酋豪昆弟杀匈奴使者及官属。单于知道后，发兵攻击乌桓，杀掠人民，驱赶妇女弱小千余人安置在左地，并命乌桓持马畜皮布赎回。后来，匈奴虽接受了乌桓的财物和牲畜，但并未遣还人口。

匈奴对各部族或部落实行“以暴制暴”的统治方式，难以收复人心，也为匈奴在与汉朝战争中的屡屡失败和以后的分裂埋下了隐患。

三、匈奴以各种手段笼络各部族或部落

匈奴和汉朝是南北对峙的两支最强大的力量。周边诸小国或部落的归属是两政权争夺的焦点。小国或部落为了维护自身利益，往往实行摇摆政策。这为匈奴采取各种措施争取诸小国或部落的力量来对付汉王朝提供了契机。

（一）和亲

和亲是两个不同民族政权或同一种族的两个不同政权的首领出于“为我所用”的目的所进行的联姻。③ 匈奴和羁属各族之间是相对独立的，不是中原王朝那样森严的中央和地方的关系。因此，匈奴与各族首领间出于政治目的而进行的联姻也可被认为是族际间的“和亲”。匈奴便常常通过这种政治联姻的方式笼络各部族或部落的

① （东汉）班固：《汉书》卷九六下《西域传下》，中华书局 1962 年版，第 3922 页。

② （东汉）班固：《汉书》卷九四下《匈奴传下》，中华书局 1962 年版，第 3820 页。

③ 崔明德：《中国古代和亲通史》，人民出版社 2007 年版。

统治者，以密切双方的关系、增强实力。其中主要是匈奴与乌孙、车师的和亲。

汉元封中，遣江都王建女细君为公主嫁给乌孙昆莫，并赐丰厚嫁妆。“乌孙昆莫以为右夫人。匈奴亦遣女妻昆莫，昆莫以为左夫人。”① 昆莫猎骄靡死后，岑陬代立，即军须靡，复尚江都公主。细君公主死后，汉又以楚王戊之孙女解忧公主嫁岑陬。岑陬死时，其匈奴夫人所生之子泥靡尚小，便以其季父大禄子翁归靡继立，号肥王。翁归靡死，泥靡代立，号狂王。“初，肥王翁归靡胡妇子乌就屠，狂王伤时惊，与诸翕侯俱去，居北山中，扬言母家匈奴兵来，故众归之。”② 由此可见，匈奴与乌孙进行过多次和亲，主要是为了拉拢乌孙。不仅如此，匈奴与车师国也有婚姻往来。车师国“乌贵立为王，与匈奴结婚姻，教匈奴遮汉道通乌孙者”③。

匈奴通过与乌孙、车师的联姻，在乌孙、车师中培植了大批亲匈奴势力。他们与匈奴政权保持着密切的联系，在各方面都极力推行匈奴政权的政策，以匈奴为靠山，是匈奴的耳目。

（二）诱使和反间

据《汉书·西域传》载，汉使通西域时，楼兰、姑师当道，数为匈奴耳目，派兵遮汉使。武帝派兵虏楼兰王，破姑师，楼兰遂“降服贡献”。而匈奴所立楼兰新王，以“新立，国未定”为借口，不肯朝汉。又因征和四年汉再讨车师，征楼兰兵饷，以及平时送迎

① （东汉）班固：《汉书》卷九六下《西域传下》，中华书局1962年版，第3903页。

② （东汉）班固：《汉书》卷九六下《西域传下》，中华书局1962年版，第3907页。

③ （东汉）班固：《汉书》卷九六下《西域传下》，中华书局1962年版，第3922页。

汉使，不堪诛求，且数为吏卒所寇，“后复为匈奴反间，数遮杀汉使”①。在王莽时期，乌桓屯兵因不便水土叛逃，致使其在各郡为质的妻子被杀。乌桓与汉因此结下了深怨。于是，“匈奴因诱其豪帅以为吏，余者皆羁縻属之”②。

（三）招降纳叛

凡叛汉者，匈奴多予以接纳。匈奴反复与汉朝争夺对小国的控制权。据《汉书·西域传》记载，车师后王姑句因与汉臣不和，为戊己校尉徐普所系，遂驰突出高昌壁，亡入匈奴。王莽时，去胡来王唐兜也因向汉求救不成而将妻子人民千余人降匈奴。车师后王须置离不堪王莽使者诛求，欲谋入匈奴，被汉使斩杀。“置离兄狐兰支将人众二千余人，驱畜产，举国亡降匈奴，单于受之。”③ 天凤四年（17），因王莽当政后屡欺诈单于，和亲遂绝。“匈奴大击北边，而西域亦瓦解。焉耆国近匈奴，先叛，杀都护但钦，莽不能讨。”④

各小国或部族因势力较弱，无法与匈奴或汉王朝相抗衡，所以往往会于匈奴与汉之间动摇，若即若离，以匈奴或汉政府力量的强弱和政策的得失决定自身的叛附。他们与汉政府不和的时候，就会降附匈奴。他们不堪匈奴压迫的时候，又会归从汉朝以寻求庇护。汉宣帝时，匈奴日逐王叛单于降汉。匈奴僮仆都尉由此罢，西域始

① （东汉）班固：《汉书》卷九六上《西域传上》，中华书局 1962 年版，第 3878 页。

② （南朝宋）范晔：《后汉书》卷九〇《乌桓鲜卑列传》，中华书局 1965 年版，第 2981 页。

③ （东汉）班固：《汉书》卷九四下《匈奴传下》，中华书局 1962 年版，第 3822 页。

④ （东汉）班固：《汉书》卷九六下《西域传下》，中华书局 1962 年版，第 3927 页。

由西汉设都护管理，“匈奴益弱，不得近西域”①。地节二年（前68），汉遣侍郎郑吉、校尉司马憙将兵屯田渠犁以备出击车师。车师王“北走匈奴求救，匈奴未为发兵”②。车师王于是出击匈奴旁国小蒲类而降汉。后来车师王怕匈奴报复奔至乌孙，汉召回车师太子军宿立为王，并徙其国民居渠犁。“车师王得近汉田官，与匈奴绝，亦安乐亲汉。”③

《汉书·西域传》云：“自乌孙以西至安息，近匈奴。匈奴尝困月氏，故匈奴使持单于一信到国，国传送食，不敢留苦。及至汉使，非出币物不得食，不市畜不得骑，所以然者，以远汉，而汉多财物，故必市乃得所欲。”④“自建武以来，西域思汉威德，咸乐内属。唯其小邑鄯善、车师，界迫匈奴，尚为所拘。而其大国莎车、于阗之属，数遣使置质于汉，愿请属都护。”⑤ 两相对比，可知各小国或部族在汉匈间依势自保的态度。他们之所以会有这种摇摆不定的立场，一方面是因为自身力量薄弱，夹在汉匈之间，只能依附强势者以求自安；另一方面，大多数部落或部族是游牧民族，随畜草而转移的草原游牧经济的特性决定了他们还没有形成严格意义上对某一王权归附依存的心理和忠君思想。“利则进，不利则退，不

---

① （东汉）班固：《汉书》卷九六上《西域传上》，中华书局1962年版，第3874页。

② （东汉）班固：《汉书》卷九六下《西域传下》，中华书局1962年版，第3922页。

③ （东汉）班固：《汉书》卷九六下《西域传下》，中华书局1962年版，第3924页。

④ （东汉）班固：《汉书》卷九六上《西域传上》，中华书局1962年版，第3896页。

⑤ （东汉）班固：《汉书》卷九六下《西域传下》，中华书局1962年版，第3930页。

羞遁走。苟利所在，不知礼义。”① 这正是他们会出现“持两端”现象的最好说明。这也为匈奴实行拉拢政策提供了条件。

（四）扶植傀儡

自武帝时汉朝开始对匈奴用兵之后，匈奴在战争中屡屡失利，遭到沉重打击，损失极大，更加没有足够的力量控制各部族。于是，匈奴便试图培养亲信对各部族实行间接控制。

据《汉书·西域传》记载，楼兰王死后，匈奴抢先遣派质子回国，立为新王。新王以匈奴为依靠，拒绝朝汉。又据《汉书·匈奴传》记载，车师王逃奔乌孙后，匈奴单于“复以车师王昆弟兜莫为车师王，收其余民东徙，不敢居故地”②。这些人是匈奴拥立的傀儡王，为匈奴统治者所用。他们是匈奴在各部族的代理者，依靠匈奴的力量在各部族奉行匈奴的政策，帮助匈奴达到控制各部族的目的。

四、联合寇汉

匈奴常常借助羁属国的力量侵扰汉边、掠夺物产。各国深受其劳役和兵役之苦。匈奴在西域用力尤多。西域不仅物产丰富，而且地理位置优越。西域地处中西交通要道，商品贸易一直很繁荣。控制了西域就相当于控制了各方的财源通道，不仅能从西域各族人民手中掠取到许多财物，而且能从丝路贸易中获得丰厚利益。因此，匈奴积极发展在西域的势力，不断扩大影响，以稳固统治基础。匈奴曾多次屯田车师，积蓄兵力；不断向各国征收赋税，索要马畜，虏其人口，保证了战争的物资供应。西域成了匈奴的“西方之援国”。匈奴利用西

① （西汉）司马迁：《史记》卷一一〇《匈奴列传》，中华书局 1959 年版，第 2879 页。

② （东汉）班固：《汉书》卷九四上《匈奴传上》，中华书局 1962 年版，第 3788 页。

域的财力、物力、人力与汉王朝进行长期对抗。我们从中也可看出西域对匈奴稳固政权、维护统治、发展经济的重要性。

东部的乌桓、鲜卑则经常与匈奴联合寇略汉境。连年的交战给各族人民带来了巨大的灾难。“光武初，乌桓与匈奴连兵为寇，代郡以东尤被其害。”① 建武十七年（41），“匈奴、鲜卑及赤山乌桓连和强盛，数入塞杀略吏人。朝廷以为忧”②。光武初期，“匈奴强盛，率鲜卑与乌桓寇抄北边，杀略吏人，无有宁岁”③。建武二十一年（45），鲜卑与匈奴入寇辽东，辽东太守祭肜率吏士将其击破，斩首二千余骑，收其兵器，得马数千匹。匈奴、鲜卑由是震服，不敢窥塞。④ 而且，当时“先零羌与封养牢姐种解仇结盟，与匈奴通，合兵十余万，共攻令居、安故，遂围枹罕”⑤。

五、各部族或部落对匈奴的反抗

匈奴在强盛时，靠军事征伐强行将各族纳入统治之下，使他们四分五裂、生活无依，极大地损害了各族人民的民族感情和利益。再加上匈奴以各种暴力方式压榨、奴役各族人民，致使各族和匈奴统治者之间积怨颇深。而且，各部族或部落

---

①（南朝宋）范晔:《后汉书》卷九〇《乌桓鲜卑列传》，中华书局1965年版，第2982页。

②（南朝宋）范晔:《后汉书》卷二〇《祭肜传》，中华书局1965年版，第744页。

③（南朝宋）范晔:《后汉书》卷九〇《乌桓鲜卑列传》，中华书局1965年版，第2985页。

④ 参阅（南朝宋）范晔《后汉书》卷二〇《祭肜传》，中华书局1965年版。

⑤（南朝宋）范晔:《后汉书》卷八七《西羌传》，中华书局1965年版，第2876页。

一向“各有君长，兵众分弱，无所统一”，匈奴的号召力不足，“不能统率与之进退”①。因长期受到压迫和役使，各族人民的反抗情绪愈加高涨，反抗匈奴的事件不断发生。汉昭帝时，“乌桓渐强，乃发匈奴单于冢墓，以报冒顿之怨”②。汉宣帝神爵五年（前57），乌桓趁单于“暴虐杀伐，国中不附”之机，出击匈奴东边姑夕王，颇得人民，使单于大怒。③ 姑夕王恐惧逃亡，联合左地贵人攻击单于，促使握衍朐鞮单于兵败自杀。昭宣时，匈奴出击乌孙，略土地，虏人畜。乌孙昆弥与解忧公主数次上书汉王朝请求增援。本始二年（前72），汉宣帝遂遣五将军率十五万骑兵与乌孙昆弥亲率的五万兵马“尽力击匈奴”，“匈奴民众死伤而去者，及畜产远移死亡不可胜数。于是匈奴遂衰耗，怨乌孙”④。地节三年（前67），“西域城郭共击匈奴，取车师国，得其王及人众而去”⑤。丁零则用匈奴长期对付各族的杀掠方法来对付匈奴。神爵二年（前61），“丁令比三岁入盗匈奴，杀略人民数千，驱马畜去。匈奴遣万余骑往击之，无所得”⑥。

---

① （东汉）班固：《汉书》卷九六下《西域传下》，中华书局1962年版，第3930页。

② （南朝宋）范晔：《后汉书》卷九〇《乌桓鲜卑列传》，中华书局1965年版，第2981页。

③ （东汉）班固：《汉书》卷九四上《匈奴传上》，中华书局1962年版，第3790页。

④ （东汉）班固：《汉书》卷九四上《匈奴传上》，中华书局1962年版，第3786页。

⑤ （东汉）班固：《汉书》卷九四上《匈奴传上》，中华书局1962年版，第3788页。

⑥ （东汉）班固：《汉书》卷九四上《匈奴传上》，中华书局1962年版，第3788页。

匈奴政权是以民族势力的强弱来维系的，没有统一稳定的经济基础。这使得匈奴单于权力不集中、对各族没有完全的掌控能力。匈奴政权虽可能强大一时，却很容易瓦解。羁属国或羁属部落一旦强大起来，便力图摆脱匈奴的控制，甚至予以反击。

乌孙“故服匈奴，后盛大，取羁属，不肯往朝会”①。本始三年（前71）冬，匈奴单于亲自率领骑兵万余人袭击乌孙，掠夺了不少老弱妇孺，但在返回时，遇到大雨雪，一日深丈余，大量人民畜产被冻死，损失巨大。乘匈奴衰败之机，“丁令乘弱攻其北，乌桓入其东，乌孙击其西。凡三国所杀数万级，马数万匹，牛羊甚众。又重以饿死，人民死者什三，畜产什五，匈奴大虚弱，诸国羁属者皆瓦解，攻盗不能理”②。新莽时期，乌桓、丁零兵屯代郡，以积蓄力量对付匈奴。建武二十二年（46），“匈奴国乱，乌桓乘弱击破之，匈奴转北徙数千里，漠南地空”③。匈奴更加衰弱不堪。而且东汉初年，正值匈奴国家分裂之际，曾被匈奴奴役的各族奴隶一起逃亡到今甘肃河西走廊一带依靠游牧生活，这正是反抗匈奴奴隶主残酷压迫的真实反映。

各部族或部落对匈奴的反抗也直接体现在他们的官职名称上。如婼羌首领是去胡来王，鄯善设有却胡侯，龟兹设有击胡侯、却胡都尉、却胡君，危须国设有击胡侯、击胡都尉、击胡君，焉耆设有击胡侯、却胡侯、击胡左右君、击胡都尉和击胡君，车师后国设有

① （东汉）班固：《汉书》卷九六下《西域传下》，中华书局1962年版，第3901页。

② （东汉）班固：《汉书》卷九四上《匈奴传上》，中华书局1962年版，第3787页。

③ （南朝宋）范晔：《后汉书》卷九〇《乌桓鲜卑列传》，中华书局1965年版，第2982页。

击胡侯。这是各族为抵御匈奴的进攻、反击匈奴而专设的职位，体现了他们对匈奴的强烈反抗意识。

另外，匈奴还与周边各族有经济和军事等其他方面的交往。《汉书·匈奴传》载："匈奴以故事遣使者责乌桓税，匈奴人民妇女欲贾贩者皆随往焉。"① 这反映了匈奴与周边民族的贸易往来情况。匈奴也联合某一部族攻击其他的部族。据载，汉昭帝元平元年（前74），"匈奴发骑田车师，车师与匈奴为一，共侵乌孙"②。车师后王置离兄狐兰支降匈奴时，单于接受其众，并"遣兵与共寇击车师，杀后城长，伤都护司马，及狐兰兵复还入匈奴"③。

综上所述，匈奴与周边各族的关系是多样且多变的，既有联合，也有冲突。这主要取决于双方力量的强弱情况，也与游牧民族经济的不稳定性有关。各民族基于自身实力，为维护自身利益，对匈奴或依附、臣服或背叛、反击。而匈奴依据形势的变化对各族实施了不同的策略，目的就是控制各族以从中得利，并利用各族的力量与汉王朝抗衡。

第二节　东汉时期匈奴与周边民族的关系

一、北匈奴与周边各族的关系

乌桓在冒顿单于时被匈奴击破之后，曾役属于匈奴，长期受到

---

① （东汉）班固：《汉书》卷九四下《匈奴传下》，中华书局1962年版，第3820页。

② （东汉）班固：《汉书》卷七〇《常惠传》，中华书局1962年版，第3003页。

③ （东汉）班固：《汉书》卷九六下《西域传下》，中华书局1962年版，第3926页。

匈奴的压迫和奴役。直至建武二十二年（46），乌桓乘匈奴内乱及旱蝗饥荒而击破之，迫使匈奴北徙数千里，“漠南地空”。乌桓从此摆脱了匈奴的控制。在匈奴分裂后不久，乌桓便归附了汉朝。建武二十五年（49），“辽西乌桓大人郝旦等九百二十二人率众向化，诣阙朝贡，献奴婢牛马及弓虎豹貂皮”①。汉亦允许愿意留下的乌桓部众移居塞内，分布于缘边各郡，并封其渠帅八十一人为侯王君长，给其衣食，使他们招引族人来降。此后，乌桓成为汉王朝侦察、讨伐北匈奴的耳目和帮手，协助汉军出击北匈奴。据《后汉书·南匈奴列传》记载，明帝永平十六年（73），乌桓出兵助汉军北征匈奴。章帝建初元年（76），乌桓兵又与汉王朝缘边诸郡的军队及南匈奴轻骑出塞攻打北匈奴皋林温禺犊王，大获而还。

鲜卑在先秦时已在大兴安岭一带游牧狩猎，兴起则晚于乌桓。东汉初年，鲜卑开始作为一个部落集团名称出现。在匈奴的役使下，鲜卑曾与乌桓寇抄北边，使边境常年受到威胁。在南匈奴附汉之后，鲜卑趁北匈奴孤弱，于建武二十五年（49）正式与汉通使。此后，鲜卑不断出击北匈奴，给北匈奴以强大的军事压力。鲜卑大人都护偏何领兵攻击北匈奴左伊育訾部，斩首二千余级，持头至汉郡向祭肜请功。其后，都护偏何连年出兵进攻北匈奴，并送首级至汉求赏赐。匈奴遂衰弱，“边无寇警”②。在明帝永平十六年（73）汉军的大举北征中，鲜卑、乌桓等数万骑随汉出塞讨伐北匈奴。章帝元和二年（85），鲜卑、丁零等受北匈奴控制和压迫的部族或部落在北匈奴衰耗之时，群起离叛，全面出击，致使北匈奴只得远远

---

① （南朝宋）范晔：《后汉书》卷九〇《乌桓鲜卑列传》，中华书局1965年版，第2982页。

② （南朝宋）范晔：《后汉书》卷二〇《祭肜传》，中华书局1965年版，第745页。

躲到安侯河以西。在最后给予北匈奴的歼灭性打击中，“丁零寇其后”也起到了重要作用。

章和元年（87），鲜卑又侵入匈奴左地大破北匈奴，斩杀优留单于，获其皮而还。这使得北匈奴国内一片大混乱，各部纷纷南下附汉求安。鲜卑很快便站稳脚跟，逐渐发展起来。和帝永元年中，北单于从蒙古高原迁出、西走中亚以后，鲜卑迅速乘机大规模南迁西徙，进入匈奴故地，并将遗留在草原上的十余万落匈奴余众收为已有，亦称其为“鲜卑”。鲜卑从此更加强盛，依匈奴漠北之地，屡次进犯汉朝北境。不久，南匈奴中的北匈奴降众二十余万人叛乱，立薁鞬日逐王逢侯为单于，出朔方，奔回漠北。早已据拥漠北草原的鲜卑自然不能容纳新北单于逢侯部众的存在。鲜卑于是多次派兵攻打逢侯，以致不断有族人重新逃入塞内。安帝元初四年（117），北单于逢侯再为鲜卑所破，部众分散。终于在第二年，逢侯因不堪饥穷和南匈奴、鲜卑的攻击，重回朔方塞，归附汉王朝。鲜卑强大势力在漠北地区的长期存在也是西走中亚的北单于部众再未选择重回故土而是继续西迁的主要原因。

此外，鲜卑在不断南迁西进的过程中，与匈奴族人错居杂处、相互婚媾、交往融合，从而形成了许多新的族别。在大草原南部，出现了胡父鲜卑母的铁弗匈奴；在西拉木伦河一带，“南匈奴远属”宇文氏从阴山迁至此地，统治了当地的鲜卑人，加入鲜卑部落联盟，逐渐鲜卑化，从而出现了宇文鲜卑；北部鲜卑与仍在漠北的匈奴余部融合，成为鲜卑父胡母的拓跋氏。铁弗匈奴后来建立大夏国；拓跋氏建立代国，后又建立北魏并统一北方、兼并其他鲜卑诸部；宇文氏建立了北周。

虽然在匈奴分裂后，北匈奴在不断走下坡路，越来越虚弱，但其昔日的余威和震慑力仍对西域各国有很大的威胁。同样，西域诸国虽不再任匈奴驱使，却依然受到北匈奴强势的压迫和干预。尤其是南匈奴附汉以后，北匈奴面对极为不利的局势，更是加强对西域的控制，以便利用各国的人力、物力巩固自身实力。北匈奴曾于建武二十八年（52）向东汉朝廷请求率西域诸国胡客一起进献。一方面，北匈奴是在充分表示和好的诚意，想以此缓和与汉王朝的紧张关系，拉近双方的距离；另一方面，北匈奴是想借此显示自己的威力。正如班彪所言，北匈奴“重遣名王，多所贡献，斯皆外示富强，以相欺诞也”①。当然，的确也可从中看出北匈奴对西域诸国还是有一定控制力的。当时在西域较有势力的龟兹王和于阗王都是北匈奴扶植的傀儡。他们分别称雄于西域北道和南道。这使北匈奴在西域的立足有了一定的保证。北匈奴派有使者在于阗监护其国，以其太子为质，并每年从于阗国征收罽絮等物资。龟兹王则倚仗北匈奴的威势据有北道，经常侵扰北道其他弱国。如明帝永平十六年（73）时，龟兹王攻杀疏勒王成，立龟兹左侯兜题为疏勒王。② 西域因而成为北匈奴侵扰势力的后备储存力量。

然而此时，北匈奴已没有西汉时期那种对西域的强悍威慑力了。有的西域国家发展起来之后，不愿再役属于匈奴，并且率众与匈奴对抗。莎车就是其中实力最强、最典型的一个国家。西汉末，匈奴因王莽之乱，略有西域。当时，只有莎车最强，不肯附属。莎车国人民在延的率领下抵抗匈奴的侵袭和利诱。延使莎车国有了很大发展。延一心向汉，教诲自己的子弟要“世奉汉家，不可负也”。其子康继王位后，仍然承继了延的这种思想，时常“问中国动静”，

① （南朝宋）范晔：《后汉书》卷八九《南匈奴列传》，中华书局 1965 年版，第 2946 页。

② （南朝宋）范晔：《后汉书》卷八八《西域传》，中华书局 1965 年版，第 2926 页。

“思慕汉家”①。因此，东汉光武初年，莎车王康曾率附近各国抗拒匈奴，西域“五十五国皆属焉”。这是西域地区自西汉以来第一次由西域国家自己基本实现了统一。建武九年（33），康死，其弟贤继为莎车王。在贤的统治下，莎车国的势力不断扩张，横行于西域。贤随之骄横起来，自封为单于，对西域诸国实行高压政策，“重求赋税”，随心所欲地处置各国统治者，非杀即废，并派莎车将军镇守各国。贤的种种暴虐行径使贤尽失西域各国之心。车师前王、鄯善、焉耆等十八国曾遣子入汉为侍，请求汉王朝派都护出镇西域。光武帝顾虑中原初定，以“北边未服”、无力西顾为由拒绝了他们的请求，并遣还侍子。之后，鄯善、车师等国“更请都护”，仍未得到东汉政府的援助，不得已又归附了匈奴。

于阗国则是较早反抗莎车的国家。明帝永平年间，在于阗大人都末的带领下，于阗国人攻杀莎车所派将军君得，并屡次打败莎车军。此时，北匈奴早已不能容忍莎车势力在西域的膨胀，遂趁机与龟兹等国共攻莎车。永平四年（61），广德在被立为于寘王之后，猛攻莎车，擒杀莎车王贤，兼并其国。北匈奴自然不愿看到西域另一股新兴势力的崛起再次威胁到其在西域的统治地位。于是，北匈奴派遣五将征发焉耆、尉黎、龟兹等十五国兵三万余人围攻于寘。广德只好乞降。北匈奴又派兵遣回莎车王贤的质子不居徵继为莎车王。莎车王后被广德攻杀。②

总体来说，东汉王朝在初期由于无力顾及西域，使匈奴再次在西域占了上风。匈奴平定莎车、于阗势力，一度控制了南北诸道。

---

① （南朝宋）范晔:《后汉书》卷八八《西域传》，中华书局 1965 年版，第 2923 页。

② 参阅（南朝宋）范晔《后汉书》卷八八《西域传》，中华书局 1965 年版，第 926 页。

但与西汉时期相比，匈奴在西域的势力已不可同日而语了。

大体从明帝永平十五年（72）至章帝建初二年（77），汉匈之间展开了一场对西域的争夺战。而与西汉时期形势类似的是，西域各国仍处在两大势力之间，左右摇摆，叛附不定。先是明帝永平年间，北匈奴控制西域，胁迫诸国共寇河西郡县，致使河西城门昼闭。明帝深以为忧，意欲北伐，以打击北匈奴、恢复对西域的统治。永平十五年（72），明帝采纳了谒者仆射耿秉提出的“击白山，得伊吾，破车师，通使乌孙诸国以断其右臂”① 的建议，拜窦固为奉车都尉、耿忠为副，拜耿秉为驸马都尉、秦彭为副，出屯凉州，做北伐准备。翌年，东汉大发缘边兵，分四路出塞大举北征。其中，窦固西出酒泉塞一路，到达东部天山，击破驻守伊吾的呼衍王部，将其追赶至蒲类海，占据了伊吾卢城，设置宜禾都尉，并留吏士屯田伊吾。永平十七年（74），窦固与耿秉再次出兵击破车师，使整个车师地区归附于汉。

与此同时，班超在西域的经营也取得了一定成效。他首先到达鄯善，率吏士三十六人火攻北匈奴使者，使得鄯善举国震怖。鄯善王纳子为质，表示“愿归汉，无二心”。于阗王广德闻知班超此举，大为惶恐。在班超到于阗后，广德即杀匈奴使者，归附于超，遣子入侍。班超在西域南道取得了一系列的胜利。永平十七年，班超又利用疏勒国内上下对龟兹所立疏勒王不满的情绪，废黜了龟兹所立之王。疏勒国人大悦，亦归于东汉。鄯善、于阗、疏勒和车师相继归汉，对西域诸国震动很大。西域诸国纷纷向东汉遣子为质，表示愿意归附。

---

① （宋）司马光：《资治通鉴》卷四五《汉纪三十七》“明帝永平十五年”，中华书局 1956 年版，第 1458～1459 页。

在这种情况下，东汉中央政府不失时机地设置了西域都护及戊己校尉，正式恢复了对西域的统治。这一时期，北匈奴在西域的威力大减，处于不利形势。但好景不长，东汉王朝与西域的关系只维持了两年多。永平十八年（75），东汉明帝崩，章帝即位。北匈奴乘乱兴风作浪，支持焉耆、龟兹攻没西域都护陈睦，并出兵攻打车师。车师叛汉，与北匈奴共攻戊校尉耿恭，围困己校尉关宠。东汉在西域的统治一度陷入困境，遂发河西和鄯善国兵营救。经过激战，两校尉人员被救出，北匈奴惊走，车师复附于汉。时值章帝初立，中原大旱，加之频年征战，转输繁费，东汉政府力有不及。章帝不欲疲敝中原以事外族，乃悉罢西域戊己校尉及都护官。建初二年（77），东汉复罢伊吾屯田兵。北匈奴遂趁机遣兵占据伊吾地。汉匈的西域争夺战告一段落。

此后，汉匈对西域控制权的争夺虽不再如此激烈，却从未间断。和帝时，李恂被拜为谒者，使持节领西域副校尉。当时，北匈奴屡次阻断西域通道，使车师、伊吾、陇沙以西不得交通。李恂于是恩威并行，使道路夷清。永元二年（90），汉派遣副校尉阎磐将兵掩击北匈奴守卫伊吾卢兵，取其地。车师震怖，前、后王各遣子入侍。汉赐以印绶金帛。班超为巩固多年经营西域的成果，不顾章帝命其回朝的旨意，毅然坚守在西域，坚持与匈奴抗争。班超等人经过数年的不懈努力，平定了疏勒等国的叛乱，击败了莎车、康居、月氏的侵袭，逐步扩大了东汉政府在西域的势力。龟兹、姑墨、温宿等国皆听命于班超。南北两道诸国于是多归附于东汉。加之永元年间东汉连续讨伐北匈奴，北单于大败而西逃。此时，北匈奴大衰，已无力与东汉在西域抗衡。因此，永元三年（91），东汉政府任命班超为西域都护，再次恢复对西域的统治。西域五十余国均纳质内属。

由此可见，这一时期，北匈奴与西域的关系多体现在与汉王朝争夺对西域的统治权上。北匈奴既没有太多的机会也没有足够的精力来经营西域、调集西域力量。而西域各国依旧见风使舵，依据汉匈在西域力量对比形势的变化，摇摆于汉匈之间。这也是小国或部落在汉匈夹缝中求安自保的一种方式。

任尚继任西域都护后，对各国严苛寡恩，引起了他们的不满。终于在公元106年，东汉和帝死后不久，西域诸国纷纷叛汉，频频围攻都护。安帝永初元年（107），东汉朝廷以西域“险远，难相应赴”而罢西域都护，弃西域。北匈奴随之加紧对西域的控制，以兵威“复收属诸国，共为边寇十余岁”① 并遣使“责诸国，备其逋租，高其价直，严以期会”②。北匈奴严苛的做法使得鄯善、车师等心怀愤恨、思乐汉事。元初六年（119），汉遣敦煌长史索班，将千余人屯伊吾，车师前王及鄯善王遂再次降附于汉。不久，北匈奴率领车师后部王军就共攻杀索班，击走车师前王，略有北道。其后，北匈奴与车师连连入寇河西，“北虏呼衍王常展转蒲类、秦海之间，专制西域，共为寇钞”③。朝廷不能禁，欲闭玉门、阳关，以绝其患。汉于是以班勇为西域长史，将兵五百人出屯柳中。班勇进驻西域后，对西域的北匈奴势力进行了大肆清理。安帝延光三年（124），班勇发龟兹等国兵破平车师前王庭，击走北匈奴伊蠡王，收得前部五千余人，于是前部复开通。延光四年，班勇又发兵击破车师后部，捕斩其王军就及匈奴持节使者。顺帝永建元年（126），

---

① （南朝宋）范晔：《后汉书》卷八八《西域传》，中华书局1965年版，第2911页。

② （南朝宋）范晔：《后汉书》卷四七《班超传》，中华书局1965年版，第1587页。

③ （南朝宋）范晔：《后汉书》卷八八《西域传》，中华书局1965年版，第2911页。

车师六国（卑陆、蒲类、东且弥、移支、车师前部及后部）均已平复。班勇率车师后王农奇子加特奴、八滑及诸国兵击北匈奴呼衍王，捕杀单于从兄。北单于将万余骑侵入车师后部。班勇派兵营救，追斩匈奴贵人骨都侯。呼衍王于是徙居枯梧河上，因此车师地区再没有匈奴人的踪迹。阳嘉三年（134），东汉车师后部司马率后部王加特奴等掩击北匈奴于阊吾陆谷，斩首数百级，获单于母、季母等数百人，获牛羊十余万头、车千余辆。北匈奴在西域的势力连续受挫，倍受打击，遂展开了猛烈的反击。阳嘉四年（135），呼衍王率兵入侵车师后部。汉发兵营救，掩击北虏于勒山，汉军不利。同年秋，呼衍王复出兵攻破车师后部。永和二年（137），汉敦煌太守裴岑将郡兵于巴里坤湖诛杀北匈奴呼衍王。桓帝元嘉元年（151），北匈奴新立呼衍王再次出现在西域，领兵侵犯伊吾，攻打伊吾卢城，攻没伊吾司马毛恺兵士。汉出兵援救，出塞至蒲类海，呼衍王引去，汉军无功而还。永兴元年（153），车师后部王阿罗多叛汉，亡走北匈奴。汉乃立故王军就质子卑君为后部王。阿罗多复从匈奴回国争位。汉因担忧阿罗多会引入北匈奴祸乱西域而恢复其王位。此后，史书中再未出现关于北匈奴在西域活动的记载。

综上可知，东汉时期，北匈奴在西域的势力已明显不占优势。一方面，北匈奴的实力大不如昔，对西域已没有足够的统治力；另一方面，东汉政府加强了对西域的经营，出现了班超、班勇等熟识边疆状况的精英人物（他们为东汉在西域的统治做出了巨大贡献）。因此，北匈奴与西域的关系呈现出这样的特点：北匈奴与东汉王朝在西域你来我往、交替出现，双方势力此消彼长，轮流控制西域各国；西域各国则或周旋于汉匈之间以求得安，或个别强大势力称雄一时、统霸一方。因而，在东汉时，西域形成了东汉、匈奴和西域诸国三种势力相互争斗、交替上升的政治局面。

二、南北匈奴的关系

匈奴分裂后，南北匈奴成为两个独立存在的民族政权。南北匈奴虽是同一民族，但彼此所处的环境和发展趋向大相径庭。所以，尽管两者的关系不是两个不同民族间的相互关系，但也不再仅仅是单纯的民族内部关系了，故将此内容放在本章进行讨论。

（一）南北对峙，南匈奴力图统一南北之愿望终落空

南北匈奴分裂后，分别处于不同的地域和环境，互不交往，一直处于对峙状态。南北并存，各执一势，朝着不同的方向发展。北匈奴仍不时出没于边境为寇。南匈奴南下入汉，得到东汉政府的强力支持，渐趋恢复发展，然而处于汉境，难免会有寄人篱下的窘困。因此自内附得安之日起，南匈奴上层统治者就一直怀有强烈的统一南北的想法，并为达成此宏愿不断寻求机会，不遗余力地配合东汉政府或主动进攻北匈奴。建武二十五年（49），南单于遣左贤王领兵万余人出击北匈奴，获薁鞬左贤王，破北单于于帐下，得其众万余人、马牛羊万余头。北单于震怖，退避千里。明帝永平五年（62），北匈奴入寇五原、云中。南单于出兵将其击退。永平十六年（73），南匈奴左贤王信与东汉太仆祭肜共击北匈奴皋林温禺犊王。公元 76 年，南单于遣轻骑与缘边郡及乌桓兵复出塞击北匈奴皋林温禺犊王。尤其是在北匈奴四面受敌、势单力孤的情况下，南匈奴更是积极调动一切力量对付北匈奴，以期尽快实现其统一的宏愿。章帝元和二年（85），丁零、鲜卑等族群起攻击北匈奴。南匈奴趁北匈奴实力衰耗、党众离叛之机，派兵从正面对北匈奴发起进攻。同年，南单于遣兵猎至涿邪山，又与北匈奴温禺犊王发生遭遇战。北匈奴在一步步走向衰弱，而南匈奴“破北成南”的欲求愈加迫切，屡屡上书请兵北征，以破灭北庭。章和二年（88），南单于上书请求乘北虏纷争，出兵讨伐。次

年，东汉王朝遂派兵与南单于屯屠何北征，大破北匈奴。和帝永元二年（90），南单于复上书求灭北庭，并遣左右部八千余骑出鸡鹿塞与汉军共击北匈奴。北单于被创，仅以身免。在南匈奴和东汉政府的多次重击下，北匈奴大部最终兵败西逃。

然而，东汉王朝和南匈奴之间又存在相互利用的关系。东汉王朝接纳南匈奴内属，主要是为了减少边患、安定边境，使南北匈奴可以互相牵制，减轻东汉的兵员压力和远征之劳。所以，东汉政府为了维护自身封建统治的利益，也是不会轻易让南匈奴回归大漠的。而南匈奴多次主动要求击灭北匈奴，表面上是为了报答汉王朝的厚恩，“垂拱安枕，惭无报效之地”，想以此“令汉家长无北念”①；但事实上，南匈奴重视的是“臣国成败”，只不过是因为“兵众单少，不足以防内外”② 而想借助东汉的力量以达成其返回草原故土的目的。然而，南匈奴的一番心血并未得到回报，其北归的愿望始终没有实现，统一匈奴、回归故地就更无从谈起了。那么，究竟是什么原因使得南北匈奴能够长期独立存在、始终无法实现统一呢？我们试从以下几个方面加以具体分析。

1．南、北匈奴实力对比悬殊

南匈奴在附汉后，受到东汉的种种厚遇，但自身实力仍相对薄弱，难以与北匈奴抗衡。其中，最大的差距在于双方人口数量悬殊。在匈奴分裂之初，北匈奴人口有一百万左右。③ 以

---

① （南朝宋）范晔：《后汉书》卷八九《南匈奴列传》，中华书局1965年版，第2952页。

② （南朝宋）范晔：《后汉书》卷八九《南匈奴列传》，中华书局1965年版，第2952页。

③ 林幹：《匈奴通史》，人民出版社1986年版，第17页。

汉文帝时贾谊的说法，匈奴“五口而出介卒一人”①，则北匈奴有兵众二十多万人。而南匈奴单于比所领南边八部，人数很少，兵众四五万人，人口十余万。② 到汉明帝永平七年（64），“北匈奴犹盛”，多次出兵侵扰汉朝边塞，连东汉朝廷都“以为忧”③，南匈奴更不是其对手。因此，南匈奴连与北匈奴相持的基本力量都没有。

尽管以后北匈奴日渐衰弱，既受到汉朝、南匈奴的大举侵伐和羁属各族的离叛反击，又有北匈奴部众不断投奔汉朝，但从总体势力来看，北匈奴仍然占有一定的优势。据《后汉书》记载，明帝永平二年（59）至和帝永元元年（89），不断有北匈奴贵族携众南下附汉。另外，还有因接连不断的蝗灾、战乱而投奔东汉的北匈奴人。如此，奔赴汉朝的北匈奴人前后达四十四万之多。而且，在与汉军和其他民族的交战中，北匈奴往往会损失数千人甚至数万人。在匈奴分裂之初，鲜卑乘北虏混乱孤弱之机，进击北匈奴左伊育訾部，斩首二千余级。在和帝永元元年（89）的战役中，窦宪、耿秉所率汉军一次就斩获北匈奴名王以下一万三千人，又有陆续归附的北匈奴各裨小王部众八十一部二十余万人。第二年，南单于上书东汉朝廷请求消灭北庭，并派遣八千名骑兵与汉军出塞，趁夜包围北单于，获阏氏及男女五人，斩首八千级，获俘虏数千人。④ 与此同时，南匈奴接连接纳北匈奴降者。建武二十五年（49）春，南单于

① （西汉）贾谊：《新书》卷四《匈奴》，中华书局2000年版，第134页。

② 黄烈：《中国古代民族史研究》，人民出版社1987年版，第165页。

③ （南朝宋）范晔：《后汉书》卷八九《南匈奴列传》，中华书局1965年版，第2949页。

④ 参阅（南朝宋）范晔《后汉书》卷九〇《乌桓鲜卑列传》、卷二三《窦宪传》、卷八九《南匈奴列传》，中华书局1965年版。

遣其弟左贤王莫领兵万余人出击北匈奴，生擒北单于弟薁鞬左贤王，并捕获万余人。不久，北匈奴薁鞬骨都侯与右骨都侯率三万余人投归南单于。章帝建初元年（76），南单于得知北匈奴皋林温禺犊王将众回到涿邪山时，与缘边郡及乌桓兵出塞进击，斩杀数百人，得投降者三四千人。元和元年（84），南匈奴趁北匈奴前来与汉互市的机会，遣兵出上郡，“遮略生口，钞掠牛马，驱还入塞”①。元和二年（85），南单于又派遣薁鞮日逐王师子领数千轻骑出塞掩击北匈奴，斩获千余人。

从以上所述可以看出，北匈奴的人口确实在不断减少，力量在不断被削弱。但是，值得我们特别注意、考察和说明的是：其一，北匈奴的归附者并不完全归南匈奴统领，其中大部分由汉政府安置在沿边诸郡。如公元 87 年，北匈奴的五十八部二十余万人到云中、五原、朔方、北地等郡归附东汉。其二，从南匈奴叛逃复归北匈奴者亦不在少数。如建武二十六年（50），南单于以前所获北匈奴薁鞬左贤王将其众及南部五骨都侯合三万余人叛逃北归。同年冬，前叛五骨都侯子复带领其部众三千余人欲回归南部，为北单于所遣骑兵追获。其三，东汉政府为了平衡南北匈奴的关系，有时也要求南匈奴将所俘获的北匈奴人口归还北匈奴。如元和二年（85），武威太守孟云向汉章帝建议：“北虏以前既和亲，而南部复生钞掠，北单于谓汉败盟，谋欲犯塞。谓宜还南所掠生口，以慰安其意。”② 经过认真研究，汉章帝接受了太仆袁安的意见，

---

① （南朝宋）范晔：《后汉书》卷八九《南匈奴列传》，中华书局 1965 年版，第 2950 页。

② （宋）王若钦等：《册府元龟》卷九七八《和亲一》，中华书局 1960 年版，第 11492 页。

诏令南匈奴将截获的“生口”归还北匈奴。① 由此可见，虽有一些北匈奴人归附南匈奴，但也有一定数量的北匈奴人后来又脱离了南匈奴，来去人数相抵后，实际留置下来归附南匈奴的北匈奴降者应该不是很多。

南匈奴也有在征战中损失兵员和在战乱饥荒中散失人口的情况。因此，尽管南匈奴因受到东汉政府的接济，生活较为安定，人口发展平稳且有所增加，但到和帝永元二年（90）前后，南匈奴党众最盛时，也只有“领户三万四千，口二十三万七千三百，胜兵五万一百七十”②。况且，这些人口并非都是南匈奴自身人口的自然增长，其中包括一部分兼并的人口以及降服的北匈奴人口。所以，较之北匈奴，南匈奴依然处于劣势。即使北单于在永元三年（91）带领一部分人马西迁后，仍有一部分北匈奴人留在漠北西北角，直到公元4世纪末5世纪初才为兴起的柔然所并。③ 并且，新立北单于於除鞬曾率有二万余人，最后于永元五年（93）因叛汉北还而全部被汉将兵长史王辅与任尚歼灭。除此之外，在后来鲜卑进入匈奴故地时，依然有北匈奴的余留者十余万落归附。若按照林幹先生的说法，“落”即“户”，以每落五口计算，则十余万落就有五六十万人。④ 可见，经过连年的战争和动乱，尚有五六十万北匈奴人生活在漠北。由此可以推知，从匈奴分裂到北匈奴西迁的四十多年间，北匈奴的人口数应该一直大于这一数目。尽管其中有相当比例

---

① （南朝宋）范晔：《后汉书》卷八九《南匈奴列传》，中华书局1965年版，第2951页。

② （南朝宋）范晔：《后汉书》卷八九《南匈奴列传》，中华书局1965年版，第2953～2954页。

③ 参阅（北齐）魏收《魏书》卷一〇三《蠕蠕传》，中华书局1974年版。

④ 林幹：《匈奴通史》，人民出版社1986年版，第15页。

的老弱妇孺，并非人人都能出兵作战，但由于北匈奴人口基数大，人口繁殖力很强，而且匈奴“士力能弯弓，尽为甲骑”，适龄男子皆为战士，所以虽然北匈奴在战争中损失的兵士很多，但不断有新生的兵员补充。早期，匈奴战士在匈奴人口中所占的比例是很大的，甲骑占人口的三分之一左右。[①] 南北分裂后，由于局势离乱、环境恶劣等，人口流失较多，战士在人口中所占的比例下降。但对南北匈奴而言，基本可达到四五人中有一人为兵。人口数量大，自然保障了作战兵源的相对充足。所以，与北匈奴相比，南匈奴无论在人口数量上还是在兵源供应上都明显处于劣势，更谈不上消灭北庭、回归故地了。

2. 北匈奴的强势压制

匈奴分裂后，南北匈奴一直处于对峙状态。北匈奴的存在是南匈奴实现南北统一的最大阻力。南单于比最初因为遭到排挤和打压而自动脱离匈奴大本营，与北匈奴的矛盾已不可调和。南北匈奴已不可能有达成和平统一共识的基础。南北匈奴不停地争斗，企图打击甚至消灭对方。建武二十五年（49）春，南匈奴附汉不久，南单于便遣兵万余人大破北单于帐下，俘获北匈奴部众万余人、马七千匹、牛羊万头，致使北单于“却地千里”。明帝永平五年（62），北匈奴寇掠五原，侵扰云中，南单于领兵出击。永平十六年（73），南单于随汉军大举征伐北匈奴。章帝建初元年（76），南单于遣轻骑出塞攻打北匈奴皋林温禺犊王。元和二年（85），南单于遣兵千余人狩猎至涿邪山，与北匈奴温禺犊王发生遭遇战。和帝永元元年（89），在南单于的强烈请求下，汉政府派兵八千与

---

① 黄烈：《中国古代民族史研究》，人民出版社1987年版，第163页。

南匈奴三万骑再次大规模北征。永元二年（90），南单于复上书请求破灭北庭，于是出兵八千，夜袭北单于，给北匈奴以重创。① 我们从南单于屡次上书汉朝廷提出的“灭北庭”和“破北成南”的请求中，可以看出南匈奴企图吞并北匈奴的野心和统一南北的决心。

南匈奴附汉后，因得到汉政府的扶持而不断壮大。北匈奴因此惊恐万分，惧怕遭到汉朝和南匈奴的侵伐。于是，北匈奴不断向汉王朝示好，对汉“倾耳而听”。北匈奴先是归还大批掳掠的汉民，又多次派遣使者到汉请求和亲、互市，以期加强与汉朝的政治和贸易关系。如，建武二十七年（51），北单于遣使者到武威向汉请求和亲，并远驱牛马与汉合市。建武二十八年（52），北匈奴复遣使者诣阙，向汉朝进贡马匹及衣裘，请求和亲。建武三十一年（55），北匈奴再次遣使进献。明帝永平七年（64），北单于希望与汉朝开通互市，遂又派使者至汉求亲。② 北匈奴这些行为的意图很明显，即在主动拉近与汉朝关系的同时，离间南匈奴与汉朝的关系，遏制南匈奴的发展势头。

在势力相对弱小的情况下，南匈奴采取强硬的武力手段甚至想要借助东汉的力量一举消灭北匈奴，不仅困难重重，而且也不太现实。匈奴自兴起于北疆，即对中原地区的安定造成了极大威胁。连年的寇边给边境人民带来了巨大灾难。匈奴也是历代中原王朝的心患。匈奴曾称雄大漠、独霸一方，其强势不是一朝一夕形成的，而

① 参阅（南朝宋）范晔《后汉书》卷八九《南匈奴列传》，中华书局 1965 年版。

② 参阅（南朝宋）范晔《后汉书》卷一下《光武帝纪下》、卷八九《南匈奴列传》，中华书局 1965 年版。

其灭亡也不是一朝一夕可以促成的。史书所载北狄“真中国之坚敌也”①、“五帝所不能臣，三王所不能制”② 及“其强难诎，其和难得”③ 都充分说明了这一点。从秦始皇修筑长城、汉高祖无奈和亲、汉武帝征战讨伐直到东汉的抑北扶南，虽然中原王朝采取了各种手段，但匈奴一直活跃在中国北方草原数百年，可见匈奴民族生命力之顽强。正如严尤所慨叹：“匈奴为害，所从来久矣，未闻上世有必征之者也。”④ 况且，在北匈奴占有明显优势的情况下，南匈奴没有足够的力量将其消灭，也无法将其纳入统治之下。

3．鲜卑进据匈奴故地

北匈奴单于战败率部西逃后，其弟右谷蠡王於除鞬自立为单于，并遣使款塞与汉修好。汉政府以对待南单于的方式对待於除鞬，并设中郎将持节护卫。在窦宪的支持下，东汉欲辅佐新立北单于北归单于庭。后来，因为窦宪被诛，北单于於除鞬见北归一事化为泡影，遂背叛汉王朝自行北还，被汉军剿灭。此时，北匈奴正值群龙无首、极度微弱之际，为南匈奴的回归提供了大好时机。一直活跃在匈奴东部、逐渐兴盛起来的鲜卑却先南匈奴一步，进据了原匈奴驻牧地。《后汉书·乌桓鲜卑列传》云：“和帝永元中，大将军窦宪遣右校尉耿夔击破匈奴，北单于逃走，鲜卑因此转徙据其地。匈奴余种留者尚有十余万落，皆自号鲜卑，鲜卑由此渐盛。”

---

① （东汉）班固：《汉书》卷九四下《匈奴传下》，中华书局1962年版，第3815页。

② （东汉）班固：《汉书》卷九四下《匈奴传下》，中华书局1962年版，第3812页。

③ （东汉）班固：《汉书》卷九四下《匈奴传下》，中华书局1962年版，第3814页。

④ （东汉）班固：《汉书》卷九四下《匈奴传下》，中华书局1962年版，第3824页。

鲜卑其名始显于东汉初年。自光武帝建武年间，鲜卑开始与中原王朝通驿使，之后与汉朝的交往日益增多，活动逐渐频繁。在并入北匈奴的十余万落人口以后，鲜卑的势力扩大，更加强盛起来。这直接阻断了南匈奴北归的进程。不仅如此，鲜卑既时时寇抄汉朝边境，又不断侵扰南匈奴。安帝延光二年（123），鲜卑大人其至鞬自将万余骑进入东领候，分数道于曼柏攻击南匈奴。在交战中，南匈奴薁鞬日逐王战死。次年，鲜卑其至鞬寇略高柳，击破南匈奴，杀匈奴渐将王。由于朔方以西的障塞多被损坏，鲜卑因此屡屡侵犯南匈奴。① 在檀石槐时期，鲜卑发展到鼎盛，“南抄缘边，北拒丁零，东却夫余，西击乌孙，尽据匈奴故地，东西万四千余里，南北七千余里，网罗山川水泽盐池”②。而此时，南匈奴经常发生变乱事件，局势一片混乱，统治力急剧下滑，统一南北的言论也随之销声匿迹。

东汉议郎蔡邕曾对鲜卑进据匈奴故地做过评述，“自匈奴遁逃，鲜卑强盛，据其故地，称兵十万，才力劲健，意智益生。加以关塞不严，禁网多漏，精金良铁，皆为贼有；汉人逋逃，为之谋主，兵利马疾，过于匈奴”③。在蔡邕看来，鲜卑自据有匈奴游牧地之后，发展迅速，兵力强健，武器精良，谋士精干。而南匈奴在东汉政府的多方帮扶下才得以维持生存，兵力最盛时只有五万一百七十胜兵，自然难敌鲜卑的十万精兵。在漠北出现的强大鲜卑成了南匈奴

---

① 参阅（南朝宋）范晔《后汉书》卷八九《南匈奴列传》、卷九〇《乌桓鲜卑列传》，中华书局1965年版。

② （南朝宋）范晔：《后汉书》卷九〇《乌桓鲜卑列传》，中华书局1965年版，第2989页。

③ （南朝宋）范晔：《后汉书》卷九〇《乌桓鲜卑列传》，中华书局1965年版，第2991页。

北归的巨大障碍。在实力难以与鲜卑匹敌的形势下，南匈奴重返大漠故土、实现统一的愿望遂化为泡影。

4. 南匈奴自身的发展不力

虽然北匈奴以及后来鲜卑势力的存在如顽石般直接阻挡了南匈奴进军大漠的道路，但南匈奴内部统治的混乱、力量的分散和思想的不统一也是南北匈奴长期处于独立状态的重要原因。

（1）南匈奴内部叛乱频仍，力量不集中

北匈奴败阵狼狈逃亡，鲜卑据地而居。南匈奴面对更为强悍的对手，声势日趋低迷，统治阶级中“破北成南，并为一国”① 的论调也随之低沉下来。同时，南匈奴统治集团中的不稳定因素也逐渐暴露出来。因南匈奴统治者忙于应付权势之争和平息叛乱，所以北归一事被搁浅。

北匈奴西迁后，东汉政府在窦宪的积极策划下，强力扶植北单于弟右谷蠡王於除鞬为新任单于，并欲护送於除鞬回北庭。这一举措又使南匈奴失去了一次兼并北匈奴的良机。此后，南匈奴内部动乱不止，民心躁动，更是无法集中力量对付强大的新对手鲜卑。和帝永元五年（93），南单于屯屠何死，前单于宣之弟安国继立。安国并未继承屯屠何统一匈奴的志向，却很快卷入了权力的争斗之中。由于左谷蠡王师子勇黠多知，向为单于宣及屯屠何所器重，又数将兵出塞，屡建功勋，为汉帝所赏识。于是，族人多敬畏师子，而不亲附安国。安国心生忌恨，与新降汉的北匈奴人共同谋划铲除师子。第二年，安国举兵征伐师子。师子先以庐落进入曼柏城，安国久攻不下。相持之时，汉兵的介入使安国部众极度恐慌，安国舅

① （南朝宋）范晔：《后汉书》卷八九《南匈奴列传》，中华书局 1965 年版，第 2952 页。

骨都侯喜为将安国杀死。师子遂立为南单于。新降的北匈奴部众因前时被师子驱掠，怨恨颇多。所以，他们群起作乱，反对新单于师子，并协立前单于屯屠何之子薁鞬日逐王逢侯为单于。逢侯率部叛离汉王朝，一路杀掠吏民、焚烧亭帐，出朔方奔漠北而去。逢侯部众在塞外活动数十年，不仅为饥穷所困，而且不断遭到鲜卑的攻击，境况窘迫，所以复入塞投奔汉朝者和归附鲜卑者络绎不绝。公元 118 年，逢侯带着百余骑回朔方塞请求附汉。

其间，安帝永初三年（109），南单于檀听信汉人韩琮“关东水潦，人民饥饿死尽”的说法，起兵造反，围攻美稷。东汉派度辽将军梁慬、辽东太守耿夔等率军平叛。南单于见诸军并进，非常恐惧，乃遣使乞降。延光三年（124），鲜卑数次侵扰边境。度辽将军耿夔与南匈奴温禺犊王呼尤徽将新附北匈奴人连年出塞讨击鲜卑。因“征发烦剧”，新附北匈奴人多有怨愤，一部大人阿族率其众反叛逃亡，后被汉军与胡骑追击，斩获殆尽。

顺帝永和五年（140），南匈奴左部句龙王吾斯、车纽等叛汉，进攻西河，兵围美稷，杀朔方、代郡长史。汉安元年（142），吾斯又与薁鞬台耆、且渠伯德侵掠并部。次年，使匈奴中郎将马实派人刺杀句龙吾斯，进攻其余党。

桓帝永寿元年（155）秋，南匈奴左薁鞬台耆、且渠伯德再次叛汉，寇抄美稷、安定，被安定属国都尉张奂击破，遂降附。延熹元年（158），南匈奴诸部并叛，与乌桓、鲜卑寇缘边九郡。汉发兵进击，诸部乃归降。① 延熹九年（166），鲜卑招集南匈奴及乌桓共同反叛，侵扰缘边诸郡。后在汉军的征讨下，南匈奴、乌桓复归

① 参阅（南朝宋）范晔《后汉书》卷八九《南匈奴列传》，中华书局 1965 年版。

汉，鲜卑出塞而去。①

灵帝中平五年（188），汉征发南匈奴兵讨伐叛臣张纯。族人担心发兵无已，于是右部醢落与休著各胡白马铜等十余万人谋反，攻杀单于羌渠。之后，南匈奴卷入了东汉末年的中原大混战之中。终东汉之世，南匈奴中再未出现统一南北的呼声。

综上可知，北单于率大部撤出漠北西迁后，南匈奴统治者不是抓住时机、整顿军备、齐心合力进军故土，而是一味争权夺利。军心不稳、民心涣散和难以集中优势力量注定了南匈奴统一匈奴愿望的落空。由于疲于应对内部统治的混乱局面，南匈奴已无暇顾及回归匈奴故地的事宜。北归一事再未被提上议事日程。

（2）南匈奴政权缺乏自我主宰能力

南匈奴归附东汉之后，在各方面都得到汉王朝的大力扶持，“累世蒙恩，不可胜数”②。汉王朝对南匈奴的政治监护、军事防护和物质帮扶使南匈奴人更快地适应了入塞后的生活并逐步稳定下来。单于死后的吊祭慰赐和新单于继立时的拜授玺绶，东汉政府都会派人参管。东汉还派遣使匈奴中郎将置安集掾史，带领弛刑五十人，随单于至所处之地，参与辞讼，观察动静。单于每年都要遣使至京城贡献物品并汇报情况，同时向汉朝遣送侍子。因此，虽然南匈奴仍有自己的组织形式、社会机构和活动区域，却无形中处于东汉王朝的监管之下。东汉政府可随时调集南匈奴人出兵作战。同时，南匈奴不仅祭奉汉帝、拜陵庙，而且每遇大事必上书请求。南匈奴政权因寄居人下，已经基本失去了统治权，已不再是一个完全

① 参阅（南朝宋）范晔《后汉书》卷六五《张奂传》，中华书局1965年版。

② （南朝宋）范晔:《后汉书》卷八九《南匈奴列传》，中华书局1965年版，第2952页。

独立的政权了。

南匈奴入塞后的军事、政治活动往往与汉王朝有着紧密的联系或受到汉王朝的干涉。长期以来，南匈奴已慢慢成为汉王朝统治下的一个民族政权，并随着东汉政权的沉浮而沉浮。北匈奴横行漠北时，南匈奴欲借助东汉的力量将其消灭，所以甘愿跟随汉军四处征战。在北匈奴西迁后，南匈奴的活动仍受到东汉政府的牵制。汉朝官员常插手南匈奴内部事务的行为亦使南匈奴政局不稳。

和帝永元五年（93），单于安国新立，与左贤王师子不和，欲杀之。师子因此称病不参加龙庭会盟。度辽将军皇甫棱亦拥护师子，导致单于更加愤恨，双方矛盾加深。第二年，使匈奴中郎将杜崇因与南单于安国有隙，遂与新任度辽将军朱徽合谋，中途扣压南单于奏章，继而上书反告南单于谋反，请求发兵征讨南匈奴。单于安国部众因此大骚动而举兵攻击师子，结果以安国被害、师子继立而告终。汉政府的官员甚至直接干涉南匈奴单于位的继承事宜。

顺帝永和五年（140），因为南匈奴左部句龙王吾斯和车纽等人背叛汉王朝，寇抄甚重，汉帝遣使责让单于，“开以恩义，令相招降”①。单于本未参与预谋叛乱，乃脱帽避帐，并谢罪。但陈龟继任中郎将之后，以单于不能管制部下为由，逼迫单于休利及其弟左贤王自杀，致使南庭虚位。

此外，灵帝中平五年（188）时，汉政府竟征发南匈奴兵来平定汉臣前中山太守张纯的叛乱。东汉王朝已越来越将南匈奴视为统治下的一部分力量来使用，而不是将其作为一个特殊的民族政权来对待了。东汉末年，统治腐朽，社会动荡，农民起义爆发，各地封

---

① （南朝宋）范晔：《后汉书》卷八九《南匈奴列传》，中华书局 1965 年版，第 2960 页。

建割据势力乘机而起，形势异常严峻。南匈奴也卷入了中原混战中。中平六年（189），新立南单于於扶罗因族人立须卜骨都侯为单于而进京向汉诉讼。途中恰逢灵帝死去，於扶罗于是带领数千骑与白波军合兵侵掠郡县，因出师不利，遂止于河东平阳。

献帝初平元年（190），袁绍军至河内郡，张杨与之会合后，复与於扶罗屯于漳水。次年，南单于於扶罗劫张杨叛袁绍，屯兵于黎阳。初平三年（192），曹操在内黄大破於扶罗军。随后，於扶罗投奔袁术，辅佐他与曹操对抗。兴平二年（195），南匈奴右贤王去卑率众侍卫献帝东归。同年，於扶罗死，其弟呼厨泉立，居于平阳。建安七年（202），南单于被曹军围困于平阳，被迫归附。建安十一年（216），魏王曹操将南单于呼厨泉滞留于邺，使右贤王去卑回平阳监国，并分其众为五部。①

由此可见，南匈奴政权缺乏充分的自主决策权和行动权，往往会受到外界大环境的影响而随波逐流。所以，南匈奴无法专注于南北统一之事。自安国继立单于之后，统一匈奴的想法再未被明确提出，统治阶级也未做出更多的努力。这一信念和目标随之被淡化。

（3）南匈奴民众的生活和心理状态发生变化，群众基础比较薄弱

比所率南边八部长期居于漠南长城沿边，与汉族人民交往频繁。汉匈通过互市满足彼此的物质需求，双方在经济、文化方面的相互影响不断加深。入塞以后，南匈奴人与汉人交错相处，生存环境发生了改变。他们的生活和心理状态也在不断变化，潜移默化地

---

① 参阅（南朝宋）范晔《后汉书》卷八《灵帝纪》、卷八九《南匈奴列传》、卷七五《袁术传》，中华书局 1965 年版；（西晋）陈寿《三国志》卷一《魏书·武帝纪》、卷八《张杨传》、卷一三《钟繇传》，中华书局 1959 年版；（唐）房玄龄等《晋书》卷九七《匈奴传》，中华书局 1974 年版。

受到了中原文化的影响。汉匈两族人民在来往中相互影响、相互交融，两者之间的差别和排斥性在逐渐减小。

南匈奴在附汉之时，力量比较弱小，在东汉的援助下得以生存发展。匈奴“生长汉地，开口仰食，岁时赏赐，动辄亿万”①，若遇到饥荒虫灾，更是如此。光武帝建武二十六年（50），南单于比遣子侍汉。汉赐予单于冠带、玺绶、衣裳、缯絮、车马、甲兵、金帛、乐器、食器等，并转运河东米糒二万五千斛、牛羊三万六千头，以赡给南匈奴人。章帝建初元年（76），南匈奴地区深受蝗灾之苦，饥荒严重，汉救济其贫穷者三万多口。虽然南匈奴人在很长一段时间内仍以游牧业为主，但农业所占比重在不断加大。而在此之前，因为初到塞内的南匈奴人很难快速适应新的地理环境和劳作条件，所以他们的生产受到严重不利影响，农业产量下滑，人民度日艰难。汉王朝供给南匈奴的费用每年达一亿九十万之多。② 汉王朝的接济有利于他们较平稳地度过生产结构的转换期，有利于他们尽快适应新的生活环境、恢复生产。安定的生活有利于人口繁衍生息。仅仅四十余年，到公元 90 年前后，南匈奴人口达到最盛，加之降众和俘虏，合计有三万四千户、二十三万七千三百人，胜兵五万一百七十。甚至有一部分南匈奴人已开始从事农耕，过起了定居生活。著土为安的理念也慢慢渗入他们的思想之中。

由此推知，并南北匈奴为一家不能代表所有南匈奴人的想法，群众基础不是很广泛。重回故土固然是当时相当一部分南匈奴人的愿望，但对于自西汉呼韩邪单于时便生活在漠南长城附近的这部分

① （南朝宋）范晔:《后汉书》卷八九《南匈奴列传》，中华书局 1965 年版，第 2952 页。

② 参阅（南朝宋）范晔《后汉书》卷四五《袁安传》，中华书局 1965 年版。

匈奴人来说，经过百余年的发展变迁，他们的经济、政治、心理都在发生着不同程度的改变。尤其是在入塞后的几十年，南匈奴人基本稳定下来，已开始习惯中原的生活方式和湿润的气候。若要北归，他们势必要举族长途跋涉，又要重新面对大漠的干燥气候和不迭的战争，重新过靠天吃饭的日子。战乱和灾荒无疑是大部分民众所不愿再经受的。东汉灵帝中平五年（188），南匈奴人民正是因为担忧会被不停征发而造反，杀害单于。所以，缺乏群众支持也是南匈奴未能顺利实现北归的一个原因。

5. 东汉统治者“以夷制夷”民族政策的影响

“以夷制夷”的思想在西汉时期就已被提出并付诸实践。到了东汉时期，统治者将此策略大规模地运用于边防治理上。东汉政府更是有效运用了“以夷制夷”的政策来对待南北匈奴，使南北匈奴互相牵制，以节省汉王朝兵力、坐收渔利。这样，客观上也就牵制了南匈奴北归的步伐。此外，为了维护自身的利益，汉朝统治者也不会轻易放南匈奴重返大漠，再造边患隐忧。

东汉实行“安南定北”之策，以南制北，在大力扶植南匈奴的同时，加紧对南匈奴的监护，羁縻北匈奴，平衡二者之间的关系。东汉接纳、厚遇南匈奴的目的就是让南匈奴“东扞鲜卑，北拒匈奴，率厉四夷，完复边郡，使塞下无晏开之警”①。南匈奴入居缘边后，东汉王朝又派人“随单于所处，参辞讼，察动静”②，监督南单于，并设置度辽营，任命度辽将军，以防南北匈奴交通。在建武二十七年（51）和建武二十八年（52），北匈奴曾连续两次遣使向汉请求和亲，

① （南朝宋）范晔：《后汉书》卷一九《耿国传》，中华书局1965年版，第716页。

② （南朝宋）范晔：《后汉书》卷八九《南匈奴列传》，中华书局1965年版，第2944页。

以求缓和双方的紧张关系。东汉政府采纳司马掾班彪的建议，采取羁縻之法，不与北匈奴断绝往来，稍加赏赐，以玺书报答，但也不遣使者回访，“明加晓告以前世呼韩邪、郅支行事”①。南匈奴的存在对汉王朝而言也的确起到了招降北匈奴部众的作用。不少北匈奴人见南匈奴受到汉朝的优待，纷纷南下奔赴东汉。东汉还经常利用南匈奴的军队征讨北匈奴。明帝永平五年（62），“北匈奴六七千骑入于五原塞，遂寇云中至原阳，南单于击却之”②。永平十六年（73），南单于派遣左贤王信率部随汉大军讨伐北匈奴。章帝建初元年（76），南单于遣轻骑与缘边郡及乌桓兵出塞击北匈奴皋林温禺犊王，斩获数百人。在处理南北匈奴的关系上，汉王朝左右逢源，周旋于南北之间，以平衡双方的关系，使他们互相节制。如，章帝元和二年（85），南单于领兵与北匈奴温禺犊王交战，斩获而还。于是，汉乃“敕度辽及领中郎将庞奋倍雇南部所得生口，以还北虏。其南部斩首获生，计功受赏如常科”③。

章帝章和二年（88），鲜卑击破北匈奴，南单于欲趁北匈奴大乱之际一举兼并北庭，遂上书汉朝廷：“臣与诸王骨都侯及新降渠帅杂议方略，皆曰宜及北虏分争，出兵讨伐，破北成南，并为一国，令汉家长无北念。”④ 南单于明确请求东汉王朝出兵助其北上消灭北匈奴以统一匈奴，并提出了具体的作战方案。此言一出便在

---

① （南朝宋）范晔：《后汉书》卷八九《南匈奴列传》，中华书局 1965 年版，第 2946 页。

② （南朝宋）范晔：《后汉书》卷八九《南匈奴列传》，中华书局 1965 年版，第 2948 页。

③ （南朝宋）范晔：《后汉书》卷八九《南匈奴列传》，中华书局 1965 年版，第 2951 页。

④ （南朝宋）范晔：《后汉书》卷八九《南匈奴列传》，中华书局 1965 年版，第 2952 页。

东汉统治集团内部引起激烈的争论。

执金吾耿秉认为："昔武帝单极天下，欲臣虏匈奴，未遇天时，事遂无成。宣帝之世，会呼韩来降，故边人获安，中外为一，生人休息六十余年。及王莽篡位，变更其号，耗扰不止，单于乃畔。光武受命，复怀纳之，缘边坏郡得以还复。乌桓、鲜卑咸协归义，威镇四夷，其效如此。今幸遭天授，北虏分争，以夷伐夷，国家之利，宜可听许。"①

尚书宋意则有不同意见，他认为："自汉兴以来，征伐数矣，其所克获，曾不补害。光武皇帝躬服金革之难，深昭天地之明，故因其来降，羁縻畜养，边人得生，劳役休息，于兹四十余年矣。今鲜卑奉顺，斩获万数，中国坐享大功，而百姓不知其劳，汉兴功烈，于斯为盛。所以然者，夷虏相攻，无损汉兵者也。臣察鲜卑侵伐匈奴，正是利其抄掠，及归功圣朝，实由贪得重赏。今若听南虏还都北庭，则不得不禁制鲜卑。鲜卑外失暴掠之愿，内无功劳之赏，豺狼贪婪，必为边患。今北虏西遁，请求和亲，宜因其归附，以为外扞，巍巍之业，无以过此。若引兵费赋，以顺南虏，则坐失上略，去安即危矣。诚不可许。"②

两人各有各的看法。耿秉主张抓住时机，"以夷伐夷"，消灭北匈奴势力。宋意则主张收附北匈奴，使其成为"外扞"。由此可见，他们的根本意图和主旨都在于"以夷制夷"，只不过是所运用的方式不同而已。执政的窦太后最终采纳了耿秉的意见，发重兵征伐北匈奴。永元二年（90），南单于又一次上书"求灭北庭"。南匈奴

---

① （南朝宋）范晔：《后汉书》卷八九《南匈奴列传》，中华书局 1965 年版，第 2953 页。

② （南朝宋）范晔：《后汉书》卷四一《宋意传》，中华书局 1965 年版，第 1415～1416 页。

数次上书，求之心切，其欲统一匈奴、北归大漠的意图昭然若揭。于是，东汉再次大规模北征，最终导致北匈奴在屡屡受挫、不堪重击之后远离故土西逃。

就如何处理匈奴战后的问题，东汉大臣们发表了不同的看法。袁安认为："今朔漠既定，宜令南单于反其北庭，并领降众。"① 窦宪则有截然不同的举措。当时，窦宪战功赫赫，封官晋爵，"日矜己功，欲结恩北虏，乃上立降者左鹿蠡王阿佟为北单于，置中郎将领护，如南单于故事"②。此举得到了宋由、耿秉等人的支持，却遭到袁安、任隗等人的强烈反对。

袁安指出："伏惟光武皇帝本所以立南单于者，欲安南定北之策也，恩德甚备，故匈奴遂分，边境无患。孝明皇帝奉承先意，不敢失坠，赫然命将，爰伐塞北。至乎章和之初，降者十余万人，议者欲置之滨塞，东至辽东，太尉宋由、光禄勋耿秉皆以为失南单于心，不可，先帝从之。陛下奉承洪业，大开疆宇，大将军远师讨伐，席卷北庭，此诚宣明祖宗，崇立弘勋者也。宜审其终，以成厥初。伏念南单于屯，先父举众归德，自蒙恩以来，四十余年。三帝积累，以遗陛下。陛下深宜遵述先志，成就其业。况屯首唱大谋，空尽北虏，辍而弗图，更立新降，以一朝之计，违三世之规，失信于所养，建立于无功。由、秉实知旧议，而欲背弃先恩。夫言行君子之枢机，赏罚理国之纲纪。《论语》曰：'言忠信，行笃敬，虽蛮貊行焉。'今若失信于一屯，则百蛮不敢复保誓矣。又乌桓、鲜卑新杀北单于，凡人之情，咸畏仇雠，今立其弟，则二虏怀怨。

---

① （南朝宋）范晔：《后汉书》卷四五《袁安传》，中华书局 1965 年版，第 1520 页。

② （南朝宋）范晔：《后汉书》卷四五《袁安传》，中华书局 1965 年版，第 1520 页。

兵、食可废，信不可去。且汉故事，供给南单于费直岁一亿九十余万，西域岁七千四百八十万。今北庭弥远，其费过倍，是乃空尽天下，而非建策之要也。”①

袁安从“违三世之规，失信于所养”、“失信于一屯，则百蛮不敢复保誓”和国费繁重等角度考虑此问题是很有远见的。窦宪“结恩北虏”的主张固然私欲过重，却恰好迎合了东汉朝廷“以夷制夷”、使夷虏互相牵制的治边思想。所以，窦太后同意窦宪的做法，“竟立匈奴降者右鹿蠡王於除鞬为单于”②。

在南北二庭自相驰突之时，“汉之塞地晏然矣”③。由此可知，东汉的“以夷制夷”政策确是有一定成效的。

据史书所称，匈奴“苟利所在，不知礼义”④，且戎狄“简贱礼义，无有上下，强者为雄，弱即屈服”⑤，“夷狄之情，困则卑顺，强则骄逆，天性然也”⑥。南匈奴归附汉朝，屈居人下，“开口仰食”，并希望汉王朝能助其一臂之力，自然对汉王朝恭顺有加、言听计从。可一旦回到匈奴本土，强大起来，南匈奴难免会忘却旧恩，成为北境边患。这是东汉政府所担忧的且最不愿看到的事情。

---

① （南朝宋）范晔：《后汉书》卷四五《袁安传》，中华书局 1965 年版，第 1520 ~ 1521 页。

② （南朝宋）范晔：《后汉书》卷四五《袁安传》，中华书局 1965 年版，第 1521 页。

③ （南朝宋）范晔：《后汉书》卷八九《南匈奴列传》，中华书局 1965 年版，第 2967 页。

④ （西汉）司马迁：《史记》卷一一〇《匈奴列传》，中华书局 1959 年版，第 2879 页。

⑤ （南朝宋）范晔：《后汉书》卷四一《宋意传》，中华书局 1965 年版，第 1415 ~ 1416 页。

⑥ （东汉）班固：《汉书》卷九四下《匈奴传下》，中华书局 1962 年版，第 3803 ~ 3804 页。

因此，东汉为了边境的安宁和发展，也不希望南匈奴回归塞外。至于后来鲜卑乘机进据匈奴故地，既是东汉所未想到的，也是南匈奴所始料未及的。这正合东汉政府的意愿，同时也基本打消了南匈奴北归的念头。

南北匈奴作为同一民族的两个政权长期独立存在于两个不同的地区，并不完全是他们的主观因素造成的。北匈奴将南匈奴视为背叛、脱离政权的一部分，自然不会再主动要求和解、将其纳入统治之下；而南匈奴虽一心想要统一南北，但前提是消灭北匈奴、独立掌权，这仅凭南匈奴自身的力量是无法完成的，因此就形成了南北双方长期争斗、相持的局面。从客观方面讲，东汉、鲜卑等外部力量也为南匈奴回归故地设置了重重障碍，最终使其“并匈奴为一家”的愿望落空。

（二）北匈奴“降南部者前后而至”

如上所述，从明帝永平年间至北单于率众西迁前夕，不断有北匈奴民众南下归降。其中大部分北匈奴降众由东汉政府安置在边境各郡县，还有一部分则归南匈奴统属。史料对此多有记载。据《后汉书·南匈奴列传》载，章帝章和二年（88），因北庭大乱且饥荒虫灾不断，降附南庭的北匈奴人不断前来。新降的虚渠曾上告南单于，北单于远逃至安侯河西后，骨都侯等共立单于异母兄右贤王为单于。此时正值兄弟争立、北虏散乱，为出兵讨伐的有利时机。来降的北匈奴人也对南单于及时了解北匈奴的更多动向起到了很大的作用。同书又载，诸新降胡（这里的“胡”指北匈奴民众）内附之初多被南匈奴安置在塞外。南单于安国时，由左谷蠡王师子负责管理新降胡诸事宜，因多有驱掠行为而引起新降胡的怨恨。安国与师子不睦，遂拉拢新降胡，合谋欲加害师子。事败后，师子继为单于。降胡五六百人夜袭师子，安集掾王恬将军护士与战，破之。于是，新降胡十五部二十余万人皆反，共立薁鞬日逐王逢侯为单于，奔往漠北。由此可知，南匈奴中有相当数量的北匈奴降众。公元90年，南匈奴有领户三万四千、人口二十三万七千三百。这其中除了在战争中俘获的北匈奴人，也有很大一部分是北匈奴的降众。而且至公元91年师子在位时，南匈奴的新降胡竟达十五部二十余万人。由此可见，北单于率大部西迁后，散落各处的北匈奴民众仍有不断归降南匈奴者。

第五章
匈奴政治的发展演变

公元前3世纪前后，匈奴社会在发生着巨大的变化。随着生产力的进一步提高和发展的需要，畜群首先成为私有财产，个体家庭出现。相应地，以血缘关系为基础的氏族公社组织逐渐解体，取而代之的是私有制的深入发展和社会内部阶级分化的日益加剧。氏族首长和军事首领在不断的掠夺中积累了越来越多的财富和奴隶，因而掌握了更多的权力。这使他们的地位得到了提高，并使他们成为上层贵族阶级。匈奴社会中的贫富差距和阶级差别越来越明显。然而，在牲畜和生产品私有化的同时，牧场和游牧地仍属于公有，由氏族全体成员共同利用。所以，尽管氏族公社的性质有所改变，但氏族组织的形式在一定时期内在匈奴社会中将长期存在。

公元前3世纪末，匈奴族建立了北方草原上第一个奴隶制政权。其奴隶来源途径主要有四个①：（1）战俘。匈奴人在对汉族和其他民族的掠夺和征服中，将掳掠的大量人口变为他们的奴隶。（2）从邻族手中贩卖而得的人口。（3）隶属于匈奴的部族因交不出贡税而被没收为奴。如乌桓因不能按期缴纳皮布税，其妻子儿女常被匈奴收为奴隶。（4）匈奴族人因触犯刑律被收为奴。匈奴法律

① 参阅林幹《匈奴通史》，人民出版社1986年版。

规定：犯盗窃罪者，没收其家口和家产。大量的奴隶被应用于生产劳作，而“匈奴的奴隶制并不是那种把奴隶大量集中起来进行强迫劳动的奴隶制，而是属于适合于游牧社会生产特点的家庭奴隶制”①。奴隶大多分至各户，从事家内劳动。在攻战中，战士们“得人以为奴婢”，每个战士都尽量在战争中俘获人口，并将战俘变为自己的奴隶。因此，普通的匈奴牧民家庭中拥有奴隶是很普遍的现象。一般匈奴人仍亲身参加生产劳动，而其中最繁重的劳动由奴隶承担。在祭祀中，奴隶还往往被用来充当祭品或殉葬。

随着匈奴奴隶制政权的建立，政权机构等一整套政治体系也应运而生。

第一节　秦至王莽时期匈奴的政治状况

一、匈奴的职官制度

头曼单于时，匈奴的氏族部落制度逐渐被取代，政权机构开始形成。冒顿单于时期，匈奴的奴隶制最终确立，政治制度也进一步完善。匈奴建立起一套相对完整的政权机构体系。

单于是匈奴族的最高首领，拥有至高的无上的权力，由挛鞮氏这一显贵氏族继承。匈奴人称他为“撑犁孤涂单于”。匈奴人称“天”为撑犁，称“子”为孤涂，“单于”的意思即“非常广大的样子”，那么，“撑犁孤涂单于”即天单于，相当于中原所谓的“天子”。单于以下设置左右贤王、左右谷蠡王、左右大将、左右大都尉、左右大当户、左右骨都侯。其中，左右贤王和左右谷蠡王最

---

①　杨建新：《中国西北少数民族史》，民族出版社2003年版，第39页。

为显贵。因匈奴人尚左，故单于之下，左贤王地位最高、最尊贵，往往是单于位的合法继承者，所以常以太子为左贤王。

匈奴王庭主要分为三大部分：单于庭居中，代表着匈奴政权的中心，向南面对着汉的代郡和云中郡；诸左王将处于匈奴的东部，南对着汉的上谷郡，东与秽貉、朝鲜相接；诸右王将在匈奴的西部，南对着汉的上郡一带，西与月氏、氐、羌相接。自单于至各王将各有划定的统辖范围和驻牧地。各王将大臣都是世职，在其领地范围内有相当大的权力，负责管辖“分地”内的一切大小事务。因单于是最高统治者，所以各王将同时又要听从单于的统一调遣。《史记·匈奴列传》云：“岁正月，诸长小会单于庭，祠。五月，大会茏城，祭其先、天地、鬼神。秋，马肥，大会蹛林，课校人畜计。”每年定期出席龙庭集会，举行祭祀，是各王将大臣的职责和权利，也体现了单于的最高统领权。因此，在匈奴统治集团内部产生矛盾时，某些王将便以不参加或少参加单于的政治聚会表示对单于的不满和反对。

汉昭帝时，匈奴狐鹿姑单于母阏氏恐单于不立其子而立左大都尉，乃使人暗杀左大都尉。左大都尉同母兄由此怨恨而不肯往会单于庭。狐鹿姑单于死后，颛渠阏氏诈挢单于令，更立其子左谷蠡王为单于。左贤王、右谷蠡王以不得立而怨，去居各所，亦不肯会于龙城。东汉建武年间，单于舆因杀单于“储副”（单于候选人）——其弟伊屠知牙师而引起右薁鞬日逐王比的怨愤，遂“庭会稀阔”。另外，在匈奴南北分裂后，南单于安国与左贤王师子不和。师子于是别居五原界，每遇龙庭议事，便称病不往。

匈奴政权军政合一的性质在其职官制度中亦有所体现。除单于领有军队、统军作战，自左右贤王以下至左右大当户，各王将均拥有数万骑或数千骑的军队。一共设有二十四长，立号为“万骑”。

二十四长亦各自设置千长、百长、什长、裨小王、相封、都尉、且渠等官属，皆可带兵出战。因此，匈奴的大小官吏又都是大大小小的军事首长。这是匈奴人游牧生活的特点所决定的，与匈奴政权进一步扩大对外掠夺的需要也是相适应的。

除此之外，匈奴政权中还有其他王将职位和因不同状况或需要而设的许多官职。《史记》和《汉书》等文献多有记载。

武帝元朔二年（前127），汉遣大将军卫青出塞击胡楼烦王、白羊王于河南。元狩二年（前121），骠骑将军霍去病率骑出陇西击匈奴，杀折兰王，斩卢胡王，执浑邪王之子及相国、都尉，收缴休屠王祭天金人。元狩四年（前119），霍去病领兵出代、右北平，击匈奴左方兵，获屯头王、韩王等三人。元鼎四年（前113），匈奴归义王次公附汉。天汉二年（前99），汉以匈奴归附者介和王成娩为开陵侯，将楼兰兵击车师。征和元年（前92），匈奴先贤掸被更封为日逐王。

昭帝始元二年（前85），匈奴卢屠王遭到陷害，因被诬陷有谋反叛离之罪而被冤杀。元凤元年（前80），匈奴发左右部两万骑分四队，入侵边塞。汉兵追之，斩首获虏九千人，生得瓯脱王。水衡都尉赵充国出击匈奴，获西祁王。元凤三年（前78），匈奴又派右贤王、犁汙王率四千骑，分三队侵边。

宣帝地节二年（前68），左大且渠自请与呼卢訾王各将两万骑南旁塞猎，拟相逢俱入侵汉。元康元年（前65），匈奴遣左右奥鞬各六千骑，与左大将军再击汉之屯田于车师者。神爵年间，握衍朐鞮单于初立，即尽杀前单于用事大臣郝宿王刑未央等。神爵四年（前58），匈奴单于遣其弟呼留若王胜之朝汉。五单于争立时，又有呼揭王、乌藉都尉、休旬王等人参与其中。

元帝初元元年（前48），匈奴东蒲类王兹力支将人众千七百余人归附汉都护。

成帝建始二年（前31），复株累单于遣子右致卢儿王醯谐屠奴侯入朝侍汉。河平二年（前28），单于派遣右皋林王伊邪莫演向汉奉献。鸿嘉元年（前20），且糜胥立为搜谐若鞮单于，遣子左祝都韩王朐留斯侯入侍。元延元年（前12），车牙单于遣子右於涂仇掸王乌夷当入侍。绥和元年（前8），乌珠留单于立，遣子右股奴王乌鞮牙斯入侍。次年，侍子死，单于复遣子左於骖仇掸王稽留昆入侍。

始建国三年（11），王莽拜匈奴左犁汙王咸为孝单于。

《后汉书》还记有渐将王、温禺犊王、句林王、呼衍王等。这里提到的楼烦王、白羊王、浑邪王、休屠王、折兰王、卢胡王、日逐王、左右奥鞬王、蒲类王、温禺犊王、呼衍王等职位都是匈奴统治集团内部不同层次的官职。这些职位上的人员也各有属民和辖区。另外，投降匈奴的将军或大臣也被授予封号和官位。如，汉高祖时，燕王卢绾叛汉降匈奴，被匈奴封为东胡卢王；汉武帝时，叛将赵信被匈奴封为自次王，李陵被封为右校王。

由上可知匈奴政权设立的职位和官员之多。匈奴的各级官吏虽有层次之别、地位高下之分，但是他们没有明确的文臣武将之分和具体的职责分工。辖区内的军事、政治、生产生活等事务都由各级官吏统一管理。

二、匈奴单于位的继承制度

在匈奴奴隶制政权建立并逐步完善的同时，权力世袭也成为一种制度并最终在冒顿单于执政时确立了。随着权力世袭制度特别是单于位世袭制度的确立，氏族部落或部落联盟机构的作用便消失了。虽然部落或部落联盟机构的形式仍旧保留着，但它的民主原则已完全被抛弃。① 原先部落联盟首领民主选举的制度也由单于位世袭制度所取代。单于位遵照男子继承制，皆由贵族挛鞮氏（《后汉书·南匈奴列传》作“虚连题”）家族的子弟世袭。而匈奴单于氏族以外的异姓贵族往往只担任高官显职，但可与挛鞮氏家族联姻。其他的王、侯、大将、大都尉、大当户等官职也由一些显赫氏族或贵族人员担任。匈奴各大臣王将也是世袭为官。

单于的权力比以前部落联盟首领的权力更大、更集中。单于拥有最高权力和最终决策权。尽管不能与中原王朝高度集中的中央集权制相比，而且单于针对军政大计也会召集大臣和部落首领聚会并征询他们的意见，但单于常常会独断专行，掌握着生杀予夺的大权，可以将与其意见相左的大臣斩首。冒顿单于的掌权便很好证明了这一点。冒顿自立为单于时，匈奴东边的东胡强盛，乃遣使至匈奴向冒顿索取头曼时的千里马。冒顿征询群臣的意见，皆曰“勿予”，而冒顿将千里马给了东胡。东胡人因此以为匈奴对他们有所畏惧，便再次遣使向冒顿索要一阏氏。群臣亦认为不可，冒顿固取所爱阏氏予东胡。东胡王因此骄慢，入侵匈奴，索求匈奴瓯脱地。冒顿于是再次问询群臣，有的大臣说：“此弃地，予之。”冒顿大怒，曰：“地者，国之本也，奈何予人！”冒顿遂将赞同弃地的诸大臣斩首，亲自率军进击东胡，并向各部落首领发号施令，“令国中有后者斩”。冒顿单于显然已经是一个十足的奴隶制政权的最高统治者了。

单于权力的增大、地位的提高使得单于位的继承成为匈奴政治中尤为重要的内容。单于位的具体继承实行族内世袭制下的父死子继或兄终弟及原则，个别情况下会由单于宗族亲属继立。正如武沐

① 林幹：《匈奴通史》，人民出版社1986年版，第25页。

先生所言："实际上，匈奴单于位的继承是极其复杂的，它既有父死子继、兄终弟及，又有两者的混合制。它们互为补充，有机结合，并在不同时期各有侧重。如在头曼单于至握衍朐鞮单于时期，单于位的继承基本上是父死子继制为主，兄终弟及等只是父死子继的补充，但却不可缺少；从呼韩邪单于开始直至东汉末年呼厨泉单于时期，匈奴单于位的继承由父死子继制为主改为兄终弟及与父死子继相互结合的混合继承制。"① 单于位继承的复杂性可见一斑，但"匈奴虽乱，必立宗种"②，这是最基本的原则。"种"的保持和延续是匈奴单于位继承中最起码和最重要的。大多数匈奴单于继位时能够遵从父死子继或兄终弟及的原则，但在不同时期，也有非常规情况发生，进而导致不同的结果。现将匈奴南北分裂前单于位的继承状况具体分析如下。

呼韩邪单于时，匈奴附汉称臣，使汉匈关系发生重大变化。同时，也是从呼韩邪单于始，匈奴明确有"传国与弟"的约令。因此，以呼韩邪单于时期为界，之前匈奴单于位的继立以父死子继为主。据史书记载，匈奴的第一位单于是头曼，他的具体继位过程记载不详。其子冒顿是匈奴历史上最强势的一位单于。他的继立也颇有典型意义。《史记·匈奴列传》载："单于有太子名冒顿。后有所爱阏氏，生少子，而单于欲废冒顿而立少子，乃使冒顿质于月氏。冒顿既质于月氏，而头曼急击月氏。"与少子相对，冒顿应是长子，是单于位的合法继承人。虽然单于的权力最大，但对于太子废立等重大政治事件也是不能随心所欲的，必须要有合理充分的理

---

① 武沐：《匈奴史研究》，民族出版社 2005 年版，第 87 页。

② （西汉）司马迁：《史记》卷一一〇《匈奴列传》，中华书局 1959 年版，第 2900 页。

由。若只是因为另有所宠幸的阏氏而改立太子，显然无法服众。因此，头曼使冒顿为质于月氏，欲借月氏之手除掉冒顿以达到其立少废长的目的。这也激起了冒顿强烈的报复心理。昌顿最终杀其父头曼，尽诛其后母与弟及抗命的诸大臣而自立为单于。从中可以看出，匈奴同中原王朝一样实行长子继承制，但“子以母贵”的风俗依然存在。而冒顿杀父自立事件具有特殊性，应对其做具体分析。因为“这种斗争是匈奴的经济基础和社会结构由氏族社会末期向奴隶制社会过渡的结果，是匈奴历史向前发展的表现”。我们“不能用封建时代的伦常规范和道德观念去看待刚从原始社会向阶级社会过渡的冒顿杀父事件，否则就无法从社会历史根源和阶级根源去正确阐明匈奴社会所出现的种种‘怪’现象”①。

冒顿单于后的老上单于和军臣单于皆遵照父死子继制而立。军臣单于死后，其弟左谷蠡王伊稚邪击败太子於单而自立，於单不得已亡降汉，数月即死。这是宗族亲属武力篡位的代表事例，既不合法，也非常规。公元前114年，伊稚邪死，子乌维继位。公元前105年，乌维单于子乌师庐②继位。乌师庐因为年少而被称为“儿单于”。事实上，他也的确因年轻气盛、经验不足而缺乏作为一个最高首领应具备的应变处事能力和足以服众的威望。在遭遇雨雪灾害时，儿单于曾因“好杀伐”，致使“国中多不安”，甚至引起了一些大臣的不满，左大都尉曾欲杀儿单于降汉。鉴于此，在儿单于立三年死后，其子因年幼未取得继承权。匈奴贵族立儿单于季父即乌维单于的弟弟右贤王句黎湖为单于。以后的单于位继承中很少再出现年纪尚小或未成年的合法继承者。看来，是否成年也是能否合

① 林幹：《匈奴通史》，人民出版社1986年版，第24页。

② （东汉）班固《汉书·匈奴传》作“詹师庐”。

法继承单于位的重要因素，同时也体现了匈奴人民对新单于主事能力和领导能力的考察和顾虑。

句黎湖单于仅立一年即死，其弟左大都尉且鞮侯继立为单于。且鞮侯是第一位以单于弟的身份合法继承单于位的。公元前96年，狐鹿姑在且鞮侯单于死后继立。狐鹿姑单于的继位是有点波折的。

据《汉书·匈奴传》记载，初，且鞮侯有两子，长为左贤王（即狐鹿姑），次为左大将。且鞮侯单于病且死，留遗言立左贤王。而左贤王未至，贵人们以为他身体抱恙，遂更立左大将为单于。左贤王闻之，不敢进。左大将使人召左贤王而让位于他。左贤王以病推辞，左大将不听，谓曰："即不幸死，传之于我。"左贤王许之，遂立为狐鹿姑单于。狐鹿姑单于立，以左大将为左贤王。左贤王数年后病死，其子先贤掸不得代，更以为日逐王。日逐王者，贱于左贤王。单于自以其子为左贤王。由此看来，单于位的合法继承人可由单于生前指定合适人选，若无被指定人，可由匈奴诸贵人和用事大臣推举单于的近亲或族人继立。因此也就有了匈奴贵人改立左大将为单于之事。

之前，句黎湖单于也是在匈奴贵人的拥立下继位的。左贤王与左大将之间的推让也反映出单于位的合法继承者因故不能继位时，继承权可以顺延给继承者的兄弟，而不是继承者的儿子。由贵人们主动更立左贤王之弟左大将为单于可推断单于位的继承权顺延及兄弟是受到匈奴人的普遍认同的，这很可能是单于位继承中的一项原则。左大将在狐鹿姑单于继立后升为左贤王，却因病先于狐鹿姑单于而死，这使得狐鹿姑与其弟左贤王先前的约定未能实现。左贤王子先贤掸也未能承袭左贤王之位，而是被更立为日逐王。所以在狐鹿姑之子继为单于后，匈奴人民颇有异议，认为日逐王当为单于。这也为日后日逐王率众归汉提供了契机。

公元前85年，狐鹿姑之子壶衍鞮继为单于。这是之前狐鹿姑之母阏氏与颛渠阏氏干政的结果。“初，单于有异母弟为左大都尉，贤，国人乡之，母阏氏恐单于不立子而立左大都尉也，乃私使杀之。左大都尉同母兄怨，遂不肯复会单于庭。又单于病且死，谓诸贵人：‘我子少，不能治国，立弟右谷蠡王。’及单于死，卫律等与颛渠阏氏谋，匿单于死，诈挢单于令，与贵人饮盟，更立子左谷蠡王为壶衍鞮单于。”① 狐鹿姑单于曾立其子为左贤王（左贤王通常是单于位的继承者），最终却因为其子年少不能治国而改立弟右谷蠡王。这再次说明未成年男子是不能继承单于位的。母阏氏对单于位继承事务的干涉直接引起了宫廷的内部矛盾，反而被颛渠阏氏利用。颛渠阏氏借机对单于已死的消息隐而不宣，假拟单于令，与卫律等人勾结，拉拢贵人，立年少的左谷蠡王为单于，破坏了正常的单于位继承制。这使左贤王和右谷蠡王产生了极大的怨愤。左贤王和右谷蠡王欲率众南下归汉，并“去居其所，未尝肯会龙城”②。颛渠阏氏成为母阏氏后仍继续干政，以壶衍鞮单于年少初立为由掌控单于、把持朝政，又加之其行为不端，使得“国内乖离”、怨声载道。匈奴统治集团内部的矛盾进一步深化。这也就促成了后继的虚闾权渠单于执政后“以右大将女为大阏氏，而黜前单于所幸颛渠阏氏”③。但在虚闾权渠单于死后，颛渠阏氏很快便与其弟左大且渠都隆奇合谋，抢立右贤王屠耆堂为握衍朐鞮单于。握衍朐鞮单于

① （东汉）班固：《汉书》卷九四上《匈奴传上》，中华书局1962年版，第3781～3782页。

② （东汉）班固：《汉书》卷九四上《匈奴传上》，中华书局1962年版，第3782页。

③ （东汉）班固：《汉书》卷九四上《匈奴传上》，中华书局1962年版，第3787页。

的即位既不合法，也不符合常规，完全是颛渠阏氏促成的对单于位的篡夺，因此迅速激化了匈奴统治阶级的矛盾，使匈奴单于位的继承陷入极度混乱之中。

握衍朐鞮单于的暴虐杀伐行为使得匈奴人民多不依附。姑夕王与乌禅幕及左地贵人遂共立虚闾权渠单于之子稽侯狦为呼韩邪单于，与握衍朐鞮单于对立，最终演化为五单于并争单于位。这一时期，匈奴政权分崩离析，局势混乱，单于位的继承更是无从谈起。最后，呼韩邪单于在汉王朝的协助下，返归单于庭，重新统一了匈奴。

从呼韩邪单于至蒲奴单于，共历任九位单于。其中除乌达鞮侯单于和蒲奴单于，余者皆为呼韩邪单于之子，充分体现了兄终弟及的继承原则。据《汉书·匈奴传》记载，呼韩邪单于曾娶呼衍王的两个女儿。长女为颛渠阏氏，生二子，长曰且莫车，次曰囊知牙斯。少女为大阏氏，生四子，长曰雕陶莫皋，次曰且麋胥，皆长于且莫车，少子咸、乐二人，皆小于囊知牙斯。呼韩邪单于又有其他阏氏所生之子十余人。颛渠阏氏贵，其子且莫车也备受呼韩邪单于的宠爱。因此，呼韩邪单于想立且莫车为太子，而颛渠阏氏顾虑且莫车年少难服众，固辞让而要求立长子雕陶莫皋。大阏氏也因担忧“舍贵立贱”会引起混乱而辞让。最终，呼韩邪单于采纳颛渠阏氏之建议，传位于雕陶莫皋，同时又规定“传国与弟”。自此，匈奴单于位的继承开始有明确的“传国与弟”原则。

然而，若仔细考虑这一事件的前后，会发现这样的问题。呼韩邪单于并不是有意确立“传国与弟”的继承原则，只是因为立爱子且莫车为太子的心愿没能达成，不得已想以“传国与弟”的方式最终实现其立且莫车为单于的心愿。他的初衷也许只是调整颛渠阏氏和大阏氏所生儿子对单于位的继承顺序。但在以后的实际继承中，由于相继的几任单于都能谨遵呼韩邪单于“传国与弟”的遗训，因此继承者已不再限于颛渠阏氏与大阏氏的六个儿子了。

雕陶莫皋、且麋胥、且莫车、囊知牙斯都按约定顺利继承了单于位。在咸继位时，却出现了一些曲折。乌珠留单于囊知牙斯继立时，以乐为左贤王，以第五阏氏子舆为右贤王。而乐早死，自然无法继位。咸因被王莽招诱立为单于而被乌珠留单于更为贱官於粟置支侯，因此也失去了继承的资格。于是，乌珠留单于“授其长子以为护于（因为之前左贤王数死，以为其号不祥，更易左贤王曰‘护于’），欲传以国”①，以弟屠耆阏氏之子卢浑为右贤王，并未考虑呼韩邪单于的其他儿子。可见，在乌珠留单于看来，既然颛渠阏氏与大阏氏的儿子都已相继继位，那么“传国与弟”的规定就不必再严格执行下去了，但在其他人眼里未必如此。就在乌珠留单于死后不久，王昭君之婿匈奴用事大臣右骨都侯须卜当与王昭君之女伊墨居次云策划越舆而立咸为乌累若鞮单于，使单于位的继承转回到“传弟”。咸死后，单于位又顺次传给了弟舆，舆为呼韩邪单于与第五阏氏所生之子，“传国与弟”的原则已推及呼衍王二女之子以外的单于子身上了。后来，日逐王比曾指出以兄弟而论，右谷蠡王伊屠知牙师（王昭君与呼韩邪单于所生之子）当立。由此可知，“传国与弟”的原则及适用范围的扩大是得到认可的。

舆当政后一改“传国与弟”的祖训，想要传位于子，于是杀害其弟伊屠知牙师，从而出现了后来舆的儿子乌达鞮侯和蒲奴的先后继位。这也为日后日逐王比与单于分庭抗礼和匈奴政权的分裂埋下了隐患。

---

① （东汉）班固：《汉书》卷九四下《匈奴传下》，中华书局 1962 年版，第 3827 页。

综前所述不难看出，在匈奴单于位继承之“父死子继”原则中，以长子继承为主，但未成年男子包括未成年长子不得继承单于位。当单于子因年少无法继位时，单于位的继承者可在单于的兄弟辈中产生，若仍无合适人选，则可在单于的近亲或宗族中推举。与此同时，“子以母贵”的法则仍并行存在，有时甚至会成为确立继承者很重要的标准。呼韩邪单于之大阏氏不同意立其子便是出于这种考虑。此外，兄终弟及制在呼韩邪单于之后才成为主要的继承方式，并奉行至东汉初年。

在这一时期，母阏氏扰政、王侯跋扈、内部矛盾激化等原因造成的篡权争位现象虽是个别情况，却也暴露出匈奴单于位继承制的一些弊端。单于位的继承制并不是一个严格、规范的制度，缺乏强制性和权威性，因此在不同历史时期会因政治形势的需要而变化。

三、匈奴政权的职能

匈奴统治者建立起奴隶制政权，要承担起统治管理人民的职责，要充分发挥政权的职能。尽管匈奴的政权机构不是很完善，法律制度也不健全，但匈奴已建有军队，制定了简单的法律规定和惩治犯罪行为的手段，并设有牢狱，能够行使基本的对内和对外职能。

匈奴政权的对内职能首先是组建军队，进行对外掠夺活动并应对入侵。匈奴游牧政权具有军政合一、军民一体的性质。牧民们平时放牧生产，战时出征作战。适龄男子皆入军参战。自单于至各级官员皆领有军队，组织和指挥士兵掠夺外族的物品。在遭遇入侵和发动对外征服战争时，各军事首领则率军听从单于的调遣，跟随单于出战。冒顿单于曾亲驰战马，指挥战斗，号令精兵三十余万。

匈奴军队以骑兵为主，虽无固定的军事编制和组织形式，出战时却要由各级首领统一部署和调派，既负责掠取他族财物，以补充匈奴人生活和生产所需，又要抵御他族侵扰，以保护匈奴人的生命和财产安全（关于匈奴的军事，将在后文中进一步阐述）。

第二，制定基本的法律法规，以维护匈奴的统治秩序。

匈奴的法律法规没有秦汉王朝那样纷繁复杂。汉文帝和亲媵臣中行说曾说匈奴“约束轻，易行也。君臣简易，一国之政犹一身也”①。匈奴社会的文明程度决定了其所制定的法律法规相当简约。《史记·匈奴列传》：“其法，拔刃尺者死，坐盗者没入其家；有罪小者轧，大者死。狱久者不过十日，一国之囚不过数人。”对于“轧”的具体意义，说法很多。《史记索隐》：“服虔云：‘刀割面也。’邓展云：‘历也。’如淳云：‘挝，挟也。’三苍云：‘轧，辗也。’《说文》云：‘辗，轹也。’”《史记正义》：“颜师古云：‘轧者谓辗轹其骨节，若今之厌踝者也。’”可见，匈奴对违法者的惩治是很重的，而且匈奴已设有监狱。此外，由于匈奴的军事组织、政治组织和社会组织紧密结合，一些军法往往也成为人们在日常生活中要遵守的法律准则。如匈奴规定，在作战中，斩敌首虏而赐酒，所获得财物归己所有，俘虏亦归己为奴婢。若将战场中战死的兵士运回，则尽得死者家财。故每个士兵在战争中都能积极勇敢表现，尽量多地掠取战利品、俘获人口。因此，战争中的所得一定程度上补充了匈奴人生活中的不足，军事与生活密切相关，军法、军纪也与普通匈奴人有关。

尽管匈奴有简约的法律法规，但没有专门制定法律法规的机构和固定的专业执法者，更不具有文字性的法律条文和备案记录。贵族呼衍氏、兰氏、须卜氏在辅佐单于处理政务的同时，主断狱讼，

---

① （西汉）司马迁：《史记》卷一一〇《匈奴列传》，中华书局1959年版，第2900页。

裁决案件的轻重，然后口头向单于报告，并不做文书和记录等。一般的执法者大都是各级官吏，其他不再有细致的设置和分工。

匈奴的法律还未制度化，具有习惯法的性质，仍以历史上形成的有一定约束力的道德规范为主，但是匈奴的法律已具有阶级性，是建立在阶级基础上的法律。它反映了统治阶级的意志，是为了维护匈奴奴隶主贵族的利益、保护奴隶主贵族的财产而制定的。因为没有文字，这种法律还只局限于是一种不成文的行为准则及用来惩治违法者的依据和标准，不具备高度的法律效力；在实际实施中，也不能被严格遵守，往往会根据情况而具体裁断，机动性较大。比如，规定“有罪小者轧，大者死”。其中的“有罪”“大者”“小者”便缺乏统一精确的判断标准，所以无法对违法者进行确切的判决。

第三，对人民进行管理，向人民征税。

随着所征服地区的扩大、私人财富的激增，匈奴社会的贫富差距加大，阶级差别和不平等问题日益突出。匈奴统治阶级在利用牧民和奴隶进行生产劳动的同时，还对统治下的人民征收赋税。《史记·匈奴列传》载，每年正月，匈奴诸首长要小会单于庭，举行祠拜；五月，大会茏城，进行祭祀；秋季，马畜肥壮的时候，单于召集各地的首长和王将大会蹛林，稽查和统计匈奴各部这一年中的人口增减和牲畜繁殖情况，并征收一定数量的财物作为各部人民缴纳的赋税。人民还要不定期向贵族统治者提供享用的奢侈品。这些都加重了人民的负担。随着匈奴的赋税征收逐渐成为定制，其统算方法也越来越精密。投降匈奴的汉人中行说曾“教单于左右疏记”，以便更精细地核查人众和畜物的数量，从而扩大税源、增加税收。

据《汉书·匈奴传》载，匈奴曾向乌桓征收“皮布税”。而其他的赋税名目则记载不详。关于征税机构，匈奴曾在西域设僮仆都尉“赋税诸国”，各级首长则负责征收匈奴本族人民的赋税。

第四，统治奴隶，镇压奴隶反抗。

匈奴的奴隶大部分为家内奴隶，为各匈奴家庭所有。他们从事饲养、放牧牲畜以及接羔、剪毛、挤奶等生产劳动。有些奴隶也被驱使从事金属冶炼、制造工具、烧制陶器、建楼筑城等危险性较高、工作量大的劳动。匈奴的奴隶受到各级奴隶主的残酷剥削和压榨，不仅被当作“会说话的工具”使用，成为牧奴、耕奴、工奴和商奴，而且还受到任意的践踏和非人的对待，或被收为姬妾，或被当作祭品，有些奴隶甚至要为匈奴贵族陪葬（陪葬者多时竟达数十百人）。因此，奴隶的反抗斗争时有发生。被征服的西嗕部落在匈奴饥荒时，趁机驱畜产逃离，在瓯脱地与匈奴交战，死伤甚众而南降汉。东汉建武年间，有数万落“赀虏”利用匈奴内乱、南北二部分裂之机，逃至今甘肃河西走廊一带，继续过随水草迁徙的游牧生活。因此，加强对奴隶的统治、镇压奴隶的反抗是匈奴奴隶制政权很重要的一个职能。

匈奴政权的对外职能主要是征服邻边弱小民族、掠夺财物以及对被征服地区实行统治和压迫。

对邻边民族的征服主要发生在冒顿时期。当时匈奴如日中天，风头正盛。冒顿单于出动大批兵力东征西讨，四处扩张。匈奴地域一度东达辽河，西至葱岭，北接贝加尔湖，南抵长城。在征服过程中，匈奴大肆掠夺各族的物产和人口，迅速积累了大量财富。之后，匈奴又不断骚扰汉朝北方边境地区，杀戮人民，掳掠人口和畜产。即使在和亲期间，匈奴仍不时出兵侵扰汉朝边地，进行抄掠，对边境地区造成了极大危害。

但是因为匈奴政权还没有足够的能力将被征服的其他民族完全纳入直接统治之下，所以匈奴便将部分被征服地区的人民强迫迁移至匈奴地区，以便统治管理。据文献所载，匈奴将所得西嗕部落数千人口连同其君长一起强制迁移至匈奴左地驻牧；原居于天山疏榆谷的蒲类国的国王因得罪单于，其六千余人口被强行迁移到匈奴右部的阿恶地，阿恶地因而被称为“阿恶国”①。更多的情况是，匈奴派使者或官吏进驻被征服地区行使统治权，征收赋税，索取财物。乌桓臣服匈奴后，每年都要向匈奴输送牛马羊皮等。直到王莽时期，匈奴仍按旧例派使者前往乌桓勒收贡税。在西域，匈奴统治者不仅向隶属各族勒索马畜、旃罽，还派日逐王进驻西域、统领西域，直到公元60年，日逐王先贤掸附汉为止。王莽当政时，西域再次隶属于匈奴。匈奴统治者仍旧征税繁剧，搜刮苛刻。甚至在东汉时期，匈奴一旦夺得对西域地区的统治权，便加强对各族的统治力度，征缴高额租税。

匈奴对邻边民族的征服和统治是以武力为手段、建立在强大军事力量基础上的。因此，当匈奴的实力有所削减时，这种强硬霸道的统治关系便无力继续维系。

综上所述，匈奴政权是一个尚不发达的奴隶制性质的政权，其各种专业部门的设置、社会体系的构建、政策条令的制定和实施等都还不成熟，而这与匈奴分散、流动的游牧经济特性是相适应的。

第二节　东汉时期匈奴的政治状况

一、北匈奴的政治状况

东汉光武帝建武年间，匈奴政权经历了一场巨大的变革。建武二十二年（46），匈奴因为连年的虫蝗、旱灾，草木皆枯，饥荒连

① 参阅（南朝宋）范晔《后汉书》卷八八《西域传》，中华书局1965年版。

连，疫病横行，人畜死耗大半。乌桓于是趁其弱而大发兵击破之，匈奴大部因此北退数千里。匈奴人退居生存环境恶劣的漠北地区，其游牧地缩小，加上牲畜的繁殖力大大下降，人民生活艰难。经济的衰退直接动摇了上层的统治基础，影响到了社会的安定和发展。遭此天灾和外部沉重打击，匈奴统治集团不仅没有集中力量想方设法补救损失、扭转惨局，反而很快陷入权力争斗的泥潭中。上层统治者之间的关系骤然紧张起来。先是单于舆杀害顺次继位的右谷蠡王伊屠知牙师，想改变传位与弟的约定而传位与子。这招致日逐王比的强烈抗议，双方陷入僵局。单于舆依旧我行我素，将单于位传给子乌达鞮侯。不久，乌达鞮侯死，其弟蒲奴继位。比作为呼韩邪单于之后一直不得继立，遂终与单于决裂，南下归汉。

日逐王比自立为单于南下投奔东汉王朝之后，匈奴分为南北对峙的两部分。北匈奴一方面与南匈奴对抗，与东汉王朝不断周旋，另一方面在西域与东汉展开了长期的争夺战。北匈奴同时还不时受到其他民族的反抗和攻击。当外部矛盾上升为主要矛盾、外部压力足以给社会造成致命性打击时，其对内职能势必会受到削弱，尤其表现为政治统治力的下滑和社会弊端的暴露。北匈奴正是如此。东汉时期，匈奴民族已进入发展的衰落期。虽然在东汉初期，匈奴较汉王朝略强，但从周遭的环境和民族发展规律来看，形势对匈奴民族的发展相当不利。不仅南边有中原汉朝的存在，邻边的其他民族也虎视眈眈，伺机对匈奴发起反抗。整个匈奴民族已日渐步入垂年暮老阶段，各方面都在走下坡路。南北两匈奴政权的对立存在是匈奴民族行将衰亡的明显讯号。此时，北匈奴退入漠北，发展空间变小，生存环境恶化，人民的向心力和内聚力愈加松散，整个社会政治呈现出无序无制的状态。

首先表现为单于位的继承秩序混乱。单于舆破坏了兄终弟及的继承约定。到蒲奴单于当政时，匈奴彻底南北分裂，蒲奴被称为北单于。之后，关于北单于的世系和继承情况，史书中再未有详尽的记载。我们只可从零星的史料中推知一二。据《后汉书·南匈奴列传》记载，章帝章和元年（87），鲜卑入左地出击北匈奴，大破之，斩杀优留单于，取其皮而还。这是继蒲奴单于之后、史书中出现的第二个北匈奴单于。蒲奴单于到优留单于之间有将近四十年的时间，与此同时代的南匈奴已经历任七位单于。以之前匈奴历届单于在位的时间推算，蒲奴单于在位长达近四十年，似乎不太合乎常规。因此，在蒲奴单于之后、优留单于之前可能还有其他单于在任，但到底是谁、具体有几位、是按何种原则继承的等问题就不得而知了。《后汉书·南匈奴列传》又载，“去岁（87）三月中发虏庭，北单于创刈南兵，又畏丁令、鲜卑，遁逃远去，依安侯河西。今年正月，骨都侯等复共立单于异母兄右贤王为单于，其人以兄弟争立，并各离散”。由此可知，优留单于之后又有两位单于前后相继，为异母兄弟关系，且为争夺单于位而挑起纷争。史料中未有关于两单于具体名号的记载，只是皆称为北单于。几年后，北单于大败西逃，其弟右谷蠡王於除鞬自立为单于，但很快因叛离被汉军追讨歼灭。随后，鲜卑徙居匈奴故地。北匈奴政权实际上已退出大漠南北的舞台了。

此后，南单于屯屠何之子薁鞬日逐王逢侯领二十余万降汉的北匈奴人出塞返回漠北地区，立为北单于。他们在漠北的活动一直持续到公元118年（北单于逢侯因受到多方重创被迫将百余骑回朔方，重新归附汉朝）。这些部众只是北匈奴中的部分投降汉朝者，逢侯也与之前的北单于没有前后相继的关系。再后来也偶有北匈奴人和北单于出现，但没有大规模的集中性活动。他们可能是公元91年北单于率部西迁后，散落在各地未被并入鲜卑的部分北匈奴人。

其单于的具体情况更是无从考究。

总之，从目前可知的史料记载来看，我们已很难以西汉时期匈奴单于位继承中的父死子继或兄终弟及原则来衡量或比照北单于位的继承了。在经济衰退、势力减弱、社会危机四伏的情形下，北匈奴统治集团的上层最先受到影响。而政治局势和统治者的领导与决策也影响着经济的发展、社会的安定。因而，北匈奴政权的败亡除与外部打压严重、生产遭到破坏和社会经济萎靡有关，其本身的政治混乱和统治不力也是很重要的原因。

其次，北匈奴政治统治的弊端暴露无遗，部众纷纷南下附汉。

匈奴各王将分居各地，领有部众，各自为政，相对独立性很强。虽然单于的地位最高、权力最大，统一领导各部，但权力不高度集中，缺乏令行禁止的高度权威性。各王将的自主性仍很大，随时会以各种原因拒绝出席庭会，甚至会脱离单于的控制。在北匈奴四面楚歌、备受打击之时，其内部深藏日久的离心力充分显露出来。东汉明帝年间直至章帝章和二年（88），不断有北匈奴的各王将率领部众入塞降附。这对于北匈奴政权而言无异于釜底抽薪，也最终促成了北匈奴的全线崩溃。

二、南匈奴的政治状况

内附后，南匈奴在保有原基本政治组织的前提下，其政权机构、政权的存在形式和社会性质都有所变化。

（一）政权机构和单于位继承制的变化

在政权机构方面，南匈奴基本保持了原来的职官名称和职位分配。《后汉书·南匈奴列传》记载：

匈奴俗，岁有三龙祠，常以正月、五月、九月戊日祭天

> 神。南单于既内附，兼祠汉帝，因会诸部，议国事，走马及骆驼为乐。其大臣贵者左贤王，次左谷蠡王，次右贤王，次右谷蠡王，谓之四角；次左右日逐王，次左右温禺鞮王，次左右渐将王，是为六角：皆单于子弟，次第当为单于者也。异姓大臣左右骨都侯，次左右尸逐骨都侯，其余日逐、且渠、当户诸官号，各以权力优劣、部众多少为高下次第焉。单于姓虚连题。异姓有呼衍氏、须卜氏、丘林氏、兰氏四姓，为国中名族，常与单于婚姻。呼衍氏为左，兰氏、须卜氏为右，主断狱听讼，当决轻重，口白单于，无文书簿领焉。

从这段记述可以看出：(1) 南匈奴仍依例在正月、五月及秋九月集会，祭拜先祖和天地之神，只是在内附之后，另加了祠汉帝的内容。这充分体现了南匈奴臣服于汉的特点。(2) 南匈奴为了确保统治的稳定性，基本沿袭了西汉时期匈奴原有的上层权力机构，维护了单于家族和异姓贵族的传统地位。由于史书记载的问题，南匈奴单于与西汉时匈奴单于的姓氏有所不同。单于姓在《史记》和《汉书》的“匈奴传记”中被称为“挛鞮氏”，在《后汉书》中则被称为“虚连题”，实乃同音异译，并非单于易族或易姓。异姓贵族中地位显著者有呼衍氏、须卜氏、丘林氏、兰氏，其中除丘林氏，其他三大贵族皆为西汉时匈奴旧有。他们常与单于家族结成婚姻关系。通过这种政治婚姻，双方都可以保持和巩固各自的地位与权力。(3) 重大狱案的裁决也由异姓贵族呼衍氏等主管，然后汇报给单于。

然而，政治形势的变动还是影响到了南匈奴的统治机构。其中，与西汉时期匈奴政权机构最为不同的就是南匈奴的政权机构中出现了“四角”和“六角”。在政府的官职中，左右贤王、左右谷蠡王仍最大，为“四角”，可以优先取得单于位的继承权。以下的左右日逐王、左右温禺鞮王、左右渐将王为“六角”。“四角”和“六角”都是单于的儿子，有继承单于位的权利。而与西汉时期不同的是，虽然东汉政府不直接干涉南匈奴的内部事务，但继任的单于需经由汉朝政府拜授玺绶，以得到汉王朝的承认。一些王将和骨都侯也会由汉朝封授和颁授印信，予以认可。这为以后汉朝官员肆意插手南单于位的继承事宜种下了恶因。

在南匈奴单于位的实际继承过程中，继承制度发生了很大变化。单于比传位于弟莫，莫又传于弟汗。汗并未将单于位传给其他的兄弟，而是传给了前单于比的儿子适。适也没有传位给自己的兄弟，而是传给了前单于莫的儿子苏。苏继位几个月后死去，前单于适之弟长继立。长死后又传位给前单于汗之子宣。宣传位给长之弟屯屠何，屯屠何又传位给宣之弟安国。安国被杀后，前单于适之子师子继位。师子将单于位传给前单于长之子檀，檀又传位给弟拔。单于拔死后，其弟休利继位。休利当政期间，因为所辖左部叛乱而被汉中郎将问难，单于休利及其弟左贤王被迫自杀。南庭一度虚位。之后，南匈奴部众屡有叛乱。此时，东汉王朝也正处于风雨飘摇之际，濒临灭亡。南匈奴单于位的正常继承秩序由此被打破，直到呼厨泉被曹操扣留于邺，南匈奴政权已名存实亡。从南单于位的实际继承情况可以看出，南匈奴实行的既不是父死子继制，也不是兄终弟及制，而是传子与传弟的交叉继承制。这与匈奴传统的继承风俗有很大不同，是一种传子与传弟相结合的混合继承制。

（二）政权存在形式的变化

关于南匈奴政权附汉入居内地之后的存在形式，史学界一直有不同的看法。马长寿先生在《北狄与匈奴》一书中提出：“自从匈奴分裂为南北两部，南匈奴降汉，节节南迁，入居中国内地，那时的匈奴就成为中国境内少数部族之一而活动了。”① 这一观点为翁独健、黄烈、赵云田等多数学者所接受。田继周先生也明确指出：匈奴分裂后，“北匈奴仍为独立之国，与汉经常发生矛盾和武装冲突，但因其弱也经常向汉表示和好，甚至臣服”。而南匈奴自建武二十四年（48）归汉之后，便居于汉北边诸郡，成为汉朝统治下的少数民族了②。

那么，南匈奴究竟是以何种政治形式存在的呢？首先，我们应该肯定，南匈奴向汉降附臣服，确立了双方的君臣关系。但南匈奴并不是因为战败被俘而俯首称臣，而是为了求得安定和支持主动自愿依附于东汉王朝的。因此，这种君臣关系并不是绝对的统治与被统治、施令与服从的关系。与西汉呼韩邪单于时期匈奴附汉不同，日逐王比率领的部众不仅归附于东汉，而且越过长城边界，移居塞内。较之呼韩邪时期的汉匈关系，南匈奴与东汉的关系更直接、更密切。尽管如此，南匈奴却没有完全成为东汉辖境内的少数部族之一，仍然是以民族政权的形式存在的。内附之初，南匈奴虽身处东汉境内，但仍保持着本民族特色的统治结构、社会组织和生活风俗。南单于拥有对部众的最高领导权，有统治和管理人民的权力。匈奴人自行处理内部各事务，东汉政府不得干涉。因此，南匈奴是一个在东汉境内具有相对自主性和自治权力的少数民族政权。

南匈奴既已臣服于汉，那就需要向汉尽到一定的义务。南匈奴每岁要遣换侍子，入朝纳贡，并向汉政府汇报一年的情况，遇有出征等大事还要上书请奏。同样，东汉政府也对南匈奴给以厚遇，不

---

① 马长寿:《北狄与匈奴》，生活·读书·新知三联书店 1962 年版，第 81 页。

② 田继周:《秦汉民族史》，四川民族出版社 1996 年版，第 124～132 页。

仅在物质上赏赐财物，发放救济物资，而且派使匈奴中郎将领兵随入南单于居地，护卫单于，同时也对南匈奴实行监督。南匈奴与东汉显然已不完全平等，但两者的交往仍属于两政权之间的交往。进驻南单于居处的东汉政府官员无权直接管理南匈奴政务和人民。东汉王朝在接受南匈奴内附之时，曾就匈奴的民族特点，“诏有司开北鄙，择肥美之地，量水草以处之”①。南匈奴民众主要集中在缘边八郡地区，继续以游牧为主要生业。因而，内附后的南匈奴人在相对固定、集中的活动区域内过着比较独立的生活，有自主统治、管理和调配的权力，是东汉境内特殊的少数民族政权。

南匈奴政权的相对自主性和独立性随着北匈奴的西迁发生了很大变化。北匈奴远离匈奴故地，南北匈奴对峙局面结束。东汉政府利用南匈奴牵制北匈奴的策略随之宣告终止。而南匈奴自身内部的矛盾也日益凸显出来。经过四十多年的发展变迁，东汉政府已越来越难以严格遵守南匈奴内附之初双方交往的原则，一些汉朝官员屡屡介入南匈奴内政，从而加重了南匈奴内部的纷争，甚至直接导致叛汉事件不断发生。其中，东汉政府官员对南匈奴单于位继承事务的干预是最突出的表现。师子、兜楼储、羌渠就是在东汉的扶持下继任单于位的。伊陵尸逐就单于居车儿还曾被北中郎将张奂以“不能统理国事”之名拘留。另外，度辽将军朱徽和中郎将杜崇以及陈龟、张修等人曾因致南单于死亡而受到东汉政府的严惩，也给南匈奴造成了严重后果。可见，到东汉后期，中郎将的职权范围有所扩大，不再仅仅局限于对南匈奴进行监控，还可以对南单于冠以罪名加以处置。正是由于汉朝官员的干扰，南单于已很难自主有效地进

① （南朝宋）范晔：《后汉书》卷八九《南匈奴列传》，中华书局1965年版，第2966页。

行统治。尤其是呼厨泉单于被曹操扣留于邺，南单于因此被架空，完全脱离了匈奴部众，更没有了事实上可控制的地域，也就无统治权可言。建安年间，曹操又实行了一系列的分化政策，匈奴民众或被征调或被迁移，分散各处。南匈奴出现了“单于恭顺，名王稽颡，部曲服事供职，同于编户”① 的局面。南匈奴政权已经不存在了，其独立性完全丧失，南匈奴人也逐渐融入汉人之中。

（三）社会性质的变化

匈奴南边各部长期居于漠南汉匈边境地区，与汉族接触日久，在经济、政治等方面已深受中原王朝的影响。日逐王比率部投汉，部众移居塞内，与汉朝直接发生关系，与汉族人民接触的机会也增多。南匈奴获得奴隶的主要途径大都被切断，奴隶的数量大大减少。许多普通匈奴人民的自身生活都很困难，需要汉政府输粮接济。

在长期的生活和交往中，南匈奴人的活动范围逐渐扩大，不再局限于缘边八郡地区，还向四下扩散。有的南匈奴人在各处落脚，学着过起农耕生活来。同时，中原王朝也不希望南匈奴发展壮大继而给中原造成隐患，所以积极采取措施对南匈奴加以管理和引导。在东汉末曹魏初，这种倾向尤为明显。公元216年，南单于呼厨泉入朝于魏，魏王曹操将其留于都城邺，使右贤王去卑回平阳监其庭，放任南匈奴各部南迁。为加强封建统治、遏制内地匈奴势力的发展，曹操又分南匈奴部众为五部，立其贵者为帅，设汉司马进行监督。魏末又改帅为都督。因此，匈奴统治者对部众的统治由直接变为间接，大权旁落于曹魏政权。这加快了南匈奴向中原王朝靠拢

① （西晋）陈寿：《三国志·魏书》卷一五《梁习传》，中华书局1959年版，第469页。

的步伐。匈奴部落组织渐趋走向解体，以血缘关系为基础的部落组织和地域的藩篱被打破，匈奴的地缘关系随之建立起来。散居各地的匈奴民众与汉族人民交错杂居，接受所居郡县的管理，“分统郡县，列于编户”①。他们也同当地的汉人一样，从事农业耕作，以土地为生，过起定居生活。开始在没有土地的情况下，他们只能向汉族官吏或地主租佃土地，成为佃户或田客，有的还沦为奴婢。匈奴人不断被同化，朝着封建化的方向发展。

随着奴隶的日趋减少、农业比重的加大、汉化程度的加深，南匈奴奴隶制的社会体制逐渐向中原封建体制靠拢。居于内地的匈奴人脱离游牧狩猎的大环境，经过与汉族人民的磨合与交融，越来越受到汉族的影响。他们的生产、生活方式和思想理念都在发生变化，汉化倾向严重。这体现在政治层面上，就是匈奴封建化的加强。正因为如此，迁入内地的匈奴人最终融入中原的社会环境中。

① （唐）令狐德棻等:《周书》卷四九《异域上·稽胡传》，中华书局1971年版，第897页。

第六章
匈奴经济的发展演变

第一节　匈奴的经济生产和生活

一、匈奴的经济

（一）畜牧业

匈奴族在中国北部边疆的广袤草原上长期过着逐水草而居、四处迁徙流动的游牧生活。“畜食草饮水，随时转移”①，“随美草甘水而驱牧”②。畜牧业在匈奴整个社会经济中占主导地位。牲畜是他们的生产资料，也是他们重要的生活资料和主要财富。畜群以马、牛、羊居多，还有骆驼、驴、骡、駃騠、騊駼、驒奚等许多奇畜。匈奴人民的生产和生活都是围绕牲畜进行的。牧民们以放牧、饲养牲畜为生业，进行挤奶、剪羊毛、接羔保育等生产劳动。自君王以下至一般平民都吃畜肉、喝乳汁，过着

① （西汉）司马迁：《史记》卷一一〇《匈奴列传》，中华书局 1959 年版，第 2900 页。

② （西汉）桓宽：《盐铁论》卷七《备胡》，上海人民出版社 1974 年版，第 84 页。

典型的“食肉饮酪”的草原生活。他们的许多生活日用品也是由牲畜提供的，如一些皮毛装饰品和骨制品等。另外，匈奴人还经常用马牛羊等牲畜作为随葬品。1972 年，人们在内蒙古自治区伊克昭盟杭锦旗桃红巴拉的匈奴墓葬中发现了马牛羊的头和蹄，数量不等，最多的达四十九具。① 牲畜在日常生活中的广泛使用正说明其繁殖力很强、数量很大。

在私有制形成以后，牲畜归个体家庭所有，提高了人们的生产积极性和主动性，亦使畜群的产量随之上升。匈奴贵族还通过剥削和掠夺等手段，使得私人财富迅速增加。匈奴贵族拥有的畜群数量也有所增多。史载，匈奴的丁零王卫律“马畜弥山”。而且，在汉匈战争中，汉王朝常掳获匈奴的马牛羊等牲畜，少者数十万头，多者百余万头，这多是就一次战役、一个地区而言。如，公元前 127 年，汉军击退匈奴，占领河南地，获牛羊百余万头。公元前 71 年，校尉常惠与乌孙联合出兵击匈奴，掳获马、牛、羊、驴、骡、橐驼七十余万头。公元 89 年，东汉政府派大军出征北匈奴，获其马牛羊及橐驼百余万头。匈奴在战役中损失的牲畜之多也可反映出匈奴畜牧业之发达、畜群产量之高。

但游牧经济有其自身难以克服的弊端，流动性和分散性很强，且极不稳定。塞北广阔的草原为畜群的放养提供了天然的良好牧场和足够的空间。匈奴人根据畜群的生长需要，不断寻求丰美的水草，到处迁移，居无定所。他们的生存状况和经济生产受气候变化和地理环境的影响特别大。当时匈奴抵御自然灾害的能力和改造自然的能力都特别弱。雨雪严寒、干旱虫害等往往会导致牲畜大量死亡，进而造成饥荒疫病流行、生产下降，致使人民生活艰难。而环

① 田广金:《桃红巴拉的匈奴墓》，载《考古学报》1976 年第 1 期。

境和气候的恶化又会诱发社会的不安定因素，加剧社会危机，造成混乱和纷争。

（二）狩猎业

匈奴人儿时能骑羊，且儿时就开始引弓射鸟鼠，稍微长大一些便捕射狐、兔。平时，人们一边放牧畜群，一边射猎禽兽，“畜牧为业，弧弓射猎”①。狩猎业是匈奴人经济生活中的重要内容和畜牧业的有力辅助。茂密的北方草原不仅是天然草场，也是其他兽类和鸟禽的良好居所。匈奴人“辟居北垂寒露之野，逐草随畜，射猎为生”②，游牧的同时射杀禽兽以补充生活所需。狩猎成为他们的一项重要谋生技能。猎物是他们的主要食物之一。

匈奴的狩猎生业从考古材料中也可得到印证。发现于阴山西段的狼山岩画生动再现了匈奴人操弓射兽和骑射围猎的场面，体现了匈奴人的勇敢与机智以及挑战大自然、不惧猛禽恶兽的魄力。在蒙古国境内发掘出的属于公元前7世纪—公元前1世纪的匈奴古墓的出土物中，有马、牛、羊的骨骼和鹿、野驴、骆驼、鸟类的骨骼。有的墓中还有动物形的铜饰牌和兽纹铜镜。③ 1962年，在准格尔旗速机沟发现了一批属于汉代的鄂尔多斯式匈奴铜器，有鹿、鹤、羊、狻猊、马、狼等鸟兽动物的形饰。④ 1979年，在内蒙古准格尔旗西沟畔发现的匈奴墓葬中，又发掘出有卧鹿纹、卧马纹、双马

---

① （东汉）班固：《汉书》卷五二《韩安国传》，中华书局1962年版，第2401页。

② （东汉）班固：《汉书》卷九四下《匈奴传下》，中华书局1962年版，第3834页。

③ 策·道尔吉苏荣：《北匈奴的坟墓》，见《科学院学术研究成就》第1期，乌兰巴托科学委员会1956年出版。

④ 盖山林：《内蒙古自治区准格尔旗速机沟出土一批铜器》，载《文物》1965年第2期。

纹、双兽纹、卧状怪兽纹、双兽咬斗纹、三兽咬斗纹等各种动物纹的金银饰片。[①] 各异的动物纹饰牌和动物形饰件在其他地区的匈奴遗址和遗物中也屡有发现。这些造型生动逼真的动物题材的物件富有浓厚的游牧民族的特色和草原气息，形象地反映了匈奴人民游牧狩猎的场景，是匈奴人民长期生活实践的积累和结晶。

匈奴牧民一边放牧一边狩猎，多为获取兽肉和毛皮，以补贴生活所用。匈奴奴隶主贵族则常把出外游猎与出征相结合，以近边塞打猎之机行入边为寇之事。

（三）农业

《史记·匈奴列传》云匈奴“毋城郭常处耕田之业”。《淮南子·原道训》云：“雁门之北狄不谷食。”《盐铁论·备胡》载匈奴“外无田畴之积”。汉晁错认为“胡人衣食之业不著于地”[②]。陈龟也曾指出，匈奴所居西北边陲“鞍马为居，射猎为业，男寡耕稼之利，女乏机杼之饶”[③]。从此类记载来看，匈奴似乎没有农业。但随着匈奴遗迹和遗物等考古成果的不断丰富，人们发现农业虽然不是匈奴的主要产业，却是存在的。根据《北匈奴的坟墓》，在方墓（在蒙古国境内发掘出的属于公元前 3 世纪以前的匈奴方形古墓）散布的地区，经常发现属于公元前 7—公元前 3 世纪的石臼，在蒙古国、苏联南部西伯利亚以及我国北部都有相同的石臼出土，这些出土物的年代也是相互一致的。人们在诺颜山第二十三号匈奴古墓

① 伊克昭盟文物工作站、内蒙古文物工作队：《西沟畔匈奴墓》，载《文物》1980 年第 7 期。

② （东汉）班固：《汉书》卷四九《晁错传》，中华书局 1962 年版，第 2285 页。

③ （南朝宋）范晔：《后汉书》卷五一《陈龟传》，中华书局 1965 年版，第 1692 页。

中发现了很多黑色农作物种籽①，在其他很多匈奴墓中也都发现了残存的农作物种籽、农具和盛装谷物的大型陶器。这说明早在公元前3世纪以前，匈奴便已经有农业了。考古学家曾在苏联布利亚特加盟自治共和国首府乌兰乌德附近，发掘出公元前1世纪的匈奴人使用的铁器和铸造铁器的模型以及炼铁炉等，还有铁镰和铁铧数件。② 1956年，发现于辽宁省西丰西岔沟的属于西汉时期的匈奴古墓群出土了磨石盘、杵形研磨器以及若干砥石等石制生产工具，还出土了一些铁镢、铁斧、铁锛等金属工具。另外出土的两件长方薄板状铁锄显然是用于生产和其他日常活动的。③ 一部分铁制工具上还刻有汉字。由此推知，匈奴不仅有原始农业，而且其农业后来还受到汉族先进农业文化的影响和推动。在与中原汉人的长期交往中，匈奴人逐渐学会和掌握了翻地、播种、收割、舂米和储藏等关于种植以及生产加工的农业基本知识和操作技能。此外，有不少汉人在匈奴从事农业生产劳动。匈奴的一部分农产品和生产工具也很可能是匈奴人民通过和亲、关市交易和掠夺等方式从中原地区得到的。此外，由多处匈奴古墓出土的铁制农具可以推知铁器已比较广泛地应用于匈奴的农业生产中了。铁器的普遍使用提高了匈奴的社会生产力，推动了匈奴社会的发展，改变了匈奴人民的生活。

文献资料中也有一些关于匈奴人种植和屯藏农作物的记载。《汉书·西域传》颜师古注曾提到匈奴人“种田”。昭帝时，匈奴

---

① 林幹：《匈奴社会制度初探》，见《匈奴史论文选集（1919—1979）》，中华书局1983年版，第278~321页。

② 林幹：《匈奴通史》，人民出版社1986年版，第129页。

③ 孙守道：《“匈奴西岔沟文化”古墓群的发现》，载《文物》1960年第8、9期。

派四千骑兵屯田车师，宣帝即位后，遣五将领出兵车师，在车师种田的匈奴兵被惊走。《汉书·匈奴传》又载，汉朝降将贰师将军李广利在匈奴被丁零王卫律设计陷害之后，匈奴接连雨雪数月，畜产冻死，人民疫病，“谷稼不孰”，单于惊恐。可见，匈奴不仅种植谷物，而且还有一定的播种面积，收成的好坏也受到了人们的重视。随着农业的不断发展，匈奴已有余粮可存。汉武帝元狩四年（前119），汉大将卫青率大军讨伐匈奴，追至窴颜山赵信城，得到匈奴储存的大量粟米，并用来犒赏兵士。汉军留此一日而还，将城内余粟悉数烧毁。降臣卫律曾为匈奴单于谋划，筑城建楼用于储藏谷物，并利用汉人守护。而且，在作战中，匈奴常以酒作为物质奖励，斩杀一个敌人则赏赐一卮酒。因此，匈奴很可能已存有大批余粮，并且已有富余的粮食用来酿酒了。

考古材料和文献资料都证实以畜牧业为主的匈奴民族已有农业活动，只是农业在匈奴整个社会经济中的比重还很小，地位很低。

（四）手工业

匈奴的手工业已有所发展。青铜器曾盛极一时。考古学家在匈奴人活动过的蒙古和我国内蒙古等许多地区发现了众多青铜制品，有铜刀、铜剑、铜斧、铜镞、铜马嚼、铜炉、铜炊具、铜壶、铜锛、铜锥、铜锤、铜凿、铜镜、铜铃、铜环、铜饰牌、铜车马器等，其形制具有明显的草原游牧民族的特点。1956 年，人们在辽宁西岔沟匈奴古墓群中发现了部分汉式兵器，其中有的汉剑已经为适合本族需要而被改制或安装上了具有本族特点的铜柄。① 这充分显示出匈奴人的铸铜和改制能力。从匈奴墓出土的这些铜制器物的

① 孙守道：《“匈奴西岔沟文化”古墓群的发现》，载《文物》1960 年第 8、9 期。

生产规模、制作技艺和应用范围也可以看出，匈奴已具有很高的铸铜技术。

铁器很早就在匈奴出现了。漠北最古的匈奴方形墓出土有公元前7—公元前3世纪的铁斧和铁刀。大约公元前3世纪时，匈奴人已比较普遍使用铁器，铁器逐渐取代铜器而占主要地位。1944—1951年，人们在苏联乌兰乌德附近发掘出公元前1世纪的匈奴人所用的铁器和铸造铁器的模型及炼铁炉等。① 这说明匈奴可以自行冶铁、出产铁器。我国考古工作者在内蒙古各地的匈奴墓中也发现了大量战国至汉代的铁刀、铁剑、铁矛、铁镞、铁斧、铁锄、铁马嚼、铁锥、铁勺、铁鼎、铁鍑、铁环、铁带饰等铁制器物。可见，当时匈奴的铁器不仅应用于军事装备方面，而且应用于社会生产和日常生活领域。从匈奴的冶铁能力、铁器的种类和数量、使用范围和年代的长远等方面推断，匈奴的冶铁业可能已成为一个独立的生产部门。

匈奴的陶器和金银器的制作水平也很高。诺颜山等地的匈奴墓葬出土了大批体积不等、形状和色泽不一的各式各样的陶器，其形制和花纹复杂，质地和款式也很精致，制作方法正由手制提高到轮制，制作技术也达到了一定的水平。② 由此可知，匈奴的陶器制造业早已存在，且水平很高。金银器比较贵重，大多是奢侈品和赏玩之物，一般为匈奴贵族所有。1972年，人们在内蒙古杭锦旗阿鲁柴登发现的属于战国时期的匈奴墓葬中发掘出一大批金银器，非常具有典型意义。出土物中计有金器218件、银器5件。其中金器有

① 纳·业喜扎木苏：《匈奴的起源及其社会制度》，见《科学院学术研究成就》第1期，乌兰巴托科学委员会1956年出版。

② 林幹：《匈奴通史》，人民出版社1986年版，第142页。

鹰形黄金冠、黄金冠带、虎咬牛长方形黄金饰牌、镶宝石黄金饰牌、各种形状（虎形、鸟形、羊形、刺猬形、兽头形）的黄金饰片、金项圈、金耳坠及其他器物，银器有白银所铸的虎头饰件和狼鹿纹银饰牌等。其中最显眼的当属鹰形黄金冠。此金冠应为匈奴君王所有，造型生动优美，做工精巧细致，色泽鲜明亮丽，尽显高贵气势，堪称瑰宝。① 另外，在内蒙古准格尔旗的西沟畔和漠北地区的匈奴墓址中，也发现了不少金项圈、金耳坠、金银耳环、金银饰件等金银器。这些出土的金银制品数量多，种类丰富，造型复杂，设计精巧，体现出较高的工艺水平。

与游牧狩猎的生业相适应，匈奴的制乳业、制毛皮业和弓矢制造业早就存在，并已成规模。畜乳、皮毛、弓弩等是与每个牧民的日常生活息息相关的物品。因此，虽然匈奴中可能有专职从事这些行业的生产者，但这亦是人人可为之的手工业劳动。人们将牲畜的乳汁制成乳浆和干酪食用。牲畜和禽兽的皮毛则主要用来制衣御寒，还可织成毛布，用来做毡席等。《淮南子·原道训》云“匈奴出秽裘”。《后汉书·杜笃传》亦载匈奴中有“罽帐”。“秽裘”和“罽帐”就是毛织品。匈奴人还以皮革制作铠甲，名曰“革笥”。弓矢既是狩猎的重要工具，也是主要的作战武器之一。匈奴为“引弓”之族，匈奴兵则被称为“控弦之士”。弓箭是平常活动和对外战争、掠夺中不可缺少的一种装备。因此，弓箭的使用频率和消耗量特别大。弓弧和箭杆都是木制的，故而需要大量的木材做原料。茂密的森林无疑是木材最佳的供应来源。《汉书·匈奴传》曾载，汉郎中侯应熟习边事，上书言其状曰：“臣闻北边塞至辽东，外有

① 参阅田广金、郭素新《内蒙古阿鲁柴登发现的匈奴遗物》，载《考古》1980年第4期。

阴山，东西千余里，草木茂盛，多禽兽，本冒顿单于依阻其中，治作弓矢，来出为寇，是其苑囿也。”① 同书又载，“匈奴有斗入汉地，直张掖郡，生奇材木，箭竿就羽”。大司马票骑将军王根为显其功绩派使者向单于索求此地。单于以“匈奴西边诸侯作穹庐及车，皆仰此山材木，且先父地，不敢失也”② 为由拒绝。由此可以看出：(1) 阴山一带和河西地区草木繁茂，为匈奴人经常活动的地区，也是匈奴制造弓矢等木制品的重要加工场所。(2) 匈奴辖区内有充足的木材供应，不仅可以大量制作弓矢，还可以制造穹庐和车辆。此外，史书中还提到匈奴已使用木荐（作战时所用的木楯）、马鞍和棺椁之类的木制用具。可见，木材已被加工为多种用品并广泛用于匈奴的军事和日常生活中。

此外，匈奴人还对凿井、筑城、建楼、挖渠等技能有所了解或掌握。不过这些建筑技术大多是从中原传入或由汉人直接传授的，在匈奴多未形成独立的行业部门，也就没有多少专职的劳动人员和劳动场所，即使有从事此类劳动者，也多是流入匈奴的汉人。

（五）商业及其他行业

匈奴的社会经济尚未发展到生产和生活各方面均可以自给自足的程度。因此，他们需要发挥自身畜牧业的优势，用牲畜和毛皮制品等交换他族尤其是汉族的农产品和手工业品，取长补短，以满足生产与生活各方面的需求。汉匈开通的关市则成为匈奴人实现交换目的的重要途径。通过关市贸易，汉匈两族人民各取所需。匈奴人将畜牧和毛皮产品出售给汉族人，或用

---

① （东汉）班固：《汉书》卷九四下《匈奴传下》，中华书局 1962 年版，第 3803 页。

② （东汉）班固：《汉书》卷九四下《匈奴传下》，中华书局 1962 年版，第 3810 页。

来交换汉族的铁器、工具、黄金、服饰以及丝织品等。开通关市增进了双方的交流和了解。在长期的经济贸易过程中，两族人民都在潜移默化地相互影响。所以，边境两地人民都乐于开放关市。从贾谊《新书·匈奴》篇的生动描述中便可以看出汉匈关市贸易的繁荣景象："大每一关，屠沽者、卖饭食者、羹臛膹炙者，每物各一二百人，则胡人著于长城下矣。"可见，关市中行业种类繁多，物品丰富，深受人们喜爱，且不断吸引着匈奴贵族、广大牧民和汉族人民前来交换物品。匈奴人对关市贸易尤为重视。为了能从汉地获得更多的财富，几乎每遇和亲，匈奴统治者都要求同时开放关市。汉文帝时，汉王朝与匈奴通关市，汉王朝嫁汉女并岁赐千金。汉景帝时，汉依旧按照故约，与匈奴和亲、互市。直至汉武帝继位之初，汉仍依约与匈奴和亲、互通关市，"匈奴自单于以下皆亲汉，往来长城下"①。即使在汉武帝年间，汉匈战争发生后，匈奴虽断绝了与汉的和亲关系，频繁入寇汉边，但仍乐意进行关市贸易，喜好汉族地区的产品。匈奴狐鹿姑单于甚至在给汉王朝的书信中说："今欲与汉闿大关，取汉女为妻，岁给遗我蘗酒万石，稷米五千斛，杂缯万匹，它如故约，则边不相盗矣。"② 与汉闿大关（通关贸易）竟成为匈奴威胁汉朝不入边为寇的首要条件。正像贾谊所说："夫关市者，固匈奴所犯滑而深求也。"

匈奴与其他民族也有商业往来。王莽时，匈奴派使者前往乌桓责收税物，匈奴人民欲"贾贩"者皆随同前往。可见，匈奴除了向

---

① （西汉）司马迁：《史记》卷一一〇《匈奴列传》，中华书局1959年版，第2904页。

② （东汉）班固：《汉书》卷九四上《匈奴传上》，中华书局1962年版，第3780页。

乌桓征收赋税，还和乌桓人进行交换贸易。据《后汉书·南匈奴列传》记载，东汉安帝永初四年（110），南单于把抄掠得来的以及从羌族手中买来的汉人男女共万余人归还给汉朝。这是匈奴与羌族之间买卖人口的一个例证，也说明羌族很可能经常将掳掠的汉人转卖给匈奴做奴隶，因而才出现了南单于一次将这么多汉人归还汉朝的情形。匈奴以西的西域地区地理位置十分重要，是当时中亚、南亚、东亚乃至欧洲相互交往的交通要道。许多西域国家的手工业和商业也颇为发达。如，罽宾国，“其民巧……有金银铜锡，以为器。市列。以金银为钱，文为骑马，幕为人面”①。“奉献者皆行贾贱人，欲通货市买。”② 乌弋“其草木、畜产、五谷、果菜、食饮、宫室、市列、钱货、兵器、金珠之属皆与罽宾同”，“其钱独文为人头，幕为骑马”。③ 安息国“临妫水，商贾车船行旁国”④。“自宛以西至安息国……善贾市，争分铢。”⑤ 各国的商人们把本国的手工业品、土特产品及玉石奇物等销往中国或远销到亚洲其他各国乃至欧洲。因此，匈奴在征服和控制西域期间，很可能已与西域各国或通过西域间接与亚洲其他各国乃至欧洲各国进行商品交换，得到他们自己所需的物品，甚至会掠夺行商和马队的货物。漠北诺颜山

① （东汉）班固：《汉书》卷九六上《西域传上》，中华书局1962年版，第3885页。

② （东汉）班固：《汉书》卷九六上《西域传上》，中华书局1962年版，第3886页。

③ （东汉）班固：《汉书》卷九六上《西域传上》，中华书局1962年版，第3889页。

④ （东汉）班固：《汉书》卷九六上《西域传上》，中华书局1962年版，第3889～3890页。

⑤ （东汉）班固：《汉书》卷九六上《西域传上》，中华书局1962年版，第3896页。

的匈奴古墓出土了很多希腊出产的丝织品和反映匈奴与西方各族往来和交流的刺绣画。①

匈奴人生活在草原地带，尽管已有木器加工制造业，但其活动区域仍以草场和大漠为主，小面积的林木繁茂地区也只是木器制造业的原料供应地或加工场所。所以，匈奴还未形成林业这一行业。同样，匈奴人民生活的地域距离有水区域相当遥远，境内也很少有面积较大的水域。所以史料中虽有关于匈奴於靬王游弋射猎于北海之上的记载，也只是一些零星孤立的资料。目前，人们在考古中还未发现能证明匈奴渔业已成为独立行业的有力证据。匈奴社会发展的程度和所处的地形地貌等也决定了匈奴还没有达到可具备农、林、牧、副、渔等各行各业的水平。

二、匈奴社会的物质生活

“物质生活方式除了与地理环境、物质资源有密切关系外，也要受到社会政治状况以及风俗习惯、审美观念等方面因素的影响。”② 匈奴民族以畜牧业为主的生活方式与中原农耕经济的生活方式完全不同。匈奴人民的衣、食、住、行体现了鲜明的民族特色和独特的草原风格，展现了他们独特的审美情趣。牲畜是匈奴人衣、食、住、行的重要来源，而他们的衣、食、住、行又要适应游牧经济的特性，以发挥畜牧产业的优势，二者相辅相成、共同发展。

---

① 策·道尔吉苏荣：《北匈奴的坟墓》，见《科学院学术研究成就》第1期，乌兰巴托科学委员会1956年出版。

② 乌兰托娅：《试论匈奴民族的衣食住行》，载《北方文物》1996年第4期。

(一) 衣着服饰

人们的着装往往与社会经济发展程度、民族类别、气候、风俗信仰、审美心理等紧密相关。匈奴人衣皮革，被旃裘，衣皮蒙毛。牲畜和其他动物的皮毛是他们主要的衣着原料。匈奴人民用这些原料做衣裤和轻软的“裘”，以备燥湿、御寒暑。随着匈奴社会的发展及匈奴与中原王朝交往的加强，匈奴通过关市贸易、和亲随赠以及掠夺等，也有了锦绣、缯布、棉絮等衣料，改善了匈奴人的衣着条件。

匈奴人的服饰被汉人称为“胡服”，以“上褶下裤”为主要着装样式，即上着至膝短衣，腰束革带，下穿分跨的长裤，足蹬短靴。这样的装束轻便灵活，便于骑马射猎、奔走跑动，适合草原的游动性生活。而汉之絮缯，若驰草棘中，则衣裤皆裂弊，不如旃裘坚善。王国维先生在《观堂集林》卷二二《胡服考》中从冠饰、衣裤、腰带、靴子等方面对匈奴的胡服进行过系统考证。山东沂南地区发现的画像石也生动再现了身穿齐膝短衣和长裤、腰间系带、足蹬靴的胡族兵士形象。①

匈奴人的帽子多为尖顶帽和带护耳毡帽，以动物毛皮镶边，加厚保暖。头冠多为较有地位的人所佩戴，称为“胡冠”。上述内蒙古阿鲁柴登战国后期的匈奴墓出土的鹰形黄金冠就有很强的代表性。金冠由冠饰和饰带两部分组成。顶上为一只展翅傲立的雄鹰。鹰头用绿宝石琢制，下面的饰带金圈纹有动物图案。整个金冠精巧别致，匠心独具，颇有贵族气势，象征着权力和地位。腰带在匈奴民族服饰中是重要的一部分。古书中常称腰带为“具带”。公元前174 年，汉文帝赠给匈奴单于一黄金饰具带。《史记集解》引《汉

① 沈从文:《中国古代服饰研究》，商务印书馆 1981 年版。

书音义》曰：“要（腰）中大带。”《观堂集林》卷二二《胡服考》云：“古大带，革带，皆无饰。有饰者，胡带也。”由此可知，匈奴腰带一般为皮革所制，并装饰有动物纹案。匈奴人的裤子可释为“跨也，两股各跨别也”，分为两裤腿，下端一般为紧口，行动方便。这与中原汉族人的裙状长袍大褂截然不同。靴子为游牧民族的独创，利于骑马、涉草，被称为“胡履”。《隋书·礼仪志》曰：“靴，胡履也，取便于事，施于戎服。”《释名·释衣服》曰：“靴，跨也，两足各以一跨骑也。”靴子多以皮革制作。匈奴人民常在靴口处缀上装饰物或绣上图案、花纹。

《淮南子·齐俗训》云匈奴人“纵体”，即不注重仪表举止，不修边幅，素面简衣。而从其他文献资料和考古发现中可推知，匈奴人其实也很注意自我修饰和装扮。《史记索隐》引习凿齿与燕王书曰：“山下有红蓝，足下先知不？北方人探取其花染绯黄，采取其上英鲜者作烟肢，妇人将用为颜色。吾少时再三过见烟肢，今日始视红蓝，后当为足下致其种。匈奴名妻作‘阏支’，言其可爱如烟肢也。阏音烟。想足下先亦不作此读《汉书》也。”① 又《西河旧事》引匈奴歌“失我焉支山，使我妇女无颜色”。可见，匈奴族妇女很可能已懂得以山上的红蓝花为原料制成胭脂美化面容了。匈奴人也特别喜爱佩戴装饰品。装饰品种类繁多，样式多变。人们在有关匈奴的考古发掘中发现了大量佩饰。佩饰一般以金、银、铜和玉石为原料加工而成。玉石又有绿松石、玛瑙、琥珀、碧玉、水晶、琉璃珠等多种，颜色亦十分多样，有红、黄、白、黑、绿、蓝等色。按佩戴的部位又可分为耳饰、颈饰、身饰、臂饰。其中，耳

① （西汉）司马迁：《史记》卷一一〇《匈奴列传》，中华书局1959年版，第2889页。

饰多为耳坠和耳环，男女皆佩戴。颈饰有金制或银制的项圈以及各种形状的石珠串等。身饰则有带饰和衣饰，形状各异，图案多变。臂饰包括手镯、戒指、指套等，用金、银、铜制成。[①] 所以，匈奴人也是很注重自我修饰和装扮的。

（二）饮食

匈奴人民以肉食为主，主要吃畜肉。《史记·匈奴列传》曰匈奴"自君王以下，咸食畜肉"，"匈奴之俗，人食畜肉，饮其汁"。《盐铁论·备胡》云："匈奴处沙漠之中，生不食之地……食肉饮血。"猎物也是他们重要的食物来源。他们常射鸟、鼠、狐、兔以为食。肉类属于高蛋白、高脂肪食物，可以为身体补充热量，帮助人们抵御严寒。匈奴人多食熟食或半熟食，一般将肉类烧烤后食用。《释名·释饮食》云："貊炙，全体炙之，各自以刀割，出于胡貊之为也。"即将一只完整的牲畜或飞禽走兽用火炙烤后，大家用刀分割而食。《东观汉记·窦固》中也有游牧民族人民用烤肉待客的记载："羌胡见客，炙肉未熟，人人长跪前割之，血流指间，进之于固，固辄为啖，不秽贱之，是以爱之如父母也。"东汉大将窦固谙习游牧人的生活风俗，故尊重他们炙肉未熟而食之的习惯，因而也受到了游牧人民的敬重。

谷物也是匈奴人民的食物之一。如前所述，匈奴不仅有农业，而且还积有余粟。《汉书·匈奴传》中有"谷稼"一词。颜师古注曰："北方早寒，虽不宜禾稷，匈奴中亦种黍穄。"据此可知，匈奴人民种植的农作物不仅有粟、谷（都为小米的别称），还有黍（黄米或黏米）、穄（不黏的黍）等。此外，从苏联的匈奴城堡遗址出土的渔网和鱼骨来看，北部的匈奴人还可能食用部分水产品。由此

① 乌兰托娅：《试论匈奴民族的衣食住行》，载《北方文物》1996年第4期。

可知，他们的食物种类是很丰富的。

匈奴人民对食物的加工、盛放和食用情况从考古发掘的器物中可见一斑。出土的工具、炊具和食器多是铁器、铜器、陶器，也有石器、骨制品和木制品。有用于粉碎谷物的石磨盘、研磨器，有蒸煮食物的铜鍑、铜鼎、铁鍑、铁鼎，有盛装食物的铜壶、陶缸、陶罐、陶壶、陶碗、陶盘等，还有夹取食物的铜勺、骨勺、木勺和骨筷子等。由此可知，匈奴人已懂得食物的烧、烤、蒸、煮等烹制方法和储藏、食用等方法了。

在饮料方面，匈奴人主要饮用牲畜的乳汁。他们将乳汁制成鲜美的乳浆和干酪食用。这些奶制品有很高的营养价值，是匈奴人生活的必备品。而且，匈奴人也饮用粮食酿造的酒类。在沙场中，匈奴为鼓舞士气，规定士兵每杀敌一人赏赐酒一卮。所以，酒应当是匈奴中比较高级贵重的饮品。《汉书·匈奴传》载："昌（汉车骑都尉韩昌）、猛（汉光禄大夫张猛）与单于及大臣俱登匈奴诸水东山，刑白马，单于以径路刀金留犁挠酒，以老上单于所破月氏王头为饮器者共饮血盟。"应劭注曰："金，契金也。留犁，饭匕也。挠，和也。契金著酒中，挠搅饮之。"据《汉书·苏武传》载，匈奴之弟於靬王弋射北海时，因赏识苏武能网纺缴、檠弓弩而赏赐给他马畜、穹庐和服匿等。其中，服匿即陶缶，形状如罂，小口，大腹，方形底，是盛装酒和乳浆的器皿。匈奴贵族多有饮酒的喜好。汉文帝时，降臣中行说曾代匈奴向汉索要优质的"米蘖"，而后来汉文帝也确赠给了匈奴单于"秫蘖"等物。蘖是一种发芽的谷物，多半用来做造酒的原料。匈奴人向汉王朝要米蘖、秫蘖，极有可能是用来制酒。狐鹿姑单于就曾以"岁给遗我蘖酒万石"为威胁汉朝的条件之一。公元前 124 年，汉遣将军卫青将兵十余万人出朔方高阙击匈奴，右贤王以为汉兵不能前来而"饮酒醉"。《汉书·李陵传》中亦有“单于置酒赐汉使者”和李陵、卫律降入匈奴后“持牛酒劳汉使，博饮”的记载。因而，在匈奴，酒的饮用应该还不是很普遍，酒的数量也不是很多，一般为上层贵族所有，多用以招待贵客。

（三）居住

匈奴人民四处游牧，居无定所。古代的贤人学者对此多有表述。秦朝李斯云：“匈奴无城郭之居，委积之守，迁徙鸟举。”① 汉晁错云：“（匈奴）非有城郭田宅之归居，如飞鸟走兽于广野。”② 韩安国亦云匈奴“逐兽随草，居处无常”③。《盐铁论·备胡》曰匈奴“内无室宇之守”，“无坛宇之居，男女之别，以广野为闾里，以穹庐为家室”。穹庐就是匈奴人的居住之所。虽然他们过的是流动性生活，无城郭房舍等固定住所，但并非过着天当被、地当床式的极其简陋的日子。穹庐正是根据游牧民族流动性生产生活方式的需要而设置的可移动性生活空间。穹庐结构简易，易搭建，易拆迁，既坚固便捷，又具有良好的保暖性能，非常适合草原牧民使用。

那么，穹庐是什么样子的，又是如何制成的呢？《汉书·匈奴传》云：“匈奴父子同穹庐卧。”颜师古注曰：“穹庐，旃帐也。其形穹窿，故曰穹庐。”④ 从这一描述来看，穹庐类似于今天许多牧民居住的蒙古包。古老的阴山岩画中也有相似形状的“穹庐图”。

---

① （西汉）司马迁：《史记》卷一一二《平津侯主父列传》，中华书局1959年版，第2954页。

② （东汉）班固：《汉书》卷四九《晁错传》，中华书局1962年版，第2285页。

③ （东汉）班固：《汉书》卷五二《韩安国传》，中华书局1962年版，第2401页。

④ （东汉）班固：《汉书》卷九四上《匈奴传上》，中华书局1962年版，第3760～3761页。

穹庐即旃帐。那么，制作穹庐的材料应该就是匈奴本族所有和自制的东西。《盐铁论·论功》云："匈奴……织柳为室，旃廗为盖。"他们将动物的皮毛织成块状、片状的毛毡做墙和盖，内以木架和木栅做梁柱撑起墙盖，然后以毛绳束紧扎住，便可做成可随时转移、随时安扎的简易居室了。穹庐内也有简单的陈设布置，除放有平日所用的生产工具和生活用品，还安有地灶，用来做熟食、取暖。庐顶设有通气口，便于扩散烟气，有利于庐内空气流通。

那么，是不是因此就可以说匈奴没有城镇居舍呢？也不尽然。一般情况而言，匈奴牧民"毋城郭常处耕田之业"，随处迁徙。但是匈奴也有城堡，只不过这不是匈奴人的主要居住形式而已。秦汉时期，匈奴在阴山河套地区建有头曼城、龙城。头曼城为头曼单于所居之地。龙城又被称为茏城，为匈奴单于召集群臣聚会、祭祀祖先和天地鬼神之地。另外，史书中还有关于其他城堡的记载。《史记·匈奴列传》云，公元前 119 年，汉大将军卫青和骠骑将军霍去病领兵大举进攻匈奴，"北至寘颜山赵信城而还"。《史记集解》引如淳曰："信前降匈奴，匈奴筑城居之。"《汉书·匈奴传》引孟康曰："赵信所作，因以名城。"① 公元前 90 年，贰师将军李广利率军出塞击匈奴，乘胜北追至范夫人城，而匈奴奔走，莫敢迎战。《汉书·匈奴传》应劭注曰："本汉将筑此城。将亡，其妻率余众完保之，因以为名也。"范夫人城在匈奴地，却是由汉人所筑。卫律还曾向单于进言，要"筑城建楼"。而这些城的具体结构、质料、规模和形制等情况因缺乏相关的文献材料而无从查考。

① （东汉）班固：《汉书》卷九四上《匈奴传上》，中华书局 1962 年版，第 3770 页。

考古工作者也发现了一些匈奴古城镇的遗址。据苏联和蒙古国学者的考古报道，截至1960年，在贝加尔湖附近，在叶尼塞河、色楞格河、图瓦河、鄂尔浑河和克鲁伦河流域等地区，业已发现十多处匈奴城镇遗址，其中五处（苏联一处、蒙古四处）已进行部分发掘。① 以苏联南西伯利亚的伊沃勒加城镇遗址面积最大，出土遗物也最多。此外，在苏联境内的阿巴干地区发现了匈奴贵族居住的汉式宫殿建筑群。从其形体、布局、规模和设备来看，这可能是由居住在当地的汉族人建造的。②

（四）交通

匈奴人逐水草迁徙，分散放牧。现放牧点和下一放牧点可能会有很长的一段距离。部落内部和部落之间也常常会相隔很远。因此交通和运输工具就显得尤为重要。他们往往以马代步，而驴、骡、骆驼等多用于驮载。马矫健敏捷，善于奔跑，在匈奴人的生产、生活和军事活动中具有重要作用，应用非常广泛。马匹不仅是人们走亲访友、交往联系的交通工具，也是出巡打猎和管理畜群的得力助手。在军事活动中，马匹更是起到了举足轻重的作用。匈奴骑兵队伍气势宏大壮观，可谓北方草原的一大亮点。人们在匈奴墓葬中还发现了马衔、马镫、马鞍辔、鞍峰、马嚼、马面饰等器物。这些器物质料多样，有铁制的、铜制的，还有木制的、骨制的。可见，匈奴的马具是很完整的。此外，闲暇或节日时，赛马是匈奴人的娱乐活动之一。马匹的快速、强健、灵活等特点以及马匹同人类的亲和力和协调性在比赛中得以充分体现。各王将出席龙庭集会时，在商

① 林幹：《匈奴通史》，人民出版社1986年版，第138页。

② 周连宽：《苏联南西伯利亚所发现的中国式宫殿遗址》，载《考古学报》1956年第4期。

讨国事之余，便以“走马及骆驼为乐”①。所以，马匹是匈奴人的重要财产，在他们的政治生活和经济生活中具有特殊意义。

匈奴人民另一重要的交通和运载工具是车辆。《盐铁论·散不足》篇“胡车相随而鸣”中的“胡车”和《汉书·扬雄传》之《长杨赋》“砰轒辒，破穹庐”中的“轒辒”皆指匈奴车。匈奴车用木材制成，其中的一些零部件是用铜、铁制造的。车辋、车辐条、车轴等车上的铁制零件和车马饰件在匈奴墓葬中屡有发现。蒙古诺颜山的第六号匈奴墓葬就曾出土一辆已残破的木轿车。② 匈奴错入张掖郡的地段草木旺盛，是当时匈奴专门制造车辆的场地之一，专为西部诸侯制作穹庐及车。匈奴造车的规模很大，其拥有的车辆的数量也很多。据《后汉书·耿夔传》记载，东汉安帝永初三年（109），汉军在常山、中山一带击败南匈奴单于，获其穹庐及车千余辆。《后汉书·西域传》又载，顺帝阳嘉三年（134），汉车师后部司马率后部王在车师附近的阊吾陆谷掩击北匈奴，大破之，所获甚多，仅车辆就有千余辆。除了用于军事方面，匈奴车更多是用于日常的交通运输，特别是在牧民们随水草四处搬迁、长途跋涉中发挥了重要作用。匈奴人一般以马驾车。据《汉书·匈奴传》记载，汉文帝时，冒顿单于在所遗汉书中云：“使郎中系虖浅奉书请，献橐佗一，骑马二，驾二驷。”颜师古注曰：“骑马，堪为骑也。驾，可驾车也。二驷，八匹。”③“驾二驷”的意思就是八匹驾车的马。

---

① （南朝宋）范晔：《后汉书》卷八九《南匈奴列传》，中华书局 1965 年版，第 2944 页。

② 林幹：《匈奴墓葬简介》，见《匈奴史论文选集（1919—1979）》，中华书局 1983 年版，第 375 ~412 页。

③ （东汉）班固：《汉书》卷九四上《匈奴传上》，中华书局 1962 年版，第 3757 ~3758 页。

除此之外，匈奴人还以马皮造船，用来渡过河流或水域。这种船名曰“马革船”。他们还会修路、架桥，以便通行。《汉书·匈奴传》云：“北桥余吾，令可度，以备奔走。”颜师古分别注曰：“于余吾水上作桥。”“拟有迫急，北走避汉，从此桥度也。”①

第二节　匈奴分裂后的生产生活状况

一、北匈奴的经济生活

光武帝建武二十二年（46），乌桓趁匈奴连年旱蝗、灾荒严重之时，出兵进攻匈奴。匈奴不堪一击，北退数千里，致使漠南地空。建武二十五年（49），南匈奴左贤王莫将兵大破北单于帐下。北单于大为惊恐，亦“却地千里”。东汉初年，经过这几次大规模的北退，匈奴大部已退居到漠北地区。在匈奴分裂之后，南匈奴部众一直活动在漠南地区和汉匈边境一带，并与北匈奴对抗。北匈奴不时南下侵犯，与东汉和南匈奴发生冲突，直到公元 91 年北单于携众西逃，北匈奴再未能返回漠南。

“幕北（即漠北）寒苦无水草之地”②，“幕北地平，少草木，多大沙”③，“胡地沙卤，多乏水草”④，“秋冬甚寒，春夏

---

① （东汉）班固：《汉书》卷九四上《匈奴传上》，中华书局 1962 年版，第 3783 ~3784 页。

② （东汉）班固：《汉书》卷九四上《匈奴传上》，中华书局 1962 年版，第 3772 页。

③ （东汉）班固：《汉书》卷九四下《匈奴传下》，中华书局 1962 年版，第 3803 页。

④ （东汉）班固：《汉书》卷九四下《匈奴传下》，中华书局 1962 年版，第 3824 页。

甚风”①。漠北地区寒冷、干燥、多风沙的恶劣状况可想而知。祁连山、焉支山、阴山及河套南北地区原是匈奴人的生存地。然而，在公元前127年的汉匈河南之战中，匈奴失去了黄河河套南北及阴山一带；在公元前121年的河西之战中，汉兵攻下了匈奴右地，又夺回了河西走廊的焉支山和祁连山。匈奴再未能够收回这些水草肥沃之地。因此，对匈奴来说，回归故地和南下已然不可能。在当时的形势下，他们不得不退居条件恶劣的漠北。

北匈奴人在漠北继续过着游牧狩猎生活。在南北分裂初期，“北匈奴犹盛”，较南匈奴占优势地位。但异常的气候条件、草场质量的下降和可用放牧面积的大大缩小使得北匈奴的经济水平急速下滑，严重影响到人们的生存和发展。同时，自然环境的继续恶化和沙漠化的日益扩大也在不断威胁着北匈奴社会经济的发展。公元2—3世纪席卷欧亚大草原的特大旱灾早在公元1世纪中叶就在蒙古草原上有所显露。匈奴活动地区深受其害。光武帝建武年间，匈奴接连数年发生大旱和蝗灾，河流干涸，草木干枯，人畜死耗大半。公元88年，北匈奴大乱之时，又遇饥荒蝗灾横行，因而南下附汉者络绎不绝。

自然灾害的持续发生和日益恶化的草原生态环境使畜牧业和狩猎业出现萎缩，从根本上动摇了北匈奴的经济基础。据《后汉书·南匈奴列传》记载，和帝永元十六年（104），“北单于遣使诣阙贡献，愿和亲，修呼韩邪故约。和帝以其旧礼不备，未许之，而厚加赏赐，不答其使”。元兴元年（105），北单于复遣使至敦煌贡献，

① （东汉）班固：《汉书》卷九四下《匈奴传下》，中华书局1962年版，第3825页。

并“辞以国贫未能备礼，愿请大使，当遣子入侍”。当时临朝的邓太后仍未准许，亦多加赏赐而已。① 从中可以看出，汉王朝以北匈奴“旧礼不备”为借口，不愿应允北匈奴的和亲请求，这也着实反映出北匈奴当时的“国贫”状况，甚至连向汉朝乞和亲、请通使、表诚意的礼品都难以备齐。此外，东汉安帝初年，汉因为西域远阻且数有背叛，长期派吏士屯田则耗费无已，故罢西域都护，放弃了对西域的控制。北匈奴因此“复收属诸国”，并遣使责令西域诸国以更高的税额在规定的时间内如数偿清积年所欠的租税。这正是北匈奴经济不济、产品不足的一个侧面反映。在重新控制西域后，北匈奴急于搜刮西域诸国的财富以满足自己生存所需的强烈欲求显露无遗。

二、南匈奴的经济生活

南匈奴在归附东汉之后，与中原的交往更加密切。南匈奴人的生产生活方式在潜移默化中或多或少地受到了汉族人的影响。而且为了生存，他们也在不断努力适应变化了的生活环境。

（一）经济结构的缓慢变化

内附后，畜牧业在南匈奴的经济中仍占主导地位。但是，各部长期居于长城附近，与汉人杂居，他们脱离了大漠南北的地理环境，生存的自然条件发生了变化，其生产和生活直接受到了汉族农业经济的影响。在南单于入居西河美稷时，东汉王朝曾派中郎将与西河长史留居西河卫护单于，“冬屯夏罢”，在单于庭所在地进行一定的农业生产。因此，南匈奴的生产结构

① （南朝宋）范晔：《后汉书》卷八九《南匈奴列传》，中华书局 1965 年版，第 2957 页。

在农耕经济的影响下，正慢慢发生着改变，农业在一定程度上得到发展，农业的比重有所加大。原有的游牧经济逐渐向农业或半农半牧经济转变。有的匈奴人还在长城以南的各地过起了定居生活。东汉政府曾多次转运米粮接济南匈奴。南单于本人也曾说南匈奴“生长汉地，开口仰食”，而由于处于汉境，他们所“仰食”之物中的谷物、米粮的比例有所增加。这些都说明南匈奴人入居汉境后，已对农耕经济有所适应，其饮食也随之发生变化，食用的谷类食物越来越多了。

魏晋时期，更多的匈奴民众深入中原内地，直接接触甚至从事农耕劳动。他们的生产生活方式正日益向汉族靠拢。匈奴部众与当地居民融合而成的“稽胡”等部族已开始改变他们游牧和食肉衣皮的风俗了。史载，稽胡“其俗土著，亦知种田。地少桑蚕，多麻布”①。安定属国的内附匈奴人在与汉人的长期共处中，也逐渐学会了农耕技术，从而慢慢地由畜牧生活转变为耕作或半耕半畜生活。《后汉书·郡国志》注引《谢沈书》曰：“属国降羌胡数千人，居山田畜。”

农业与畜牧业在食物产量、生产力及人口供养能力方面存在着巨大差距。初步估算，一平方公里的土地在唐代可供养62.5个人，同样面积的草场却只能供养6个人。② 在人口增多、游牧环境恶劣的情况下，内迁匈奴各部选择了农业。正如吕思勉所说：“野蛮之人多好肉食，然后卒改食植物者，实由人民众多、禽兽不足之

---

① （唐）令狐德棻等：《周书》卷四九《稽胡传》，中华书局1971年版，第896～897页。

② 王利华：《中古华北饮食文化的变迁》，中国社会科学出版社2000年版，第120～121页。

故。"[1] 内迁的匈奴人逐渐放弃畜牧业，转为农业或半农半牧，一方面是长期以来与汉人融合、受汉人影响和同化的结果，另一方面是自然环境的变化引起的对另一生活生产方式的选择。一些人类学家认为，"农耕是最后一着生计策略，而只有当狩猎采集民族没有任何现实的选择之时，他们才会从事农耕"[2]。这是一种经济文化的适应现象，有利于各民族的共同发展，促进了民族间的交融和文化流动。

需要注意的是，尽管由畜牧经济向农业经济转化是汉（尤指东汉）晋时期匈奴经济发展的总趋势，但由于入塞的匈奴人分布相当广泛，北起塞外以及朔方、五原、云中、定襄、雁门、代郡诸边地，南至汾水流域，平阳、西河、太原、新兴、上党、乐平等郡，这些地方都有他们的踪迹。因而，不同地区的匈奴民众与汉人的接触程度、其经济生产向农业转化的进程以及发展水平等也都很不相同。深入内地的匈奴人，由于所居地汉人分布密度大、土壤宜于农耕，向汉人学习农业生产技术的机会较多，所以其经济生产向农业转变的步伐较快。而散居于北边诸郡的匈奴人，虽然归属于当地官吏管理，但由于战乱频繁、所居地汉人较少、进行农耕的自然条件较差，所以他们向汉人学习农业生产技术的机会少，其经济生产向农业转变的步伐慢。因此，在边境地区生活的南匈奴民众在很大程度上仍保留着游牧的生产生活方式。

（二）内迁匈奴人身份的变化

西汉呼韩邪单于时期，就有匈奴部落入居边地诸郡，与汉人杂

---

① 吕思勉：《中国制度史》，上海教育出版社 1985 年版，第 176 页。

② ［美］威廉·A. 哈维兰著，王铭铭等译：《当代人类学》，上海人民出版社 1987 年版，第 342 页。

处。南匈奴内附后，汉匈关系更为密切，边境诸郡的匈奴人越来越多，各部落“随所居郡县，使宰牧之，与编户大同”①。但因为农业还不是他们的主要产业，所以他们不向朝廷缴纳贡赋。而到魏晋时期，匈奴人入居汉地日久，向农业经济转化的倾向也日趋明显。梁习为并州刺史时，“勤劝农桑”，鼓励匈奴部众参加农业生产，使得更多的匈奴人转变为政府的编户。《晋书·食货志》载：“远夷不课田者输义米，户三斛，远者五斗，极远者输算钱，人二十八文。”可见，中原封建朝廷已开始向居于汉境的夷狄征缴义米了，匈奴人无疑也在其列。

内迁的匈奴人中，不仅一般平民由原来奴隶制牧民变为封建政府的“编户”，从原来的少数民族一员变为中原王朝的一员，与汉人无异，而且自诸王侯以下都已同被正式编入政府户籍的平民百姓一般。匈奴北部都尉、左贤王刘宣曾说：“自汉亡以来，魏晋代兴，我单于虽有虚号，无复尺土之业，自诸王侯，降同编户。”② 可见，自单于至各王侯都已没有了领土，身份和地位急剧下降，大不如昔。当然，也有不少匈奴的上层人物被吸收到地方政府中担任官职，他们的贵族身份和待遇享受终究要高于普通编户。此外，匈奴中的很多壮丁还被征调为兵，被分遣到各地驻防或打仗。并州刺史梁习曾将匈奴中身强力壮者编为“义从”“勇力”“吏兵”。

散居各地的匈奴民众与汉族人民交错杂居，在汉族人民先进农业生产技术的影响和封建政府的鼓励下，学习农耕技术，参加农业生产，其耕作技能已渐渐为汉人所接受。尽管匈奴平民已被分属于

---

①（唐）房玄龄等：《晋书》卷九七《匈奴传》，中华书局1974年版，第2548页。

②（唐）房玄龄等：《晋书》卷一〇一《刘元海载记》，中华书局1974年版，第2647页。

各郡县之中、分列于编户之内，然而还是不能完全等同于汉族人民。他们拥有一定的耕作技能，却没有自己可耕作的土地。因此，在刚开始耕作土地的时候，他们不得不向汉族官僚、地主租种土地。这样，许多匈奴人从一开始从事农业生产就成为汉族私家的田客了。《晋书·外戚·王恂传》载："魏氏给公卿已下租牛客户数各有差，自后小人惮役，多乐为之，贵势之门动有百数。又太原诸部亦以匈奴胡人为田客，多者数千。"田客与后世的佃户、雇农相当，都是向地主租佃土地进行耕作生产并要按期交租的封建社会的底层人民。这么多的匈奴平民沦为魏晋私家的田客，是当时封建社会特定历史条件下的必然结果，也是他们在中原大环境中生存下去的必然选择。另有一些匈奴人则因租不到土地而沦落为奴婢，被肆意贩卖。魏晋时期，贩卖匈奴人和杂胡为奴婢的事颇为盛行。《三国志·魏书·陈泰传》曰："正始中，徙游击将军，为并州刺史，加振威将军，使持节，护匈奴中郎将，怀柔夷民，甚有威惠。京邑贵人多寄宝货，因泰市奴婢，泰皆挂之于壁，不发其封，及征为尚书，悉以还之。"杂胡中的羯胡石勒就曾被卖为奴婢。

迁居内地的匈奴人离开了世代游牧的大草原，在长期的生产劳作中已逐渐放弃原有的畜牧打猎的生活方式。他们为适应改变了的生存条件，只得向当地汉人学习农业生产技术，慢慢地融入其中。他们的后代更易于从心理和思想上认同已有的生活方式和身份。同时，封建政府实行的鼓励、引导和一些强制性措施也促进了匈奴经济结构和匈奴人民身份的转变。因此，内迁匈奴人在社会经济方面的变化是他们主动适应和被迫接受的结果，也是地理环境和当时的社会环境促成的。

第七章
匈奴文化的发展

第一节　匈奴的文化风俗

一、语言文字

国内外学者一般认为匈奴的语言属于阿尔泰语系。但究竟属于该语系的蒙古语还是突厥语，大家各执一词，莫衷一是。目前，我们所知道的匈奴用语是两汉时人以汉语音译后记载于史籍中的，而且数量很少，主要有胡、单于、撑犁、孤涂、若鞮、屠耆、阏氏、居次、瓯脱、逗落、径路、服匿、煩蠡、冒顿、头曼、谷蠡等二十多个。我们无从得知这些用语的确切读音和语义。因为匈奴人没有自己的文字，所以他们无法准确记录本族的语言词汇。我们也仅是根据汉语文献材料进行大体推断，然后用汉语对其加以解释。另外，匈奴在兴起后，大规模征服扩张，将很多邻边部族纳于自己的统治之下。这些民族的语言不可能与匈奴的语言完全相同。匈奴的语言与其他民族的语言混杂、相互影响，致使匈奴语言的情况变得十分复杂，也增大了我们研究匈奴语言的难度，使得我们难以得出一个确定的结论。

目前，文献材料和考古资料中尚未有关于匈奴有文字存在的有力证据。史书明确记载，匈奴“毋文书，以言语为约束”①。匈奴贵族大姓呼衍氏、兰氏、须卜氏“主断狱听讼，当决轻重，口白单于，无文书簿领焉”②。那么，匈奴单于曾多次写信给汉朝皇帝，使用的是哪种文字呢？对此，我国研究者多认为，这些书信应是用汉字写成的。③ 被俘或者归降匈奴的一些汉人被封王或活动于单于身边，很可能是他们将汉字带入匈奴的社会政治生活中，甚至代单于写信。如，降臣中行说不仅教给单于身边的人如何用汉字记录账目和统计数据，而且还教单于怎样用尺牍和印封给汉皇帝写信。东汉初，匈奴薁鞬日逐王比欲归附汉朝，遂秘密派遣汉人郭衡向汉进献匈奴地图。这幅地图极可能是汉人画的，或者就是郭衡画的。内蒙古包头市郊出土的汉式建筑的瓦当上印有“单于天降”“单于和亲”等汉字。1957 年，伊克昭盟出土了刻有“汉匈奴栗借温禺鞮”字样的铜印。这都说明汉字曾流行到匈奴活动地域。

当然，汉字在匈奴也并未被广泛使用，一般是上层统治阶级有较多的机会接触、学习汉字，而且汉字多被应用于与汉王朝交往方面。至于匈奴是否使用过其他文字有待探究。《汉书·西域传》载：“自乌孙以西至安息，近匈奴。匈奴尝困月氏，故匈奴使持单于一信到国，国传送食，不敢留苦。”关于这里所说的“信”是用何种文字写成的，研究者看法各异。有人认为，单于写给西域各国的书信很可能是用西域地区流行的某种

① （西汉）司马迁：《史记》卷一一〇《匈奴列传》，中华书局 1959 年版，第 2879 页。

② （南朝宋）范晔：《后汉书》卷八九《南匈奴列传》，中华书局 1965 年版，第 2945 页。

③ 吕思勉：《匈奴文化索隐》，载《国学论衡》1935 年第 5 期。

文字写成的。这种文字可能在匈奴统治区内特别是西域地区较为流行。① 另有学者认为,《汉书·西域传》所说的“信”并非指用文字书写的信，而是某种信物，用信物传递信息是游牧民族通用的方法和习惯，不存在匈奴在中亚使用什么文字的问题。②

二、教育文化

“人类总是在一定的生态环境中进行有特质的文化创造，依据不同的生态环境所创造的文化特质也不同。”“一个民族文化的发展进程和风格，也必然要受到这个民族所在的地理环境的制约。”③匈奴民族处于北方和西北地区以畜牧狩猎为主体经济的大草原地带，是典型的游牧民族。匈奴族的教育亦是典型的牧猎教育文化，与匈奴的自然环境和地理风貌相适应。牧猎教育是在游牧民族之生存环境和社会发展的需要下产生的，而“北方游牧民族这一地理生存环境所决定的民族特征及民族心理倾向，不能不对牧猎教育文化产生影响，如匈奴、突厥、契丹、女真、蒙古等在教育上都极为重视军事教育、体育及生存技能方面的知识教育，以便使其下一代有足够的能力来适应游牧社会的生存环境”④。匈奴民族即如此。

匈奴的教育与游牧经济密切相关，是在生产生活中形成并逐渐发展的。如上所述，匈奴人有语言而无文字，因此他们的所行所做

---

① 宋新潮:《匈奴文化及其对两汉的影响》，载《中央民族大学学报》1994 年第 1 期。

② 杨建新:《中国西北少数民族史》，民族出版社 2003 年版，第 34 页。

③ 张碧波、董国尧主编:《中国古代北方民族文化史》（修订本），黑龙江人民出版社 2001 年版，第 1554 页。

④ 张碧波、董国尧主编:《中国古代北方民族文化史》（修订本），黑龙江人民出版社 2001 年版，第 1555 页。

皆以“言语为约束”。在生产劳动过程和日常生活中，匈奴人通过言传身教和实践锻炼等方法传递他们积累总结的经验知识和技能技巧。游牧教育的主要内容是与生产实践紧密相关的骑射、打猎、畜牧业生产技术等。男子接受骑马、射箭、狩猎、农业生产和一些手工业劳动方面的教育。女子则接受采集、饲养、挤奶、接羔、食品加工、贮藏等方面的教育。

匈奴族儿童从小就参加生产劳动，跟随家人四处游牧。他们在年龄较小的时候，学习骑羊、拉弓、捕射鸟鼠等小动物。稍微长大一些以后，他们便尝试着射猎野狐、野兔等动物，并开始学习骑马。骑射是匈奴人最先要掌握的一项本领。根据孩子们成长发育的特点，让不同阶段的孩子接受不同类型的教育，循序渐进地增加他们的知识、培养他们的技能。匈奴人生活在大草原上，成天与牲畜打交道，时时在观察、了解牲畜的生长和饲养过程，不仅熟悉牲畜的习性，也摸索出了驯养、杂交、改良等方法技术。如何择水源丰富、牧草茂盛之处作为牧场；如何躲避恶劣天气，根据天气变化决定何时放牧、何时收圈；如何选择合理的方位搭制毡房，怎样搭建毡房；如何掌握捕猎的季节与气候、不同禽兽的习性和变化以及捕猎的下套、设网、挖陷阱等技巧，等等，这些都是匈奴人在长期的生产作业中积累的宝贵经验。他们将这些经验和技术作为教育的重要内容代代相传，并且在劳动过程和日常生活中随时随地传授。“匈奴族畜牧生产经验技术的传递，无疑是他们的社会生活得以维系和发展的纽带。”①

手工业生产方面的教育也是在劳动实践中进行的。匈奴人自己织毛毡、加工皮革，做成衣服和毡席等。在饮食上，他们不单吃畜

① 李瑛：《匈奴族的教育》，载《北方文物》1989年第1期。

肉、直接饮用奶液，并且掌握了加热、烘烤和制作乳酪、奶酒等技术。弓箭制造亦是人人可为的一项技能。在打猎和攻战中，弓箭是必不可少的工具。所以弓箭的需求量特别大，需要大量的生产者。食物的收获采集、加工制作及弓箭的制造、使用与匈奴人民的生活是息息相关的。因而这类劳动教育的受众群体尤为广泛。有的男子在掌握了一般生产知识的基础上，还会学习制作车器与马器、冶炼铜铁、铸造兵器等技术。此类技术也是代代相承并在生产生活中不断改进、提高。

在民族传统风俗教育方面，匈奴人因其鲜明的游牧民族文化特点以及对外掠夺和战争的需要，形成了“贵壮健”和“贱老弱”的道德风俗。在婚姻方面，匈奴实行收继婚，在父死或兄弟死后，可娶其后母或兄弟之妻，从而保证族内财产不外失。匈奴人信奉天地、日月、鬼神，尊奉先祖，笃信灵魂不灭。除此之外，匈奴民族还有其他多种具有本民族特色的风俗。他们将这些风俗作为一项教育内容，世代相传，通过各种形式维护、延续，使他们的民族文化传统得以保存、传承下来。

军事教育在匈奴的教育文化中占有重要地位。匈奴的军事组织与生产组织相统一的特性决定了匈奴人日常游牧狩猎的生产活动与军事训练是紧密结合的。骑马射箭是匈奴人皆备的一项技能，必须从小学起，不断锻炼。平时宽松时，他们随畜放牧，骑马打猎；战备状态时，人皆练习攻战之术，以备攻伐、应战。男子能骑马操弓者，皆为“甲骑”。此外，匈奴在一定程度上还会进行专门的军事教育与训练。据《汉书·匈奴传》记载，冒顿在月氏逃回匈奴后，领万余骑，乃作鸣镝，“习勒其骑射”。颜师古注曰：“勒其所部骑，皆习射也。”匈奴从而训练出战斗力强、令行禁止的骑兵队伍。乌维单于也曾“休养士马，习射猎”，加强平素的严格训练。匈奴骑兵之所以能不畏山险水深与风雨疲劳而驰骋于大漠南北，与平时的军事训练和教育是分不开的。

匈奴的教育还处于早期教育阶段，具有鲜明的古代游牧民族的特点：没有固定的教育方式和受教育场所；主要以先辈们在生产生活中长期总结积累的经验为教育内容，世代相传；在具体实践中习得，然后训练、巩固、提高。

三、音乐文化

匈奴的音乐文化具有浓郁的游牧民族色彩，体现出了北方草原文化的风貌。不仅歌词和乐曲富有特色，匈奴使用的乐器也多种多样且别具风格。据《史记·匈奴列传》“索隐”引《西河旧事》，祁连山在张掖、酒泉二郡界上，东西二百余里，南北百里，长有松柏五木，水草丰美，冬温夏凉，宜畜牧。公元前121年，匈奴在河西地区被汉军击败，故而从祁连山和焉支山撤出。此后，匈奴人每经过此地，便会高歌道：“亡我祁连山，使我六畜不蕃息；失我燕支山（焉支山），使我嫁妇无颜色。”歌词取材巧妙，寓意深远，深切表达了匈奴人失去祁连山和焉支山后的无限惋惜之情。其内容也与他们的现实生活密切结合，生动地反映了匈奴人在经济和政治生活中的感受。祁连山作为畜牧的优良场所，一旦失去就会在很大程度上影响牲畜的繁殖生息，匈奴人不免深为叹息。而燕支山之燕支，同音于胭脂，匈奴又将妻称作“阏氏”。匈奴妇人正是以山上的红蓝花粉作胭脂饰面装扮自己的。此歌借音寓意，将燕支山与胭脂和阏氏联系起来，喻指失去了燕支山，匈奴妇女就毫无光彩了。这首民歌含义深刻、用词精到、优美动人，充分显示出了匈奴民歌的艺术魅力。

匈奴使用的乐器多种多样。汉元帝曾赐给呼韩邪单于竽、瑟、箜篌等乐器。东汉时，汉王朝赐给南匈奴单于冠带、甲兵、乐器鼓车等。建武二十八年（52），北匈奴亦遣使向汉请求和亲，并请赐音乐。光武帝回复北单于说，单于之前所言先帝所赐呼韩邪单于的竽、瑟、箜篌都已破败，愿请再赐；现顾虑单于“国尚未安，方厉武节，以战攻为务，竽瑟之用不如良弓利剑”，故未赐予。可见，匈奴使用的一些乐器是从中原传入的。当然，匈奴也有自己的乐器，且具有鲜明的民族特点。

胡笳是深受匈奴人喜爱的重要乐器，在匈奴广泛流行。笳是一种鼓吹乐器，最初用卷芦叶制成，后来则把芦叶做成哨子装在木管上吹奏，其声调哀怨凄婉，感人肺腑。《后汉书·窦宪传》中有“宪实空漠，远兵金山。听笳龙庭，镂石燕然”之语。东汉末年，被“胡骑”掳去的蔡文姬依胡笳的音律编写《胡笳十八拍》以表达其身处胡地的无限思乡之情。《晋书》载刘畴在坞壁为匈奴人所围，便“援笳而吹之，为《出塞》《入塞》之声，以动其游客之思”，竟然使“群胡皆垂泣而去之”。并州刺史刘琨在晋阳被匈奴围困时，同样也是以吹奏胡笳刺痛了匈奴人的“怀土”之心而解围。[①] 由此可知，胡笳不仅为匈奴人所熟知，而且其哀怨之音常常会勾起匈奴人的感伤怀乡之情。

角是出于匈奴等北方游牧民族的一种乐器。最初的角用动物天然的角制成，后改用竹、木、皮革、铜等材料制作。其声音浑厚浓重。后来逐渐发展为号角，用于军乐中。据《晋书·乐志》记载，号角源于羌胡，故又称“胡角”。鞞鼓也是一种在匈奴非常流行的乐器。《胡笳十八拍》中有“鞞鼓喧兮从夜达明”的记载。匈奴人还经常使用琵琶弹奏。琵琶也可称作“批把”。刘熙《释名·释乐

① 参阅（唐）房玄龄等《晋书》卷六二《刘琨传》、卷六九《刘畴传》，中华书局 1974 年版。

器》载："批把，本出于胡中，马上所鼓也。推手前曰批，引手却曰把。象其鼓时，因以为名也。"

胡笛、箫、铙等也是匈奴人常用的乐器。伴随着动听的乐声，他们还编有各种形式的舞蹈。这些舞蹈被称为"胡舞"。

四、造型艺术

匈奴的造型艺术和绘画都很有特色，强烈体现出了匈奴人游牧狩猎的生活场景。在这些艺术品中，动物形、动物纹和动物画最为普遍。诺颜山及其他漠北地区的匈奴墓葬曾出土一些牛、马、鹿头形或体形的铜饰牌，还有野兽互相搏斗模样的铜饰牌，还出土了一些金叶、银片和绣有各种复杂图案的毡毯等。出土的一些骨器上也绘有精致的兽类图案。① 这些出土物品做工精细，其形状及上面的图案样式纷杂多变，形态逼真。

人们在我国内蒙古地区的多处匈奴墓葬中也发现了不少造型各异、特色鲜明的匈奴器物和手工艺品。

1962 年，考古工作者在准格尔旗速机沟匈奴墓中发现了属于汉代的一批铜器。其中也有多种动物形（鹿、鹤、羊、狻猊、马、狼六种鸟兽动物形）饰件。鸟兽都是成对的，雌雄相遇，如鹿有枝角者为雄性，无角者为雌性；鹤亦有雄有雌。铸造方法均系模铸，如鹿之背部尚见合缝线，角是单铸再插上去的。铸出的动物或直立或屈足，或低头或昂首，或闭嘴或张口，或作惊惧状，或为常态。每一种动物的神态都特别逼真、各具特点，如鹿的形态有立、有卧、有肥、有瘦。动物体筋骨肉的比例也处理得很恰当。由此可以看出，制作者很深刻地掌握了各种动物在各种情况下的不同姿态和动作，在艺术处

① 参阅林幹《匈奴通史》，人民出版社 1986 年版，第 169 页。

理上能得其真而传其神。①

1974年，人们在准格尔旗玉隆太的匈奴墓葬中发现了各种动物形的铜制饰件、装饰品及铁器和骨器等。铜饰件中，有立式兽，头微昂，目前视，颈后有脊，前腿直立，后腿稍屈，似鹿不是鹿；立式马，头微低，双目下视，两耳前伸，马鬃修饰工整，四腿稍内收，圆腹中空，尾下垂，处于温静状态，驯服逼真；盘角羊饰，双角向前盘曲，两目前视，神态逼真；立式羚羊，昂头前伸，双目前视，角后斜，四足内收，腿稍屈，臀微下蹲，作欲跑状。装饰品中有马形、鸟形饰牌及铁制鹤嘴镐。铁制鹤嘴镐一端扁刃，另一端呈鹤嘴状尖，中部有圆形銎，刃口使用痕迹清楚，至今仍很锋利。骨器只有骨镳一种，呈兽形，一端兽头，从眼、耳观察，类似虎头，但下颏又类似鱼鳃；背凹肚圆，尾上翘，成连珠形，刻工细致，造型精美。②

另外，在内蒙古准格尔旗的瓦尔吐沟和察右后旗的二兰虎沟匈奴墓葬中，也发现了很多动物形状或绘有动物图案的器物。

这些具有游牧民族特色的艺术品生动地再现了牧民放牧打猎及飞禽野兽追逐争斗的场景，体现了匈奴在长期的游牧生活中对动物的细致观察和细腻了解，也充分显示了他们的艺术才华和手工技艺。

五、精神信仰

匈奴人为多神崇拜，既崇拜自然界，拜奉天地、日月、星辰，相信“万物有灵”，又祭祀祖先、敬畏鬼神。这正是匈奴人民无法

---

① 盖山林：《内蒙古自治区准格尔旗速机沟出土一批铜器》，载《文物》1965年第2期。

② 内蒙古博物馆、内蒙古文物工作队：《内蒙古准格尔旗玉隆太的匈奴墓》，载《考古》1977年第2期。

对自然现象和某些社会现象做出合理解释的一种反映。《史记·匈奴列传》载匈奴每年举行三次集会，而且都与祭祀有关。正月，诸首长小会单于庭，进行春祭；五月，大会于茏城，祭祀祖先、天地和鬼神；秋天时，大会于蹛林，核查人口数目，统计牲畜繁殖情况。而“蹛林”也是匈奴的祭祀场所。《史记索隐》引服虔云：“（蹛）音带。匈奴秋社八月中皆会祭处。”《史记正义》引颜师古云：“蹛者，绕林木而祭也。鲜卑之俗，自古相传，秋祭无林木者，尚竖柳枝，众骑驰绕三周乃止，此其遗法也。”① 祭祀在匈奴人的生产生活中具有重要地位，影响很大。

在多神崇拜中，匈奴人尤其尊崇“天神”和天地自然万物。匈奴人繁衍发展在大漠南北，他们的生长存活和游牧迁徙在很大程度上都依赖于大自然。风霜雨雪、严寒酷热对草原的盛衰、畜群的存亡有巨大影响。苍天的变幻莫测常常使匈奴人感到不知所措、难以应付。他们不能科学理解千变万化的自然现象和自然规律，因而逐渐对天地、自然产生一种神秘感和敬畏感，进而发展成对“天”的信仰和崇拜。匈奴人认为天神是万事万物的最高主宰，有巨大的能量，人世间的一切皆仰仗于天。天可以赐吉祥、降灾祸，左右人类的生存发展。因此，匈奴人对“天”特别尊崇。据《后汉书·南匈奴列传》记载，匈奴之俗，每岁三龙祠，常以正月、五月、九月戊日拜祭天神。又据《史记》《汉书》所载，匈奴单于往往朝拜日，夕拜月；每兴兵举事则观星辰，望月之盈亏。冒顿单于将征服月氏说成是“以天之福”。汉武帝设马邑之伏，军臣单于几乎中计，后因汉尉史告密而脱险。单于之后甚为感慨：“吾得尉史，天也，

① （西汉）司马迁：《史记》卷一一〇《匈奴列传》，中华书局1959年版，第2892页。

天使若言。”① 因而以尉史为“天王”。同样，匈奴人认为如若违背天意，便会天降不祥，受到惩罚。如，呼韩邪单于曾与汉使结盟，立下盟约，并发誓：“汉与匈奴敢先背约者，受天不祥。”② 汉贰师将军李广利投降匈奴后，备受尊宠。卫律嫉其受宠而陷害之。李广利临死前怒骂：“我死必灭匈奴。”适逢数月雨雪，人民疾疫，畜产死亡，谷物不收，单于由是惊恐，认为违逆了天意，便为李广利设立祠室以供奉。所以，在匈奴人心目中，“天”具有特殊的力量和高高在上不可侵犯的地位。这也就为统治者神化王权、宣扬单于为“天之子”提供了契机。匈奴人民称单于为“撑犁孤涂”，即“天子”。单于也常常自称“天所立匈奴大单于”，“天地所生日月所置匈奴大单于”或“天之骄子”。匈奴统治者利用人们对“天”的敬畏，借助“天”的崇高地位和权威，以减弱甚至消除人民的反抗意识，使自己的统治更加合法、稳固。

匈奴人尊崇天地，畏惧鬼神，又迷信鬼神。他们相信鬼神有超越常人的能力，可以福祸及人，不可轻易触犯。如，冒顿单于曾以三十余万精兵将汉高帝刘邦围困于平城附近的白登山。阏氏乃劝说冒顿曰：“两主不相困。今得汉地，单于终非能居之。且汉主有神，单于察之。”③ 单于遂“开围一角”，所以刘邦得以脱围。又如，苏武奉节出使匈奴，被扣留，禁闭于大窖之中，数日不得饮食。苏武靠饮雪水、吃毡毛而不死。单于以

① （西汉）司马迁：《史记》卷一一〇《匈奴列传》，中华书局 1959 年版，第 2905 页。

② （东汉）班固：《汉书》卷九四下《匈奴传下》，中华书局 1962 年版，第 3801 页。

③ （东汉）班固：《汉书》卷九四上《匈奴传上》，中华书局 1962 年版，第 3753 页。

为神，乃将他移徙于北海。据《后汉书·耿恭传》载，耿恭驻守西域金蒲城，倚仗城外涧水而饮。匈奴前来围攻，拥绝涧水。耿恭遂于城中穿井而得水。匈奴“以为神明”，惊惧而引兵去。其实，鬼怪神明是人们在原始意识中想象、幻想出来的一种假象，是对一些难以理解的人、事、物的荒诞解释。匈奴人不但迷信鬼神，还制作偶像作为神明的化身予以崇拜。公元前121年，汉骠骑将军霍去病出陇西过焉支山千余里击匈奴休屠王，获其“祭天金人”。对于“金人”具体代表何种形象，史学家们说法各异。《史记索隐》引韦昭云：“作金人以为祭天主。”又引崔浩云：“胡祭以金人为主，今浮图金人是也。”《史记正义》云：“金人即今佛像，是其遗法，立以为祭天主也。”①《汉书·匈奴传》颜师古注曰：“作金人以为天神之主而祭之，即今佛像是其遗法。”② 休屠王之金人是“天主”“天神”也好，“浮图”“佛像”也罢，终是匈奴人用来祭祀和祈求福祉而想象出来的神灵的象征物，用这种神灵的实物表达内心的虔诚和愿望，以祈求保佑。而在现实的人间，匈奴人始终是无法与鬼神接近和交流沟通的。因此，匈奴社会中又出现了“巫”，以担此任务。“巫”成为联系“天人之际”、传送人神意志的人。他们被称为“胡巫”，大多为女性，会用法术，通过舞蹈降神，传达神的意志，并能施咒语对受咒体产生影响。前所述贰师将军李广利就是因卫律串通胡巫妄言先单于显灵传旨意要以贰师祠兵而被谋害的。匈奴单于赠给汉天子的马匹及裘也常常先使

① （西汉）司马迁：《史记》卷一一〇《匈奴列传》，中华书局1959年版，第2908～2909页。

② （东汉）班固：《汉书》卷九四上《匈奴传上》，中华书局1962年版，第3769页。

胡巫祝之，加以诅咒。① 除此之外，胡巫还会占卜之术。对于笃信天命和神灵的匈奴人来说，行大事前占卜吉凶是很重要的一项内容。因而，巫者常常会出现于匈奴统治阶层中，为统治阶级出谋划策，遇事卜问吉凶。而匈奴社会中的巫者并不是只会装神弄鬼、下咒作怪，他们还懂得医术，能治病救人，也就是“巫医”。史书中称其为“毉（医）”。汉使苏武在匈奴曾引刀自刺，伤势严重。卫律大惊，“自抱持武，驰召医。凿地为坎，置煴火，覆武其上，蹈其背以出血。武气绝，半日复息”②。

六、婚姻风俗

公元前3世纪时，匈奴崛起，进入奴隶制社会。而匈奴的氏族组织形式并未完全解体，氏族社会的许多风俗习惯遗留了下来。匈奴的氏族外婚制仍然存在。同一氏族的男女不准通婚，只能到本氏族以外寻找自己的配偶，“嫁入本氏族的女子，仍是以氏族对氏族，而不是以个人对个人；女子嫁到夫家，她不仅是属于夫家，成为夫家中的一个家庭成员，同时也是属于夫家的氏族，成为夫家氏族中的一个氏族成员；如果夫死之后，妻若改嫁，其势不仅脱离夫家，而且也脱离夫家的氏族”③。故而，为了留住嫁入本氏族的女子，匈奴流行“妻后母，报寡嫂”的风俗，即“父死，妻其后母，兄弟死，皆取其妻妻之”。除生母，儿子继承父亲的婚姻关系或兄弟相互继承婚姻关系。

① （东汉）班固《汉书》卷九六下《西域传下》：“单于遗天子马裘，常使巫祝之。”

② （东汉）班固：《汉书》卷五四《苏武传》，中华书局1962年版，第2461页。

③ 林幹：《匈奴通史》，人民出版社1986年版，第176页。

学术界将这种婚姻方式称为“收继婚”。《史记索隐》引乐产《括地谱》云：“夏桀无道，汤放之鸣条，三年而死。其子獯粥妻桀之众妾，避居北野，随畜移徙，中国谓之匈奴。”此条记载未必确实，但从中可以看出匈奴的收继婚由来已久。

子妻后母、弟妻嫂的直接结果就是匈奴一夫多妻的现象更为普遍。匈奴社会进入奴隶制时代后，其父权家长制也逐渐确立。一夫多妻制正体现了父权家长制下的婚姻特点。在匈奴贵族中，一夫多妻的婚姻现象尤为普遍。如，冒顿单于之父头曼因为另有所爱，欲立所爱阏氏生之少子而废掉太子冒顿，遂将他作为人质送交月氏。这说明头曼单于不止一个阏氏。而冒顿不仅以鸣镝亲手射杀过其爱妻，而且当东胡向匈奴索要一阏氏时，冒顿竟毫不犹豫地将一个阏氏送出。另外，冒顿单于的阏氏不只有匈奴本族人，还有外族嫁入的女子。汉高祖刘邦就曾与匈奴结和亲之约，将宗室女嫁给冒顿单于。之后，吕后和汉文帝又与匈奴行和亲之事，将宗室女或公主嫁给冒顿。由此可见冒顿单于的多妻制生活。与汉王朝修友好关系的呼韩邪单于的婚姻状况亦是如此。呼韩邪先娶呼衍王的两个女儿为妻。长女为颛渠阏氏，少女为大阏氏。呼韩邪后又向汉求亲，娶得宁胡阏氏王昭君。此外，呼韩邪单于还有“它阏氏”。呼韩邪之兄郅支单于有“诸阏氏夫人数十”①，并娶康居王之女为妻。匈奴贵族一夫多妻制的婚姻状况可见一斑。

匈奴民族的这种收继婚风俗的产生、存在和盛行与其游牧民族的特点密切相关。

首先，夫死之后，寡妻仍留在夫家氏族内，是为了避免更多氏

---

① （东汉）班固：《汉书》卷七〇《陈汤传》，中华书局1962年版，第3014页。

族财产外流。因为“妇女由于结婚而脱离她的氏族，加入新的、夫方的氏族团体”，“她已经被接受到氏族的婚姻团体中来，可以在她的丈夫死亡时继承他的财产，即一个氏族成员的财产。为了把财产保存在氏族以内，她必须同她的第一个丈夫的同氏族人结婚而不得同别的任何人结婚”。① 匈奴即如此。匈奴人的生存和发展受自然条件、地理环境和气候状况等外在因素的影响很大。他们所生产和拥有的物品还不足以满足生存的需要，亦不足以应对各种突发的变化，因此财产对匈奴人来说至关重要。匈奴对外族的掠夺侵犯及与汉族的和亲、互市等行为也主要是为了获得更多的财富。故而，夫家的氏族成员是不会允许嫁入本氏族的女子携亡夫的财产再改嫁其他家族或氏族的。她们只能再嫁给夫方家族内的亲属或氏族内的其他男子，也可选择不再婚。这样也就保住了氏族的财产。

其次，这种婚姻风俗有利于保存氏族劳动力、促进人口繁衍。随着生产力的不断发展和私有制的渐趋成熟，匈奴社会中的贫富分化现象日益显现，个体家庭独立经济的发展趋势也越发显著。而且古代游牧民族的人口死亡率很高，再加上匈奴壮年男子皆参加军事争战，以战死为荣。因此，匈奴个体家庭经济的发展要求保存劳动人口、保持后代的延续。收继婚是解决这一问题的很好方式。将寡母、寡嫂继续留于本氏族或家族中，既可以避免劳动力减少、增强生产力量，又可使妇女的生育能力延续到最大限度，有利于增添人丁。《后汉书·西羌传》云羌族人亦是由于妻后母、报寡嫂，“故国无鳏寡，种类繁炽”。又如，呼韩邪单于与王昭君结合后，生一男，名伊屠知牙师。在呼韩邪死后，其子雕陶莫皋继立为单于，

① 恩格斯：《家庭、私有制和国家的起源》，见《马克思恩格斯选集》第4卷，人民出版社1972年版，第121页。

“复妻王昭君”，又生二女，长女云为须卜居次，小女为当于居次。

第三，收继婚有利于确保本族宗种的延续、保持种姓的纯洁性。匈奴对“宗种”“种姓”有着严格的要求。《史记·匈奴列传》载：“匈奴之俗……父子兄弟死，取其妻妻之，恶种姓之失也。故匈奴虽乱，必立宗种。”女子自嫁入夫家成为夫家家族或氏族的一员，便承担起为夫家传宗接代的责任和义务。即使在丧夫之后，女子作为氏族的一个成员也要被约束在氏族内。匈奴人十分强调族际间的区分，却不是很在意族内的区分。因此，为了不失种姓，丧夫女子只可以与夫家氏族内的其他男子再婚，这样也可以稳定族内宗种的血缘关系。

第四，匈奴的收继婚可以“用来完成丧偶妇女的再婚、丧偶妇女的赡养及其子女的抚养”①。这种婚姻方式体现了作为亲属的生者对死者所尽的义务，“最亲的亲属有义务照料死者留下来的妻室儿女和驯鹿群”②。除生母可以与自己亲生的成年儿子一起生活，由亲生儿子承担赡养责任，死者的其他诸妻尤其是在子女未成年的情况下，则与其未成年子女一同被收继。由此，死者之未成年子女的抚养、寡妻的再婚和赡养等一系列社会问题便可得到合理解决。这也为匈奴原本就不很稳定的游牧生活和贫弱的社会供养能力减轻了不少压力。

以儒家的封建道德观看，匈奴“妻后母，报寡嫂”的婚姻风俗是大逆不道、悖乱人伦。而从北方游牧民族的生存条件看，这种风俗的存在是有其必然性和必要性的。除了匈奴，乌孙、乌桓、柔

---

① 武沐：《匈奴史研究》，人民出版社2005年版，第120页。

② ［美］C.恩伯—M.恩伯著，杜杉杉译，刘钦审校：《文化的变异——现代文化人类学通论》，辽宁人民出版社1988年版，第306页。

然、突厥等民族也有此风俗，只是形式有所不同。

七、其他文化风俗

匈奴有尚左风俗。“其坐，长左而北向。”《史记正义》云：“其座北向，长者在左，以左为尊也。”① 这种风俗在匈奴政权中也有所体现。在匈奴统治阶层中，单于以下设左右贤王两位，而以左贤王最为尊贵、地位最高、权势最大，左贤王权力在右贤王之上，仅次于单于。一般以左贤王为太子，所以左贤王是单于位的首选继承人。据《汉书·西域传》记载，汉武帝元封中，汉以江都王建之女细君为公主妻乌孙王昆莫。匈奴闻之，亦遣女妻昆莫。昆莫以汉女为右夫人，以匈奴女为左夫人。乌孙与匈奴同俗，因而左夫人贵于右夫人。那么，为何汉女在匈奴女之前嫁于乌孙王，地位却在匈奴女之下呢？徐松曾解释说：“是匈奴尚左，昆莫先匈奴女者，仍畏匈奴也。”② 这种说法不无道理。乌孙地接近匈奴而离汉甚远。张骞出使乌孙后，乌孙始与汉有所往来。匈奴闻知乌孙与汉相通而大怒，欲出兵击乌孙。乌孙王甚为惶恐，故向汉求娶公主。可见，乌孙非常畏惧匈奴。所以，即便乌孙王已娶得汉女，但对匈奴女仍是毫不推脱而娶之，还依照匈奴风俗，将其尊为左夫人。

匈奴人死后实行土葬。其墓葬的形制一般为“长方竖穴土坑墓”，南北向。死者的头向北，仰身直肢葬。墓中往往多少有些随葬品，匈奴贵族更是实行厚葬。匈奴流行殉牲之俗，一般以马、牛、羊等牲畜殉葬。匈奴贵族有时还实行人殉。《史记》

① （西汉）司马迁：《史记》卷一一〇《匈奴列传》，中华书局 1959 年版，第 2892～2893 页。

② 见王先谦《汉书补注　十二》，上海古籍出版社 2012 年版，第 5845 页。

与《汉书》的“匈奴传记”皆载：其送死，有棺椁金银衣裘，而无封树丧服；近幸臣妾从死者，多至数千百人。这说明匈奴已使用棺椁，随葬品有衣物和金银等，还有不少人陪葬。在蒙古诺颜乌拉匈奴贵族的古墓中，曾发现发辫17具，当有人殉存在。1972年冬，在内蒙古伊克昭盟杭锦旗桃红巴拉的匈奴古墓中，发现了许多随葬的器物以及牲畜的骨骼。牲畜的种类以马、牛、羊为主，少则三四具，多则四十多具。有的马嘴中尚有马衔，头两侧散有马面饰。这说明死者生前的乘马亦被殉葬。随葬物品除了衣冠、随身配饰，也多是死者生前使用过的各种工具、兵器和生活用品。① 这些都体现了匈奴人崇拜祖先且相信人死灵魂不灭。他们认为死者将如生前那样生活，所以需要衣物、用具，甚至供驱使的奴婢。而随葬的畜类、物品和工具等也是死者生前的主要财富，是生产和生活资料的象征。

此外，匈奴还有轻老贵壮、“贵战死，耻病终”、杀敌庆功、歃血盟誓等风俗。匈奴的服饰、饮食和建筑等情况已在前文论述，在此不再专述。

第二节　汉文化对匈奴社会的影响

匈奴作为我国北方草原上第一个发展强大起来的民族，其游牧政权的建立使过去名号不一、不相统属的诸多游牧部落、部族联合在了匈奴的旗帜下。之后，匈奴以其强大的武装力量征服周边的各弱小部落或部族，不断扩大统治范围。在征服和统治各部落、部族的过程中，匈奴民族和其他民族也在相互交

① 田广金：《桃红巴拉的匈奴墓》，载《考古学报》1976年第1期。

流、影响，但由于他们都生活于相同或相似的环境中，而且有的民族和匈奴同俗，也从事游牧活动，所以他们之间的相互影响不是特别明显。匈奴民族在我国古代北方游牧民族中具有典型代表性和先驱作用，为北疆地区的开发和草原游牧文化的形成、发展作出了奠基性的历史贡献，也对后世北方游牧民族的生存和发展产生了重要影响。

匈奴民族和汉民族分别处于游牧文明和农耕文明两个截然不同的文明区，彼此在政治制度、经济模式、军事制度、文化风俗、生活方式等方面差别很大，所以两者表现出的相互影响和改变较为明显。匈奴自与中原发生联系后，便受到中原文化的强烈影响。诚如魏良弢先生所说，汉文化是在黄河流域形成的以汉族为代表的一种古老而又有着强大生命力的文化。它不仅包括语言文字、儒家思想、典章制度，而且包括生产技术、社会风尚，即广义上的文化这一范畴。在历史上，汉文化对周邻民族产生过强大的影响，不断地扩大着文化圈。有的民族深受汉文化的影响，其大部分成员融合到汉民族中，如鲜卑、百越、契丹。当然，与此同时，汉民族也受到周邻民族文化的影响，从而不断丰富着自己的文化。①

匈奴民族的活动及其与中原地区的交往主要集中在秦汉时期。虽然匈奴政权与塞内的秦汉王朝长期对峙，但不论和与战，两政权的上层统治者和两族人民都在不断接触、交流，在互动中相互影响。尤其是受到中原先进文明的吸引，匈奴人在与汉人的交往中越来越乐意接触和接受汉物，也越来越仰慕较稳定的具有优越性的中原农耕经济。因而，在与中原地区长期的交往过程中，匈奴不断受

---

① 魏良弢:《西辽时期汉文化对中亚的影响》，载《历史研究》1985 年第 4 期。

到汉文化的影响，其生产、生活等都在发生微妙变化。特别是东汉时期以来，匈奴人陆续大规模内迁，逐步深入内地，与汉族人交错杂居，更为直接地接触到了中原的经济和文化。由于久居塞内，匈奴人已逐渐认同汉族的文化和礼仪风俗，汉化倾向日益加深。在魏晋南北朝时期，随着这种汉化倾向的进一步加强，匈奴民族最终融入汉族和其他民族之中。

一、汉文化对匈奴社会影响的具体表现

（一）汉文化对匈奴物质文化的影响

公元前3世纪以前，匈奴就已有了农业。在与中原交往以后，匈奴的农业受到了汉族农耕文化的很大影响。公元前1世纪的匈奴古墓出土有汉式的铁镰和铁铧。在辽宁省西丰县西岔沟匈奴古墓群中也发现了汉式的铁制工具，有铁斧、铁镬、铁锛、铁锄等，有的上面还有汉字。这些都说明汉族的农业技术和生产方式已传入匈奴，而且匈奴在农业生产劳动中，多使用汉人。《汉书·匈奴传》载，汉昭帝始元四年（前83），卫律为单于谋划，“穿井筑城，治楼以藏谷，与秦人守之”。颜师古注曰：“秦时有人亡入匈奴者，今其子孙尚号秦人。”西汉时期，亡入匈奴和被匈奴掳掠的汉人也不在少数。这些汉人在匈奴地区生活，多多少少也对匈奴造成了一些影响。

匈奴入塞后，其农业有进一步的发展，同时也促进了我国北方地区的开发和农业经济的进步。文献对此多有记载。曹魏时，东汉献帝建安十九年（214），曹操大将夏侯渊击高平屠各胡，胡皆散走。渊收其粮谷、牛马而回。① 氐秦苻坚时，匈奴铁弗部要求“入

① 参阅（西晋）陈寿《三国志》卷九《魏书·夏侯渊传》，中华书局1959年版。

塞寄田”，苻坚许之。① 公元 312 年，晋军欲与拓跋鲜卑“就食（刘）聪粟”②。公元 429 年，北凉沮渠蒙逊遣使送谷三十万斛向西秦赎世子兴国。③ 我们从中可窥知入塞后匈奴农业经济的发展状况。匈奴人入居内地后，居于中原各处，与汉人交错共处，更便于相互接触、交流。匈奴人生活在游牧条件较差、基本被农耕经济包围的环境中，久而久之，便有意无意地被周边的汉族人影响、同化。为了在新环境中立足、发展，他们也主动向汉人学习并接受汉族的农业经济。农业在匈奴社会生活中之比重的加大以及农耕技术的提高就是匈奴受汉族影响甚至被汉化的显著表现。

匈奴的手工业等也受到汉文化的强烈影响。随着匈奴社会经济的发展和汉匈经济文化交流的加强，匈奴人开始学习中原地区的穿井、筑城、治楼和冶铁等技术。自中原传入的缯絮、丝织品、食物、铁器等也受到匈奴人的广泛喜爱。他们“乐关市，嗜汉财物”④。

前面提到的 1956 年在辽宁西丰县西岔沟发现的属于西汉时期的匈奴墓葬不仅出土了带有汉字的铁制工具，还出土了许多汉式环首小铁刀、锥以及汉族的陶器、兵器、马具、铜镜、服饰、货币等。其中，有相当部分的汉族兵器为这一部族所使用。其中的木柄长剑、带镡和带玉琫的剑是汉剑独有的形式。有的为适合这一部族

---

① 参阅（唐）房玄龄等《晋书》卷一一三《苻坚载记》；（北齐）魏收《魏书》卷九五《铁弗刘虎传》；（南朝梁）沈约《宋书》卷九五《索虏传》，中华书局 1974 年版。

② （北齐）魏收《魏书》卷一《序纪》，中华书局 1974 年版，第 8 页。

③ 参阅（南朝梁）沈约《宋书》卷九八《氐胡传》，中华书局 1974 年版。

④ （西汉）司马迁：《史记》卷一一〇《匈奴列传》，中华书局 1959 年版，第 2905 页。

生产生活的需要而被改制，或被安装上了具有本民族特点的铜柄。环首铁长刀更是汉族刀的普遍形式。铁矛难以确指，但所出铜矛全来自汉族，有的上面还有汉字。汉式的铜镞也被广泛使用。匈奴墓葬所出的带有灰色弦纹和绳纹的陶器也与汉墓所出的同类器物相同或相近。从墓中出土的文物或被直接使用或被改制成适合本民族特点和需要的形式之行为可以看出，这一部族在生产、生活、战斗等各方面所需要的汉族东西，几乎都被利用上了。① 所以，匈奴人已比较广泛地使用汉族器具了。

内蒙古伊克昭盟杭锦旗桃红巴拉东北阿鲁柴登出土的春秋战国时期的匈奴文物中有青铜斧、刀、镞等，与中原文化中同一类型的遗物很相似。又，内蒙古察哈尔右翼后旗二兰虎沟出土的匈奴遗物中有带“日光”“长宜子孙”字样的铜镜和带“大吉”字样的铜铃，还有汉式的绳纹灰色陶器和灰褐色夹有粗砂的陶器。② 从出土的匈奴遗物中有汉族的或酷似汉式的器物可以看出，匈奴人的铁器、铜器和陶器等文化受到了汉文化的很大影响，而且可以推断当时的很多匠人是来自中原的汉人。这充分反映了汉匈文化紧密的历史关系。

建筑方面更能体现出汉文化对匈奴的明显影响。众所周知，匈奴是生活在大草原上、随季节和气候变化迁徙移动的游牧民族，没有固定的居所，所以他们的建城、造楼等建筑技术多是向过着定居生活的汉人学来的。考古资料多有例证。苏联乌兰乌德西南处的匈奴城镇遗址伊沃勒加镇的大型房屋中有炉灶和

---

① 孙守道：《“匈奴·西岔沟文化”古墓群的发现》，见《匈奴史论文选集（1919—1979）》，中华书局 1983 年版，第 473 ~ 487 页。

② 内蒙古自治区蒙古语言文学历史研究所历史研究室、内蒙古大学蒙古史研究室编：《中国古代北方各族简史》（修订本），内蒙古人民出版社 1979 年版。

热炕等取暖设备。蒙古国考古学家策·道尔吉苏荣认为这种建筑热炕取暖的方法是从中原地区汉族那里学来的。从出土物中有刻着汉字的石碑和中原地区制造的用具来看，这个城镇在建筑时有汉人参与。蒙古国中央省的高瓦一道布、特列勒金·多尔布勒金和布尔黑·多尔布勒金的三个匈奴城镇遗址还出土了饰有花纹的筒瓦。道尔吉苏荣认为这种花纹在中国秦汉时代中原建筑物中是常见的。① 人们在我国内蒙古包头市郊区出土的汉式建筑中发现了印有“单于和亲”“单于天降”“长乐未央”等文字的瓦当，其形制与中原所用完全相同。

桑蚕业和丝织业是中原农耕经济的特色产业，迥然不同于北方游牧民族的毛织业和皮革业。中原的丝织品传入匈奴，对匈奴人的生活、服饰造成了很大影响。《汉书·匈奴传》云：“单于好汉缯絮食物。”蒙古诺颜乌拉匈奴贵族墓曾出土丝绢、毛织物等纺织品，上面还织有“新神灵广成寿万年”的汉文吉祥词句。从其纹样和织法来看，丝绢显然是汉代中原的制品，同当时中原流行的锦绣、绮谷、杂帛没有差别。②

因此，匈奴人民与汉族人民往来频繁，双方社会经济联系密切。中原经济和文化影响了匈奴社会经济文化的发展。

（二）汉文化对匈奴精神文化的影响

1. 职官制度

《史记》和《汉书》中的“匈奴传记”对匈奴政府的各级官职有较为详细的记述。单于是匈奴族最高首领，之下是左右贤王、左

---

① 林幹：《匈奴城镇和庙宇遗迹》，见《匈奴史论文选集（1919—1979）》，中华书局1983年版，第413～429页。

② 马长寿：《北狄与匈奴》，生活·读书·新知三联书店1962年版，第71页。

右谷蠡王、左右大将军、左右大都尉、左右大当户、左右骨都侯。自左右贤王以下至当户，又皆统军，为军事首长，共二十四长。其下又设置千长、百长、什长、裨小王、相封、都尉、且渠等官。各大臣皆世袭为官。这种官制与中原封建王朝完全不同，充分体现了匈奴军事政体的特点。匈奴内迁后，由于受到汉文化和封建政治制度的影响，匈奴的职官制度发生了变化，汉化倾向明显。无论是称谓还是职位的设置都与汉王朝相似。如十六国时期的汉赵政权，屠各胡贵族刘渊建国时，并未沿袭匈奴旧制，而是改用汉族官制，采用汉族官号。据《晋书·刘元海载记》载，西晋永兴元年（304），刘渊在匈奴贵族的支持下即汉王位，改年号为“元熙”，立其妻呼延氏为王后；署置百官，以右贤王刘宣为丞相、崔游为御史大夫、刘宏为太尉、范隆为大鸿胪、朱纪为太常、匈奴后部人陈元达为黄门郎，其余拜授各有等差。永嘉二年（308），刘渊称帝，又改年号为“永凤”，以其子刘和为大将军、刘聪为车骑将军、族子刘曜为龙骧大将军。不久，汉主刘渊又以大将军刘和为大司马，封梁王；以尚书令刘欢乐为大司徒，封陈留王；以后父（皇后之父）御史大夫呼延翼为大司空，封雁门郡公。除上述官职，汉赵政权中见于记载的官职还有太师、太傅、太宰、太保、尚书、卫尉、宗正、侍中、都水使者等。将军称号则有辅汉（刘渊自创）、辅军、镇军、都尉等。皇室子弟的分封也具有中原封建王朝的特点。刘渊称帝后，封其子刘裕为齐王、刘隆为鲁王、刘乂为北海王；刘聪即位，尊刘渊之妻单氏为皇太后、其母张氏为帝太后，封弟刘乂为皇太弟、子刘粲为河内王、刘易为河间王、刘翼为彭城王、刘悝为高平王；刘曜建立前赵政权，封其子刘熙为皇太子、刘胤为南阳王，其余宗室皆被封为郡王。可见，从“单于”“阏氏”到汉式的“皇帝”“皇后”称谓再到各级官吏的名称和封号的变化，汉赵政权已抛弃了匈奴原来的职官制度，成为一个采取汉族传统政治制度及汉族封建政治模式的匈奴族政权。

2. 礼俗风尚

生活的不稳定、生产资料和生活资料的匮乏都使得匈奴人特别看重财产和利益。《史记·匈奴列传》云匈奴人“利则进，不利则退，不羞遁走。苟利所在，不知礼义”；“壮者食肥美，老者食其余。贵壮健，贱老弱。父死，妻其后母；兄弟死，皆取其妻妻之”；“其战，人人自为趣利”；“其见敌则逐利，如鸟之集；其困败，则瓦解云散矣”。这充分表明了匈奴人崇尚武力、追名逐利、以利益为先的价值观念和风尚。获取和保护财物是人类生存的本能。匈奴人的这种观念和风俗正是建立在人类原始本能基础上的。他们以生存所需的物利为重，所以他们的一些风俗是难以被长期受封建儒家思想教化的中原人理解和接受的。儒家尊崇礼义、仁义，提倡三纲五常，以孝为先，重视伦理道德。因此，在封建儒者看来，匈奴社会的一些风俗是反道德、悖人伦、灭人性的。

在与中原王朝的长期交往过程中，匈奴人受到汉族礼仪文化的熏陶，其社会风尚也有所变化。这首先体现在匈奴上层统治阶级的生活中，如孝道在一定程度上得到了重视。自呼韩邪单于之后，汉与匈奴关系亲密。匈奴单于见汉帝之谥号中皆含有“孝”字而羡慕，故此后，匈奴单于的名号中加“若鞮”二字。匈奴称“孝”为“若鞮”。从南单于比开始，省去“若”字，只用“鞮”字，如南单于比为醢落尸逐鞮单于。匈奴原有的收继婚风俗也发生了变化。如十六国时，匈奴汉政权的建立者刘渊死后，继立者刘聪娶其后母单氏。单氏之子刘乂深受儒家伦理道德观念的影响，对此颇有微词。单氏因此羞愧懊恼而死。又如刘粲在位时，为人苛刻，荒淫无度，并收诸后母朝夕入内蒸淫。刘曜建立前赵政权后，曾指出："先帝（刘粲）末年，实乱大伦。"他明确指出刘粲蒸淫后母的做法是乱伦。可见，单氏、其子刘乂以及刘曜都依循儒家的伦理道德观否定了他们自己的风俗，这不能不说是汉文化影响的结果。

《史记·匈奴列传》云匈奴"其俗有名不讳，而无姓字"。匈奴人入居塞内后，与汉人接触相处日久，愈加"向慕"汉之礼仪，因此他们有名无姓的习俗逐渐改变，不仅贵族开始取汉姓，平民亦多取汉姓。匈奴五部贵族刘豹、刘渊等为取得汉人的认同和支持，以刘为姓，自称是汉高祖刘邦的苗裔，其后代亦沿用刘姓。西晋末年，汲桑、石勒起义队伍之"十八骑"中的刘膺、刘征、刘宝、王阳等都是汉姓匈奴人。如《世说新语》之"识鉴篇"注引《石勒传》云："永嘉初，豪杰并起，与胡王阳等十八骑诣汲桑为左前督。"此外，匈奴姓氏中的梁、张、李、郭、成、王、陈、黄等皆取自汉姓。① 如《三国志·魏书·郭淮传》载，"凉州休屠胡梁元碧等，率种落二千余家附雍州"。《晋书·石勒载记》载，"秦州休屠王羌叛于勒"。《资治通鉴》载，晋孝武帝太元九年（384），"使赵秋说屠各毕聪。聪与屠各卜胜、张延、李白、郭超及东夷余和、敕勃、易阳乌桓刘大各帅部众数千赴之"。

3. 思想观念

大量匈奴人内迁后，居住在北部各郡，甚至散居到中原腹地。匈奴人长期生活于定居的农业区，深受中原农耕文化的影响，对土地的重视程度越来越高，著土为安的思想越来越重。匈奴人要在不适宜放牧游猎的中原农耕地带生存下去，就不得

① 黄烈：《中国古代民族史研究》，人民出版社 1987 年版，第 213 页。

不改变自己的生活和生产方式。土地是农业经济的根本，也是农民最重要的生产资料。因为没有土地，匈奴的一些平民被迫沦为汉族官僚或地主的奴婢、田客，被剥削、压榨甚至买卖。他们因而愈加意识到土地的重要性。阡陌纵横相间、鸡犬之声相闻的农业定居生活对四处游牧的匈奴人来说无疑是一个很大的挑战。迫于生存压力，内迁的匈奴人逐渐放弃原有的生活风俗，日益适应了较安稳的定居生活。生活方式、生产方式和居住环境的改变势必会引起他们思想意识的微妙变化。匈奴人在思想观念和民族心理上慢慢趋向于汉族人，这是受先进文明影响的必然结果。尤其是儒家思想对内迁匈奴人思想观念的影响较为突出。

儒家思想长期在汉族的封建思想体系中占主导地位，为统治者所宣扬和利用。匈奴人入塞后，接受汉人官吏的监督或直接管理，甚至同汉族被正式编入政府户籍的平民百姓无异。在漫长的历史发展进程中，他们不可避免地会受到儒家思想文化的影响。汉族封建政府的统治和引导更加深了匈奴人对儒学的认识和接受程度。因此，久居塞内的匈奴人日益形成了一种认可中原王朝、攀亲于中原的华夏认同心理，自我标榜为华夏子孙。

匈奴贵族刘渊是其中的典型代表人物。他曾宣称："吾又汉氏之甥，约为兄弟，兄亡弟绍，不亦可乎？"① 遂自称"汉王"。他以汉室后代自居，并为自己称王称帝冠以合理的理由。他声称："夫帝王岂有常哉？大禹出于西戎，文王生于东夷，顾惟德所授耳。""汉有天下世长，恩德结于人心，是以昭烈崎岖于一州之地，而能

① （唐）房玄龄等：《晋书》卷一〇一《刘元海载记》，中华书局1974年版，第2649页。

抗衡于天下。”① 刘渊认为帝王要以德为本、称雄天下。他追本溯源至中原先祖夏商周时期，以夏禹、周文王自比，以刘备蜀中割据称帝之事为自己称帝的行为辩护。可见，刘渊是奉行华夏正统观的，曾自许“上可成汉高之业，下不失为魏氏”②。他硬是将自己与华夏子孙、中原皇室扯上关系，目的就是将自己塑造成中原正统的形象，为继承中原统治筑立一个合法的根基。而且刘渊在自立为汉王之后，并不是尊奉匈奴的列祖列宗，而是奉从汉族礼仪，建太庙，立神主，恭敬地祭奉汉室祖宗，“追尊刘禅为孝怀皇帝，立汉高祖以下三祖（高祖刘邦、世祖刘秀、昭烈刘备）五宗（太宗文帝、世宗武帝、中宗宣帝、显宗明帝、肃宗章帝）神主而祭之”③。他俨然认为自己是汉家天子的合法后继者。大夏国的建立者赫连勃勃亦自以为是夏后氏之苗裔，而建国号为“大夏”，以复“大禹之业”。他曾说：“朕大禹之后，世居幽朔。”④ 他明确表明了自己与中原汉族人同祖同宗、血脉相连的亲密关系。塞内的匈奴族政权建立者自诩为华夏子民、中原正统，在很大程度上是为了拉近与汉人的距离、得到汉人的认可，以达到“怀人望”的政治目的，便于在中原立足扎根。我们也可由此看出他们所受汉文化影响之深，他们的思想意识发生了很大变化，他们已自觉自愿认同汉文化。

---

① （唐）房玄龄等：《晋书》卷一〇一《刘元海载记》，中华书局 1974 年版，第 2649 页。

② （唐）房玄龄等：《晋书》卷一〇一《刘元海载记》，中华书局 1974 年版，第 2649 页。

③ （唐）房玄龄等：《晋书》卷一〇一《刘元海载记》，中华书局 1974 年版，第 2650 页。

④ （唐）房玄龄等：《晋书》卷一三〇《赫连勃勃载记》，中华书局 1974 年版，第 3205 页。

二、汉文化影响匈奴的方式

（一）和亲、互市、赠送财物

西汉初期，汉朝国力不济。匈奴强盛，为患边塞。为避免匈奴侵扰，汉王朝与匈奴实行和亲政策。从汉高祖九年（前198）派刘敬往匈奴缔结和亲之约到汉武帝元光二年（前133）汉匈战争开始为止，历代汉帝都与匈奴实行和亲政策。汉元帝时又有呼韩邪单于主动向汉求亲及王昭君出塞和亲。汉朝公主出嫁匈奴，汉政府每年要送给匈奴大量财物，包括絮缯、酒米、食物等，后又增加了锦绣、衣帛、黄金、丝絮等物品。这些汉族财物深为匈奴人所喜爱，对改善匈奴贵族的生活质量、改变人民的生活方式起到了很大作用。

根据和亲之约，汉匈之间还互通关市，进行交易。通过关市，匈奴人民从汉族人民手里换取了很多中原地区的物产和器具，对改善他们的生活条件、促进匈奴经济的发展起到了很大作用。因此，匈奴人乐意开放关市、接受汉族物品。武帝初年，匈奴自单于以下皆愿意亲近于汉，往来于长城沿边而不绝。另据《史记·汲黯列传》记载，匈奴浑邪王率众来降时，汉族商人、市民持兵器及铁争相前来与匈奴交易，因此而违律获罪者达500余人。由此可见汉匈两族人民对关市贸易的需求和热衷。

通过和亲、互市和赠送财物的方式，中原地区的不少农产品和手工业品传入匈奴，对匈奴人民的生产生活产生了很大影响。这也密切了双方的关系和经济往来。但另一方面，汉王朝通过和亲、互市等方式对匈奴进行经济输入，实质上是要通过对匈奴的经济文化渗透达到最终分化甚至汉化匈奴的政治目的。西汉初期，首倡和亲的刘敬就已认识到，匈奴往往贪慕汉之财物，因此可以“以岁时汉所余彼所鲜数问遗”，并使中原辩士“风谕以礼节”，即以汉之物产改变匈奴的饮食、穿着等习惯，以汉之观念礼义教化匈奴人，影响他们的思想和礼俗，最终使匈奴对汉心向往之、不战而甘心臣服，从而实现“渐臣”的目的。事实上，汉王朝也的确在不遗余力地实践着这一设想。在经济上，主要是和亲随赠物资；在匈奴使者及大臣、单于（主要是呼韩邪之后的）来访时，给予大宗赏赐；此外，还通过关市贸易输出产品。在文化礼义上，汉则派使者出使匈奴，宣扬汉族的思想文化和道德理念。如汉使与中行说就匈奴礼俗进行的辩论就是典型事例。汉使以为“匈奴俗贱老”。“匈奴父子同穹庐卧。父死，妻其后母；兄弟死，尽妻其妻。无冠带之节，阙庭之礼。”对此，中行说据理力争，反唇相讥：“匈奴明以攻战为事，老弱不能斗，故以其肥美饮食壮健以自卫，如此父子各得相保，何以言匈奴轻老也?”“匈奴之俗，食畜肉，饮其汁，衣其皮，畜食草饮水，随时转移。故其急则人习骑射，宽则人乐无事。约束径，易行；君臣简，可久。一国之政犹一体也。父兄死，则妻其妻，恶种姓之失也。故匈奴虽乱，必立宗种。今中国虽阳不取其父兄之妻，亲属益疏则相杀，至到易姓，皆从此类也。且礼义之敝，上下交怨，而室屋之极，生力屈焉。夫力耕桑以求衣食，筑城郭以自备，故其民急则不习战攻，缓则罢于作业。嗟土室之人，顾无喋喋占占，冠固何当!”① 中行说之辩词咄咄逼人、头头是道，以指责汉朝礼义为匈奴辩护，但仍然无法掩饰和改变匈奴生产较低下、文化较落后的状况，而且从中可以看出汉王朝试图以汉之礼义文化对匈奴进行说教、影响的鲜明意图。

---

① （东汉）班固：《汉书》卷九四上《匈奴传上》，中华书局 1962 年版，第 3760 页。

西汉文帝时，大臣贾谊提出的“三表”“五饵”思想更为明显地体现出汉王朝以物质、精神条件引诱、分化进而同化匈奴的意图。所谓“三表”即“信”“爱”“好”，要求汉朝统治者对匈奴等少数民族实施“仁道”，注重诚信，喜爱匈奴之技，用匈奴之所长，像爱护中原人民那样爱护匈奴人民，取得匈奴民众的信任，争取匈奴民众的民心，使匈奴人能够“犹弱子之遻慈母”般地归心于汉。所谓“五饵”就是以盛服车乘、盛食珍味、音乐妇人、高堂邃宇及召幸娱乐五种诱饵来分化、瓦解、争取匈奴，即通过这五种诱饵“牵其耳，牵其目，牵其口，牵其腹”进而“引其心”。“五饵”的奇效就在于以汉朝的财力和物品吸引、满足匈奴人，从而逐渐同化匈奴，使匈奴民众逐渐减少对本民族的认同感而认同中原文明。①

（二）流入匈奴的汉人传播汉族文化技艺

早在汉朝以前，特别是秦朝时期，就已经有不少中原汉族人进入匈奴地区。他们常被称为“秦人”。两汉时期流入匈奴的汉人尤多。流入的主要途径有：被劫掠、被俘、逃亡、投靠、和亲、出使、被贩卖等。通过这些途径进入匈奴的汉人当在十几万人以上。②

如此众多的汉人进入匈奴地区后，绝大多数沦为匈奴人的奴隶，在农业、手工业、畜牧业等领域进行生产劳动。匈奴的奴隶制并不是驱使奴隶集中劳动，而是家庭奴隶制。上自显达贵族下至一般平民都可拥有奴隶。甚至约定，作战中所获战俘可直接归个人所

---

① 参见崔明德《两汉民族关系思想史》，人民出版社2007年版，第54～63页。

② 吴明月：《谈西汉时期汉人入居匈奴及其影响》，载《内蒙古师大学报（哲学社会科学版）》1995年第4期。

有。因此，入匈的汉人一般都成了匈奴个体家庭的奴隶，从事家内劳动。当然，也有不少汉人进入匈奴的冶铁、铸铜、制陶、木工、建筑等手工业部门进行生产劳作。汉人的大量流入大大增加了匈奴社会的劳动力。而且汉人的文明程度和技术水平较高，他们在匈奴居住生活、生儿育女，与匈奴人杂居，自然会对匈奴人民的生产生活产生很大影响。这些汉人将中原先进的农耕技术、加工技艺、纺织技巧、文化知识以及作物种籽、生产工具都带到了匈奴，并传播开来。所以，匈奴人从汉人那里学会了凿井灌溉、筑城建楼、积存粮食、计算统计等技术。据史料记载，苏武被迁于匈奴北海地区，还将中原的结网捕鱼和纺织技术传到了那里。大批汉人入居匈奴后，活跃于匈奴社会的各个生产领域，与匈奴人民共同劳动、创造，为匈奴农业、手工业和畜牧业的发展做出了不小的贡献，也丰富和影响了匈奴文化。

另有一些流入匈奴地区的汉人，他们原为汉朝统治集团的成员，如汉高祖时的韩王信、燕王卢绾，文帝时的中行说，武帝时的赵信、李陵、卫律、李广利、李绪，王莽时的陈良、终带以及历朝的和亲公主等。他们在进入匈奴后，仍居于高位，受到厚遇。例如，各和亲公主贵为单于阏氏；卢绾被封为东胡卢王；赵信被封为“自次王”；卫律被封为丁零王，“拥众数万，马畜弥山”①；李陵被立为右校王，单于以女妻之；李广利之尊宠在卫律之上。这些人在汉王朝时或为将领或担任政府高官，多出入于统治阶级上层，熟知汉王朝的典章规范和筹划运作，所以，他们能跻身于匈奴政权的统治阶层，被赏识重用。这对匈奴的政治、经济、文化、军事等无疑

① （东汉）班固:《汉书》卷五四《苏武传》，中华书局 1962 年版，第 2462 页。

都起到了重要作用。中行说除教单于左右之人校课、计疏，还“日夜教单于候利害处”① 以及尺牍的使用方式，处处与汉为敌，并且代表匈奴与汉使论辩；卫律“常在单于左右”，为单于出谋划策；李绪教匈奴用兵；赵信与单于共“谋汉”，且“教单于益北绝幕，以诱罢汉兵，徼极而取之，无近塞”②。匈奴单于通过这些汉人可以了解到更多汉朝的情况，以谋划应对汉朝的策略，有利于做到知己知彼。同时，这些汉人也在有意无意间将中原的一些政治文化、军事文化、思想文化传播到匈奴地区，影响到了匈奴的政治谋略、军事战略和用兵技巧等。

总之，通过各种途径流入匈奴的汉族人，无论是下层劳动人民还是统治阶层成员，都以他们的方式传播了汉文化，影响了匈奴社会，为匈奴的发展以及汉匈两族的交流和融合做出了贡献。

（三）移民实边，拉近了汉匈两族的关系

秦汉时期，尤其是在对匈战争胜利后，中央王朝往往在北方边境地区建立新的郡县，移民实边，屯田戍守，以加强边境与内地的联系。这一方面可以稳固新获得的区域，另一方面可以缩短汉匈两族的空间距离，有利于增强双方的联系。秦初，秦大将蒙恬率大军北击匈奴，取河南地，“因河为塞，筑四十四县城临河，徙適戍以充之”③。始皇帝三十六年（前211），秦又迁民三万户至北河、榆中。西汉文帝时，大臣晁错提议募民徙于塞下以实边。汉武帝当政期间，建边郡

---

① （西汉）司马迁：《史记》卷一一〇《匈奴列传》，中华书局1959年版，第2901页。

② （西汉）司马迁：《史记》卷一一〇《匈奴列传》，中华书局1959年版，第2908页。

③ （西汉）司马迁：《史记》卷一一〇《匈奴列传》，中华书局1959年版，第2886页。

县、徙民充边的情况更多。元朔二年（前127），汉收复河南地。汉武帝采用主父偃之计，立朔方郡，发十余万人筑朔方城，修缮故秦时蒙恬所筑之障塞，又募民十万口徙至朔方。元狩三年（前120），汉徙贫民七十余万口于关以西，及充朔方以南新秦中。元狩五年（前118），汉以匈奴远遁，而徙天下奸猾吏民以实边。元鼎二年（前115），汉于浑邪王故地置酒泉郡，并徙民以充实之，后又分置武威郡，以断绝匈奴与羌族交通之路。元鼎六年（前111），汉王朝分武威、酒泉地置张掖、敦煌郡，徙民以充之；又于上郡、朔方、西河、河西等地开辟官田，广置塞卒六十万人戍田之。公元前87年，汉武帝病逝，汉昭帝继位。始元六年（前81），汉以边塞阔远，而取天水、陇西、张掖郡各二县置金城郡，以加强对边塞的统治。东汉时，光武帝建武十五年（39），汉徙雁门、代郡、上谷三郡平民六万余口，置于常山关、居庸关以东，以避胡警。①

中原秦汉王朝移徙大量内地人民至边塞各郡，主要是为了充实、开发新建郡县，同时又可以戍守边境，以防匈奴侵犯。由于在沿边地带大规模地移民、垦发、屯田、常驻，中原的先进工具、农耕技术、手工技术得以在边郡推广，农耕文化与游牧文化的分界也因此逐渐向北推移。此外，大量中原人民长期在边境开发、发展也便于与匈奴等邻边游牧民族交往。汉武帝时，马邑人聂翁壹很可能就经常与匈奴人进行贸易往来，所以才能取得匈奴人的信任，将单于引入汉军的埋伏中。而且，边境附近的汉匈两族人民是关市的直接受益者。两族的人民、商者不必过多舟车劳顿，便可互相交易、各取所需。这对加强汉匈交流、传播汉族文化有积极作用。

---

① 参阅林幹《匈奴历史年表》，中华书局1984年版。

（四）不少匈奴人主动学习、接受汉文化

汉匈交往之初，匈奴统治阶层对汉文化是很排斥的。据《汉书·杨恽传》记载："冒顿单于得汉美食好物，谓之殠恶。"这种倾向在中行说身上表现得尤为突出。他见单于喜好汉物而极力规劝单于："匈奴人众不能当汉之一郡，然所以强者，以衣食异，无仰于汉也。今单于变俗好汉物，汉物不过什二，则匈奴尽归于汉矣。其得汉缯絮，以驰草棘中，衣袴皆裂敝，以示不如旃裘之完善也。得汉食物皆去之，以示不如湩酪之便美也。"① 中行说唯恐匈奴深受汉之影响而有被汉化之险。他这样的担忧是很有前瞻性和实际意义的。但汉文化对匈奴人有很大的吸引力和影响力。这种人为的阻挠是不可能遏止社会向更高文明靠近、发展的。相反，随着汉匈双方往来的频繁，两族关系愈加密切，汉文化对匈奴社会的影响也越来越大。不少匈奴人甚至主动学习并接受汉文化。

汉匈因和亲而展开了一系列活动，如派使团求亲、交纳聘礼、约定婚期、和亲后的答谢和回访等。每次活动都有大批匈奴人来到中原。他们感受到了中原文化的特色和魅力。有的匈奴贵族、大臣和使节还以奉献珍宝为由，在中原停留较长时间，以领略中原的别样风土人情。他们进入中原后，在一定程度上也被汉文化熏染。匈奴的入汉侍子更是如此。呼韩邪单于附汉后直到新莽时期，历任匈奴单于都遣送侍子入汉。入汉侍子长期生活在汉朝宫廷或长安城内，难免会受到汉族风俗和礼仪的影响。此外，自汉武帝时期以后，越来越多的匈奴人倾向于恢复与汉朝的和亲，且不断有大批匈奴贵族王侯率部属投归汉朝。其中一个很重要的原因就是他们受到

① （西汉）司马迁：《史记》卷一一〇《匈奴列传》，中华书局 1959 年版，第 2899 页。

汉文化的强烈影响和吸引，乐意接受中原文明。

十六国时期，匈奴各支系部族纷纷建立政权。匈奴各部族统治者为了巩固统治、适应新社会环境，不仅积极倡导学习汉文化，他们自己更是注重对汉文化的学习和吸收。汉主刘渊“幼好学，师事上党崔游，习《毛诗》、《京氏易》、《马氏尚书》，尤好《春秋左氏传》、《孙吴兵法》，略皆诵之，《史》、《汉》、诸子，无不综览”①。其子亦勤奋好学，刘和“好学夙成，习《毛诗》、《左氏春秋》、《郑氏易》”②。刘聪年十四则“究通经史，兼综百家之言，《孙吴兵法》靡不诵之”③。他还擅长书法，“著述怀诗百余篇，赋颂五十余篇”④。族子刘曜也是饱读汉文典籍，“读书志于广览，不精思章句，善属文，工草隶。……尤好兵书，略皆暗诵”⑤。他即位后，极力在国内推广汉文化，“立太学于长乐宫东，小学于未央宫西，简百姓年二十五已下十三已上，神志可教者千五百人，选朝贤宿儒明经笃学以教之”⑥。他还亲临太学，“引试学生之上第者拜郎中”⑦。这些匈奴贵族身处中原，广交达官贵

---

① （唐）房玄龄等:《晋书》卷一〇一《刘元海载记》，中华书局 1974 年版，第 2645 页。

② （唐）房玄龄等:《晋书》卷一〇一《刘元海载记附子和载记》，中华书局 1974 年版，第 2652 页。

③ （唐）房玄龄等:《晋书》卷一〇二《刘聪载记》，中华书局 1974 年版，第 2657 页。

④ （唐）房玄龄等:《晋书》卷一〇二《刘聪载记》，中华书局 1974 年版，第 2657 页。

⑤ （唐）房玄龄等:《晋书》卷一〇三《刘曜载记》，中华书局 1974 年版，第 2683 页。

⑥ （唐）房玄龄等:《晋书》卷一〇三《刘曜载记》，中华书局 1974 年版，第 2688 页。

⑦ （唐）房玄龄等:《晋书》卷一〇三《刘曜载记》，中华书局 1974 年版，第 2692 页。

人和四方名士，受到了汉文化的深刻影响。史载刘渊任北部都尉期间，“明刑法，禁奸邪，轻财好施，推诚接物，五部俊杰无不至者。幽冀名儒，后门秀士，不远千里，亦皆游焉”①。刘聪亦“弱冠游于京师，名士莫不交结”②。可见，他们已深谙封建官僚的处世之道，也因此颇得统治阶级的赏识和重用。刘渊在京师洛阳为任子时，“文帝深待之”。成都王司马颖还表刘渊为冠军将军，监五部军事。刘聪曾为河间王司马颙之赤沙中郎将。刘宣亦因“好学修洁”，常“沉精积思，不舍昼夜，好《毛诗》、《左氏传》”③ 而为其师孙炎所喜爱。其师常赞叹曰：“宣若遇汉武，当逾于金日磾也。”④ 并州刺史王广将刘宣推荐给晋武帝。帝授宣为右部都尉，特给赤幢曲盖。

入塞的一般匈奴部民也很注重学习汉文化。如李景年，“（匈奴）前部人，少贫，见养于叔父，常使牧羊。景年见其叔子讲诵，羡之。后从博士乞百余字，牧羊之暇，折草木书之”⑤。又如匈奴后部人陈元达，“少而孤贫，常躬耕兼诵书，乐道行咏，忻忻如也”⑥。又后部人卜珝少好读《易》，郭璞见而叹曰：“吾所弗如也……”⑦

---

① （唐）房玄龄等:《晋书》卷一〇一《刘元海载记》，中华书局 1974 年版，第 2647 页。

② （唐）房玄龄等:《晋书》卷一〇二《刘聪载记》，中华书局 1974 年版，第 2657 页。

③ （唐）房玄龄等:《晋书》卷一〇一《刘元海载记附刘宣载记》，中华书局 1974 年版，第 2653 页。

④ （唐）房玄龄等:《晋书》卷一〇一《刘元海载记附刘宣载记》，中华书局 1974 年版，第 2653 页。

⑤ 《十六国春秋辑补·前赵录二》。

⑥ （唐）房玄龄等:《晋书》卷一〇二《刘聪载记附陈元达载记》，中华书局 1974 年版，第 2679 页。

⑦ （唐）房玄龄等:《晋书》卷九五《卜珝传》，中华书局 1974 年版，第 2481 页。

诚然，文化的影响是双向的。但从整个社会文明的发展程度来说，汉族人口众多，文化较为发达，社会制度较为先进；而匈奴社会生产规模较小，技术较低下，文化相对落后。在这种情况下，匈奴文化对汉族社会的影响自然远远不如汉文化对匈奴社会的影响大，汉文化对匈奴社会的影响更为突出、深刻。因此，汉匈两族长期交往必然会使匈奴日益汉化。特别是匈奴入塞深入中原腹地，由于生存环境和居住条件的改变，分散各地的匈奴人首先在生活风俗上已慢慢与汉人没有十分明显的差别。他们发展农业，种植小米和五谷等作物，穿丝帛或粗布，既吃肉，也吃粮食。在思想上，中原地区的思想文化和精神理念等已逐渐渗入匈奴人的头脑中，加速了匈奴的汉化进程，从根本上改变了匈奴人的价值观念和民族心理。故而，在保留自己民族特色的同时，内迁匈奴人也在渐趋贴近进而融入汉文化之中。这有利于中央王朝加强对匈奴等少数民族的管理和统治，也有利于多民族国家的统一和发展。

第八章
匈奴军事的发展变化

匈奴纵横驰骋在大漠南北草原地带数百年，以武力征服和牵制着周边的弱小民族，成为秦汉时期与中原王朝相抗衡的一支强大力量。匈奴人所处的自然地理环境和“逐水草迁徙”的生活特点决定了匈奴的军事文化具有浓郁的草原文化特点。

第一节　军政合一、兵民一体的军事体制

一、军政合一的政治制度

匈奴政权的建立和统治的维系都是以强大的军事力量为后盾的。在冒顿单于当政时，匈奴发展到了鼎盛。冒顿单于是一位出色的政治家和军事家，有相当的魄力和谋略。他依靠过人的胆识和强悍的军事武装成就了北疆第一个强大的游牧政权。公元前209年，冒顿杀其父头曼而自立为单于。紧接着，他凭借强盛的武装力量四处扩张，扩大势力。

匈奴首先东向麻痹东胡进而将其击破，并大肆掳掠民众及畜产，致使东胡四分五裂为乌桓、鲜卑等多部。后来，匈奴向西击走月氏，开始进入河西走廊。在中原楚汉相争之际，匈奴又乘机“南并楼烦、白羊河南王。悉复收秦所使蒙恬所夺匈奴地者，与汉关故河南塞，至

朝那、肤施，遂侵燕、代”①。

不仅如此，汉高祖时期，匈奴在击败东部和西部、收复南部失地之后，又挥师北上，在冒顿单于的果敢指挥下，出兵征服浑庾、屈射、丁零（贝加尔湖一带）、鬲昆（叶尼塞河上游）、薪犁等国。这样，阿尔泰山以北的广大地区也成为匈奴的领土，形成了“尽服从北夷，而南与诸夏为敌国”② 的局面。不久，匈奴又乘胜进犯西域诸国，寻找并击破大月氏，武力征服了“楼兰、乌孙、呼揭及其旁二十六国”③，使得诸引弓之民并成为匈奴一家。至此，匈奴统治的疆域东起辽东平原朝鲜边界，横跨蒙古高原，西至天山南北，与月氏、氐、羌相接，向北远至贝加尔湖、叶尼塞河流域，向南延伸到河套以南的河北、山西及陕西北部一带广大地区。冒顿单于成为北疆的一代霸主。匈奴之所以能在北方草原上所向无敌，主要是因为有强盛的武装力量作支撑。匈奴同时还依靠武力管制被征服的各部族或部落，并由此给刚刚建立不久、百废待兴的西汉王朝带来了巨大压力和威胁。

可见，匈奴政权本身就具有“军事联合性”④。军事活动在匈奴人的生活中占有重要地位，不仅具有政治意义，而且具有经济意义。

军政合一的政治体制。匈奴的军事和政治是交织在一起的。整个匈奴的社会组织有很强的军事特色，是军政一体的社会结构。匈奴单于既是最高的政治统治者，又是最高的军事首领，“一国之政

---

① （西汉）司马迁：《史记》卷一一〇《匈奴列传》，中华书局1959年版，第2890页。

② （东汉）班固：《汉书》卷九四上《匈奴传上》，中华书局1962年版，第3751页。

③ （西汉）司马迁：《史记》卷一一〇《匈奴列传》，中华书局1959年版，第2896页。

④ 参阅翁独健《中国民族关系史纲要》，中国社会科学出版社2001年版，第113页。

犹一身”，掌握着军政等统治大权。与中原王朝的一些非开国君王相比，匈奴单于不仅是运筹帷幄和发号施令的首领，而且是具有军事谋略、往往亲自参加战斗的军事首领。冒顿单于便是一位具有战略眼光和军事韬略的民族首领。他只身从月氏的刀口下逃回匈奴，以鸣镝训练士兵的骑射，最终使部队令行禁止、唯其马首是瞻，达到了夺取单于位的目的。在冒顿单于的率领下，匈奴军队东征西讨，征服周边弱小民族，扩大了疆域。西汉建立之初，冒顿又亲自率精兵四十余万将汉高祖刘邦围困于白登山，长达七日之久。冒顿单于之子老上单于也是匈奴首领的一个典型代表。汉文帝时，老上单于曾亲率十四万大军进入朝那、萧关，斩杀北地都尉孙卬，掠夺大量人口和畜产，并烧毁回中宫，骑兵直达雍、甘泉等地[①]，给汉朝的边疆统治和社会安定造成了极大威胁。这体现了匈奴单于的政治野心和调兵遣将的指挥才能。再如，汉宣帝时的匈奴五单于争立虽然是匈奴统治阶层的内讧，但也从侧面反映出匈奴统治阶级的领兵作战能力。

作为政治主体的官吏，没有严格的文臣武将之分，多集军政权于一身。据《史记·匈奴列传》记载，匈奴设置左右贤王、左右谷蠡王、左右大将、左右大都尉、左右大当户、左右骨都侯等中央官员。其中，左右贤王、左右谷蠡王的地位最高。“自如左右贤王以下至当户，大者万骑，小者数千，凡二十四长，立号曰‘万骑’。”[②] 每万骑又设置千长、百长、什长等，各统辖若干大小部落。各部落中还设有裨小王、相、都尉、当户、且渠等官职。他们

---

① 林幹：《匈奴历史年表》，中华书局1984年版，第12页。

② （西汉）司马迁：《史记》卷一一〇《匈奴列传》，中华书局1959年版，第2890页。

权力的大小、地位的高低以其所领部众的多寡而定。他们都是大大小小的军事首长。匈奴实行领主分封制，自单于至各万骑长都各有分地。他们不仅要定期参加单于组织的庭会，参与处理整个社会的事务，如较大的战争、单于位的继承、祭祀、课校人畜、接见使臣等，还要在各自的驻牧地管理境内属民，裁定辖区的大小事务，更要统领部队作战或跟随单于出兵。史书中就有很多各王将统军作战的记载。

汉文帝时，匈奴右贤王曾领兵进入河南地，侵犯上郡，遭到汉军的痛击，败走出塞。后来，右贤王又向西破灭月氏。汉武帝时，汉匈进入战争状态，匈奴各王所率军队与汉军交战的记载更是不绝于书。如：汉武帝元朔五年（前124），匈奴右贤王数次进犯边境，侵扰朔方。汉政府遂遣车骑将军卫青将六将军兵十余万人出朔方、右北平迎击，掳获右贤裨王十余人、畜产数千百万。元狩二年（前121），汉遣骠骑将军霍去病率万余骑出陇西击匈奴，斩杀折兰王、卢胡王，执拿浑邪王子以及相国、都尉，获首虏八千九百余骑。同年夏，匈奴左贤王将四万余骑围困李广，适逢张骞率军如期而至，匈奴军乃散去。霍去病将数万骑过居延、小月氏，至祁连山，得匈奴单桓、酋涂王及相国、都尉等归附者二千五百人，俘获裨小王七十余人。鹰击司马赵破奴斩杀匈奴遫濮王，捕获稽且王。校尉高不识捕虏呼于屠王、王子以下十一人。元狩四年（前119），大将军卫青出塞千余里，与匈奴单于接战，单于见汉军兵强马壮、匈奴难以取胜，遂逃走。骠骑将军霍去病出塞二千余里，与匈奴左贤王交战，左贤王战败逃亡。[①] 从汉军捕获的匈奴将领中可见匈奴各王将参战的广泛性。

---

① 林幹：《匈奴历史年表》，中华书局1984年版，第23～27页。

二、兵民一体的社会结构

匈奴实行的是全民皆兵的军事体制。战争以及进行战争的组织现在已成为民族生活的正常职能。[①] 匈奴民族“士力能弯弓，尽为甲骑。其俗，宽则随畜田猎禽兽为生业，急则人习战攻以侵伐，其天性也”[②]。他们平时为牧民，放牧打猎；战时则为士兵，冲锋陷阵。在游牧经济条件下，保护自己的畜产免受损害，侵夺他人的财物以补充己用，成为匈奴人的一种生存方式。汉朝有些政治家说匈奴“行盗侵驱，所以为业也，天性固然”[③]，“以盗窃为务，行诈诸蛮夷”[④]。这些说法虽然有些夸张和污蔑的成分，但匈奴经常挑起战争、侵犯别国、掠夺其他民族的人口和牲畜是事实。“壮者食肥美，老者饮食其余。贵壮健，贱老弱。”[⑤] 这也是匈奴人为保存壮年人实力、抵御外敌、保护部落或部族的生命财产而自然形成的一种生活风俗。正如汉朝降臣中行说所说，匈奴“老弱不能斗，故以其肥美饮食壮健者，盖以自为守卫，如此父子各得久相保”[⑥]。由此可知，匈奴的“明以

---

① 恩格斯:《家庭、私有制和国家的起源》，见《马克思恩格斯选集》第4卷，人民出版社1972年版，第160页。

② （东汉）班固:《汉书》卷九四上《匈奴传上》，中华书局1962年版，第3743页。

③ （西汉）司马迁:《史记》卷一一二《平津侯主父列传》，中华书局1959年版，第2955页。

④ （西汉）司马迁:《史记》卷一一一《卫将军骠骑列传》，中华书局1959年版，第2923页。

⑤ （东汉）班固:《汉书》卷九四上《匈奴传上》，中华书局1962年版，第3743页。

⑥ （西汉）司马迁:《史记》卷一一〇《匈奴列传》，中华书局1959年版，第2899页。

攻战为事”① 在普通平民的生活中同样表现明显。

狩猎业在匈奴人的经济生活中居于重要地位。“儿能骑羊，引弓射鸟鼠；少长则射狐兔：用为食。”② 从幼儿时期便开始的狩猎生活潜移默化地训练、提高着匈奴人的骑射技术、长途奔跑能力和野外生存能力，为以后参与实战打下了良好的基础，使他们能够很快适应军事训练，成为合格的“甲骑”。因此，匈奴人能够“急则人习骑射，宽则人乐无事”③。

匈奴骑兵不仅善于放牧游猎，有时还参与农业生产。据《汉书·匈奴传》记载，地节四年（前66），“匈奴怨诸国共击车师，遣左右大将各万余骑屯田右地，欲以侵迫乌孙西域”④。据《汉书·西域传下》记载，昭帝时，（乌孙）公主上书，言“匈奴发骑田车师，车师与匈奴为一，共侵乌孙”⑤。《汉书·西域传下》又载：“昭帝时，匈奴复使四千骑田车师。宣帝即位，遣五将将兵击匈奴，车师田者惊去。”⑥ 由此可知，匈奴“甲骑”一方面要承担驻防和作战任务，另一方面要从事生产劳动，这在一定程度上可以缓解后方的供给压力。

---

① （东汉）班固：《汉书》卷九四上《匈奴传上》，中华书局1962年版，第3760页。

② （西汉）司马迁：《史记》卷一一〇《匈奴列传》，中华书局1959年版，第2879页。

③ （西汉）司马迁：《史记》卷一一〇《匈奴列传》，中华书局1959年版，第2900页。

④ （东汉）班固：《汉书》卷九四上《匈奴传上》，中华书局1962年版，第3788页。

⑤ （东汉）班固：《汉书》卷九六下《西域传下》，中华书局1962年版，第3905页。

⑥ （东汉）班固：《汉书》卷九六下《西域传下》，中华书局1962年版，第3922页。

由于生活在北方草原的寒冷地带，匈奴人着皮革、披毡裘以保暖。他们的着装与中原人的宽袍大袖截然不同。在日常的生产劳动和家居生活中，匈奴人也是紧衣着裤，上身穿短袍，下身穿分跨的裤子，脚穿靴子。这样的胡服装束既有利于生产劳作，也便于骑马和作战，鲜明地体现了匈奴民族亦兵亦民的特色。

匈奴的社会组织和政治组织是与军事组织相结合、相统一的，社会生活的军事性质极为明显。匈奴崇尚气力，“以马上战斗为国”，寓兵于牧，军民合一。匈奴人民大都精弓习射，称自己为“引弓之民”，战斗力特别强。

三、其他领域的军事化倾向

法制体系的军事化明显。匈奴的法制体系很不完善，法制设施也很不健全，没有专设的制定法律的机构，更没有明确严密的法律条文，仍主要以历史上形成的习惯法作为对人们有一定约束力的道德规范。匈奴人的法制意识很淡薄。军事与生产、生活相结合的特性易于使军法融入日常生活中，使军法成为约束、制约人们行为的准则和惩戒标准。反过来，军法与习惯法的合用也使军事活动与社会的其他活动更密切、更统一。冒顿单于当政之初，匈奴受到东胡的不断挑衅。于是冒顿亲自上阵出征，并下令“国中有后者斩”①。在严酷军令的束压下，匈奴军队所向披靡，大破东胡。匈奴规定，在攻战中，各兵士“斩首虏赐一卮酒，而所得卤获因以予之，得人以为奴婢”，并且“战而扶舆死者，尽得死者家财”②。因此，匈奴

① （东汉）班固:《汉书》卷九四上《匈奴传上》，中华书局 1962 年版，第 3750 页。

② （西汉）司马迁:《史记》卷一一〇《匈奴列传》，中华书局 1959 年版，第 2892 页。

士兵在作战中争先恐后，以求得到更多的俘虏、财物。这同时也促进了家庭奴隶制的发展，使诸多家庭拥有奴隶并利用奴隶进行生产成为日益普遍的现象。这些军纪、军法都是匈奴通行的法律准则，有社会法律的效力。

射猎兼顾军事训练。匈奴人射猎不仅是单纯地射杀鸟兽以作为食物，还常常带有军事训练的性质，因为射猎可以增强他们的出击能力和防御能力。而且，匈奴的射猎活动往往与军事行动相联系。且鞮侯单于的弟弟於靬王曾弋射于北海，既是射猎，也是监视丁零的军事行动。匈奴还经常利用游猎的机会寇略边境。《汉书·匈奴传》载匈奴“数万骑南旁塞猎，行攻塞外亭障，略取吏民去”①。“左大且渠……乃自请与呼卢訾王各将万骑南旁塞猎，相逢俱入。”②“单于将十万余骑旁塞猎，欲入边寇。”③ 这也说明了匈奴作战的随机性。

精神信仰与军事密不可分。匈奴人拜天地，祭祖先，敬鬼神，这种精神理念也体现在军事活动中。单于一年三龙祠，每次都“祭天神”，“会诸部、议国事”④。匈奴单于商定军政大事时打着神的旗号，动员组织部众。匈奴行军作战也常借助自然力量，崇拜日月。“单于朝出营，拜日之始生，夕拜月。”“举

---

① （东汉）班固：《汉书》卷九四上《匈奴传上》，中华书局1962年版，第3784页。

② （东汉）班固：《汉书》卷九四上《匈奴传上》，中华书局1962年版，第3787~3788页。

③ （东汉）班固：《汉书》卷九四上《匈奴传上》，中华书局1962年版，第3788~3789页。

④ （南朝宋）范晔：《后汉书》卷八九《南匈奴列传》，中华书局1965年版，第2944页。

事而候星月，月盛壮则攻战，月亏则退兵。”① 他们认为太阳给人们光亮和温暖，月盈月亏昭示着战事成败。匈奴有“胡巫”，出兵必占吉凶。匈奴人认为鬼神可以祸福于人，人亦可以通过巫者将信息传达给鬼神，以巫术影响鬼神，借以驱邪避害，又可加害仇敌。汉军出兵讨伐匈奴时，匈奴使胡巫将牛羊埋在汉军经过的各条陆路和水路上，加以诅咒。又有“匈奴缚马前后足，置城下，驰言‘秦人，我匄若马’……言‘缚马者，诅军事也’”②。“祠兵”是匈奴早先的一种风俗。《汉书·匈奴传》载卫律因嫉恨降将贰师将军李广利而串通胡巫，装神弄鬼进谗言，称先单于发怒：“胡故时祠兵，常言得贰师以社，今何故不用?”“遂屠贰师以祠”，结果匈奴“会连雨雪数月，畜产死，人民疫病，谷稼不孰”③。另外，匈奴人还认为灵魂不灭，重视人的躯体，认为人死后将如生前一样生活，因此约定“战而扶舆死者，尽得死者家财”④。西汉初，冒顿单于大发精锐部队围汉高帝，摆白、青、赤、黑四色骑于西、东、北、南四个方向。有人说这是受华夏五行说的影响。有人认为马色反映匈奴不同部落的方位，白狄即白匈奴，青狄即青匈奴，赤狄即赤匈奴，黑狄即黑匈奴。可见，匈奴的排兵布阵也与他们的精神信仰有关。

---

① （西汉）司马迁：《史记》卷一一〇《匈奴列传》，中华书局 1959 年版，第 2892 页。

② （东汉）班固：《汉书》卷九六《西域传》，中华书局 1962 年版，第 3913 页。

③ （东汉）班固：《汉书》卷九四上《匈奴传上》，中华书局 1962 年版，第 3781 页。

④ （西汉）司马迁：《史记》卷一一〇《匈奴列传》，中华书局 1959 年版，第 2892 页。

第二节　匈奴军事文化的特色

游牧经济的特点使匈奴的军事文化呈现出与中原农耕经济迥然不同的特色，具有浓厚的民族和地域特色：

作战以骑兵为主。匈奴有庞大的骑兵队伍，二十四个“万骑长”各自统领万余骑兵。匈奴每次出兵，动不动就是万骑甚至几十万骑。冒顿单于领精兵四十余万围困汉高祖于白登山。“其西方尽白马，东方尽青駹马，北方尽乌骊马，南方尽骍马。”① 汉武帝元光二年（前133），单于贪图马邑财物，在汉商人聂翁壹的引诱下，以十万骑入武州塞。终武帝之世，匈奴在大规模的侵伐和与汉军的交战中出动了大批的骑兵队伍；并且匈奴人成年后皆为“甲骑”，由此可以想见匈奴骑兵规模之大。而马匹是骑兵队伍中必备的作战装备和武装力量，在作战中起着至关重要的作用。在匈奴人的游牧经济生活中，马虽属于畜类，却很少被当作食物。人们往往以马代步，将马作为重要的交通工具和从事狩猎的重要生产工具。北方广阔的草原、繁茂的草场为马群的生存繁殖和良种培育提供了良好的条件。所以匈奴的马匹数量相当大。每次战役，匈奴都会出动或者损失大批马匹。也正因为匈奴的马在野外牧场生存长大，所以其攻击力和生命力特别强，野性十足，在战斗中灵活、快速，又善于长途远行，冲击力强，常常给对手带来出其不意的重创。在匈奴驰骋高原的几个世纪里，马匹无疑功劳卓著。匈奴历史

① （西汉）司马迁：《史记》卷一一〇《匈奴列传》，中华书局1959年版，第2894页。

可以说是一部“马上战斗史”。匈奴“以马上战斗为国”，名副其实。拥有如此优越的条件，匈奴骑兵自然能在作战中显示出明显的优势。正如晁错在《言兵事疏》中所说：“今匈奴地形技艺与中国异。上下山阪，出入溪涧，中国之马弗与也；险道倾仄，且驰且射，中国之骑弗与也；风雨罢劳，饥渴不困，中国之人弗与也：此匈奴之长技也。”

独特的运动战战法。匈奴人善于运用远距离奔袭、大规模包抄以及诱敌深入、聚而歼之等因地制宜形成的战略战术。正所谓“善为诱兵以冒敌”①，因为匈奴人民过的不是定居生活，没有城堡壁垒作掩护，所以匈奴不以守城战为宜。与骑兵作战的特色相适应，骑射是他们的基本战法。其最大特点就是能够不与敌人近距离接触，可尽可能使自己少受伤害，避免不必要的流血伤亡，又可以有效攻击敌人。正如《后汉书·南匈奴列传》所说：“良骑野合，交锋接矢，决胜当时，戎狄之所长。”匈奴人从幼儿时期就开始的狩猎活动使他们尤其擅长骑射。匈奴的战略战术对其他草原游牧民族也产生了很大影响，被不断继承和发展。“以骑兵为主力兵种，充分利用骑兵部队的行动迅疾、攻势凌厉的特点，实施突然袭击、远途奔袭、包围歼灭的战略战术，这是自匈奴族以降北方民族的军事文化的传统。”②

作战装备多样。弓弩之类的投射武器是匈奴人的主要作战装备。因马上征战不宜手持刀剑与敌人交战，他们便就地取材，制作弓箭。“北边塞至辽东，外有阴山，东西千余里，草木茂

---

① （西汉）司马迁：《史记》卷一一〇《匈奴列传》，中华书局 1959 年版，第 2892 页。

② 张碧波、董国尧主编：《中国古代北方民族文化史》（修订本），黑龙江人民出版社 2001 年版，第 1511 页。

盛，多禽兽，本冒顿单于依阻其中，治作弓矢。”① 而且匈奴“有斗入汉地，直张掖郡，生奇材木，箭竿就羽”②。弓箭既适用于骑兵作战，也适用于步兵交锋；还可以最大程度地掩护自身，可对敌人进行出乎预料的迅猛攻杀。弓箭不仅是匈奴人重要的武器装备，更是他们射杀猎物的有力工具。所以，弓箭是他们军事和经济生活中不可或缺的器物。此外，匈奴人还使用刀、剑等兵器。《史记·匈奴列传》云：“其长兵则弓矢，短兵则刀铤。”《史记集解》引韦昭曰：“铤形似矛，铁柄。”《史记索隐》引《埤苍》云：“铤，小矛铁矜。”③ 人们在战国时期和秦汉时期的匈奴墓葬和遗迹中，分别发现了青铜和铁制的刀、剑、矛、镞等兵器，以短剑和短刀最多。其中的一些工具既是他们的武器，也是他们宰杀牲畜和食肉必备的工具。匈奴单于契金所用的“径路刀”应该是匈奴特有的一种宝刀，并不普遍使用。武器与生产生活工具的通用再次充分体现出匈奴兵民合一的军事特点。在使用武器的同时，匈奴人还使用甲胄、盾牌防身。据《汉书·晁错传》记载，晁错上书言兵事曰：“……匈奴之革笥木荐弗能支也。”颜师古注引孟康曰：“革笥，以皮作如铠者被之。木荐，以木板作如楯。”由此可见，匈奴人用皮革制造铠甲（也就是甲胄），作战时穿在身上，用来防身；用木板制造木盾，用来挡箭。

---

① （东汉）班固：《汉书》卷九四下《匈奴传下》，中华书局 1962 年版，第 3803 页。

② （东汉）班固：《汉书》卷九四下《匈奴传下》，中华书局 1962 年版，第 3810 页。

③ （西汉）司马迁：《史记》卷一一〇《匈奴列传》，中华书局 1959 年版，第 2879 ~ 2881 页。

无明文的军法条令。如前所述，匈奴的军事体制是军民合一的，匈奴人出则为兵，入则为民。匈奴军法是与习惯法相结合的，匈奴军队中没有系统明确的法令条文对士兵的行为加以约束和限制。所谓的军法也只是口头上的命令或规约。而且士兵大都出自普通牧民，他们多为捍卫自我生命财产而战，因此功利心较重，遵规守纪的意识淡薄。所谓“苟利所在，不知礼义”，“利则进，不利则退，不羞遁走”[①]。“其困败，则瓦解云散矣。”[②] 他们不以临阵脱逃和战败逃亡为耻辱，更不会因此而受到军法的处罚。所以匈奴往往实行物质奖励的措施，刺激鼓励军兵作战。按照匈奴的习惯，在战争中，斩杀敌人首级者赐一卮酒，而所得的战利品归自己所有，俘虏得来的人口可自行收为奴婢。“故其战，人人自为趣利……故其见敌则逐利，如鸟之集。”[③] 但是对抗命不从者，匈奴也会采取野蛮的方式，以儆效尤。冒顿曾以鸣镝训练军队的骑射，下令“鸣镝所射而不悉射者斩”。出猎时，以鸣镝所射而不射者斩；冒顿又以鸣镝自射其良马和爱妻，对于不敢射杀的人，则立即斩首。经过一番整训之后，冒顿的随军便对其言听计从了。因此他能成功发动军事兵变、夺取政权进而成为匈奴事实上的最高主宰者。匈奴人强悍、好斗，他们同样以这种强硬残暴的方式控制、制约军队，以达到令行禁止的效果。

---

① （西汉）司马迁：《史记》卷一一〇《匈奴列传》，中华书局1959年版，第2879页。

② （西汉）司马迁：《史记》卷一一〇《匈奴列传》，中华书局1959年版，第2892页。

③ （西汉）司马迁：《史记》卷一一〇《匈奴列传》，中华书局1959年版，第2892页。

第三节　匈奴的胜兵制度

关于匈奴士兵和兵制的确切指称在记载西汉时期匈奴历史的史书中未曾出现过。而《后汉书》对东汉时期南匈奴军队的记述中有“胜兵”之词。这是匈奴军事制度的一次巨大演变还是史书记载不够翔实而导致的现今对匈奴军事史实理解的偏差？笔者在此对这一问题做进一步论证。

“胜兵”一词在史书中大量使用最晚应该不迟于《汉书》。《汉书·西域传》每论及一国情况，多记述其户数、人口数与胜兵数。如婼羌国，“户四百五十，口千七百五十，胜兵者五百人。西与且末接。随畜逐水草，不田作”。鄯善国，“王治扜泥城，去阳关千六百里，去长安六千一百里。户千五百七十，口万四千一百，胜兵二千九百十二人”。大宛国，“王治贵山城，去长安万二千五百五十里。户六万，口三十万，胜兵六万人”。乌孙国，“户十二万，口六十三万，胜兵十八万八千八百人……与匈奴同俗”。由此可见，西域诸国中无论是著土常居的“城国”，还是游牧迁徙的“行国”，大都有胜兵存在。

但《史记》和《汉书》对匈奴历史的记述从未有关于“胜兵”的记载，多以“控弦之士”和“精兵”描述匈奴兵士。如《史记·匈奴列传》云：“是时汉兵与项羽相距，中国罢于兵革，以故冒顿得自强，控弦之士三十余万。”《汉书·匈奴传》云：“是时汉方与项羽相距，中国罢于兵革，以故冒顿得自强，控弦之士三十余万。”“精兵”一词更是多次出现。《史记·匈奴列传》：“汉兵逐击冒顿，冒顿匿其精兵，见其羸弱，于是汉悉兵，多步兵，三十二万，北逐之。”“高帝先至平城，步兵未尽到，冒顿纵精兵四十万①骑围高帝于白登。” “单于闻之，远其辎重，以精兵待于幕北。”《汉书·匈奴传》除了与《史记》有相同的记载，又载“（狐鹿姑）单于自将精兵左安侯度姑且水”。直到《后汉书·南匈奴列传》才载：“章和元年（87），鲜卑入左地击北匈奴，大破之，斩优留单于，取其匈奴皮而还。北庭大乱，屈兰、储卑、胡都须等五十八部，口二十万，胜兵八千人，诣云中、五原、朔方、北地降。”又有“是时（永元二年）南部连克获纳降，党众最盛，领户三万四千，口二十三万七千三百，胜兵五万一百七十”。可见，最早见于史书记载的匈奴胜兵制度，北匈奴要早于南匈奴。

关于“胜兵”的含义和出现年代，林幹先生认为：“南匈奴人入塞之后，在公元 90 年前后出现了‘胜兵’制度。……所谓‘胜兵’，就是脱离生产、只担任作战的常备兵。”② 黄烈先生则认为“匈奴后期实行胜兵制度”，时间“似在明、章之际”③。虽然我们已难以弄清匈奴胜兵制度最早出现的具体年代，但这些说法确有让人质疑之处。

首先，匈奴最先实行的是军民合一的军事制度，生产组织和军事组织相结合。匈奴人出则为兵，入则为民，没有固定的军事编制。《汉书·西域传》说乌孙与匈奴同俗，又提到乌孙有胜兵十八万八千八百人，就是说乌孙兵民一体的兵士被称作胜兵。而以此类推，匈奴的兵士也应该被称为“胜兵”，只不过《汉书》没有这样记载。因此，匈奴的“胜兵”事实上应该在之前就存在了，只是史

---

① （东汉）班固《汉书·匈奴传》作“冒顿纵精兵三十余万”。

② 林幹：《匈奴通史》，人民出版社 1986 年版，第 120 页。

③ 黄烈：《中国古代民族史研究》，人民出版社 1987 年版，第 163～164 页。

书未使用此说法而已。而且匈奴若是因为后期政权的南北分裂而专门将军队改为“胜兵”，这似乎也没有太大的关联性和必要性。

其次，如果说“胜兵”是不参加生产、专职承担作战任务的常备军，那么北匈奴的社会经济和生活状况就有点说不过去了。至于胜兵出现的原因，林幹先生提出了三点：一是社会生产的发展；二是农业开始在社会经济中占有较大比重；三是受汉朝兵制的影响。而北匈奴人一直游牧在大漠草原上，在战败之后更是退居到漠北地区。其社会结构和经济方式没有发生过根本性的变革，社会生产的进一步发展和农业比重的加大也就无从谈起。可是史书关于北匈奴胜兵的记载早于南匈奴，可知农业的发展应该不是胜兵制度产生的主要原因。虽然南匈奴部众长期居于长城沿边，受汉族影响很深，农业也有所发展，但他们仍以放牧畜群为主要生业。在南匈奴归附汉朝后不久，为防范北匈奴的经常进袭，东汉政府准许南匈奴各部迁至八郡地区居住。八郡即北地郡、朔方郡、五原郡、云中郡、定襄郡、雁门郡、代郡、西河郡，即今内蒙古南部、宁夏、甘肃、陕西、山西及河北北部地区。① 这些地区处于汉朝的边境地区，当时具有上好的游牧条件。初居于此的游牧民族显然仍会继续从事游牧业。据《后汉书·南匈奴列传》记载，南单于安国与左贤王师子不和，又遭到汉军的攻击。夜里，安国得知汉军已到，极为惊惧，“弃帐而去”，转而率部进攻师子。左贤王师子于是“悉将庐落入曼柏城”。这么多“庐帐”和“庐落”说明他们仍然过着游牧生活。而且东汉政府在打击南匈奴的叛乱部落时，所俘获财物也多以牛羊为主。如永和五年（140），南匈奴左部句龙王吾斯、车纽等背叛，东汉政府“遣中郎将张耽将幽州乌桓诸郡营兵，击畔虏车纽

① 杨建新：《中国西北少数民族史》，民族出版社2003年版，第56页。

等，战于马邑，斩首三千级，获生口及兵器牛羊甚众”①。可见，牲畜仍是南匈奴人的主要生活资料和财产。这已经是公元 91 年北匈奴战败西逃之后的情形了，那么之前南匈奴人民的生活状况就可想而知了。另外，除了《汉书 · 西域传》《后汉书 · 西域传》，此后的《三国志》《梁书》《魏书》《隋书》《北史》《旧唐书》《新唐书》《旧五代史》《宋史》等史书中有关西域诸国、北方各族的传记也经常使用“胜兵”这一概念。他们的生活状况各异，有的以牧业为主，有的以农业为主。所以如果笼统地将“胜兵”出现的原因归结为社会生产的发展和农业比重的加大似乎有点勉强，而且也不能说他们都是因为受到汉朝兵制的影响才设立胜兵制度的。

胜兵是否就是从生产中解放出来、只担任作战任务的常备兵呢？北匈奴人生活的区域和方式与西汉时相比，基本没有较大的变化，而且由于天灾人祸不断，他们的生产不仅没有大的发展，反而日渐萧索。所以，北匈奴是无法从生产中抽出一部分劳动力专门充当兵士的。南匈奴的状况如上所说，其游牧生活方式直至东汉后期始终居于主导地位，其“社会经济状况与西汉匈奴变化不大”②。因此，虽然南匈奴受中原农耕经济的影响，逐渐发展农业，但进展应该不是很好，速度也不是特别快，所以也很难抽出一批壮年人脱离生产劳动而专事军事作战。

再从供养程度来讲，匈奴恐怕很难有足够的力量供养这么多常备兵。元和二年（85），“北虏衰耗，党众离畔”，于是南匈奴、丁零、鲜卑以及西域各国纷纷向北匈奴发起攻击。北匈奴内部分崩离

① （南朝宋）范晔：《后汉书》卷八九《南匈奴列传》，中华书局 1965 年版，第 2962 页。

② 黄烈：《中国古代民族史研究》，人民出版社 1987 年版，第 184 页。

析，外部四面受敌，终于“不复自立，乃远引而去”①。章和元年(87)，鲜卑侵入北匈奴左地，导致北庭大乱。再加上汉军不断大兵压境和与周边其他民族的频繁火力交锋，北匈奴人民安心从事牧业生产都很困难，更谈不上社会生产的发展和有充足的多余物资供应军事了。但是，北匈奴中依然有“胜兵”存在，这也就与林幹先生的“以剩余劳动多供养一人”的说法相背了。而南匈奴自附汉四十多年以来，“开口仰食”，每遇蝗灾和饥荒，都会得到汉政府的补给，这说明南匈奴的生产和自我供给能力很差。从人口比例来看，南匈奴有三万四千户，胜兵五万一百七十，则平均每户要出一个半男子当兵，以人口二十三万七千三百计，平均4.6个人中就有一个充兵。② 平均每户近八个人中有一个半男丁不劳作只打仗。这样的比例看似很合理。但是当时南匈奴人口激增主要是因为有大量被俘获和投降的人。俘虏中很多是老弱妇幼，他们一般成为奴隶，从事生产。北匈奴的新降众多因兵败或“饥蝗”来降，他们没有太多的财物和战斗力，而且往往有异心。在这种情况下，平均三个多人在供养统治阶级奢侈生活的同时，还要养活一个壮年士兵，这应该不太容易。

客观上看，东汉政府是以维护其统治利益为主要目的的，当然不会任南匈奴的兵力恣意增长。尽管在南匈奴附汉后，东汉政府从物质和经济上给予南匈奴强大的支持，但东汉对南匈奴实行的是羁縻政策和“以夷制夷”策略，以南匈奴的力量牵制北匈奴，从中得利。东汉政府派中郎将将兵进入南匈奴驻地，为其设官府、从事、

① （南朝宋）范晔:《后汉书》卷八九《南匈奴列传》，中华书局1965年版，第2950页。

② 张莉:《南匈奴“胜兵”性质新解》，载《安徽史学》1999年第4期。

掾史，护卫南单于。一方面为保护南匈奴免受侵扰，并协助他们处理内部事务；另一方面是为了洞察其动静，加紧对南匈奴的防范，以防“南北交通”，而且又可借助南匈奴捍御北虏、保护边塞。因此，从东汉政府的角度讲，他们是不可能放任南匈奴拥五万多常备兵自重而对东汉统治构成隐患的。

“胜兵”这一说法源于何时，因没有具体考察，不便妄加臆断。《战国策·魏策三》载：“臣闻魏氏悉其百县胜兵，以止戍大梁。”《后汉书》载朱浮《为幽州牧与彭宠书》：“六国之时……廓土数千里，胜兵将百万，故能据国相持，多历年世。”“六国之时”即战国之时。又林幹和马长寿先生都认为匈奴胜兵的出现是受汉朝兵制的影响。那么可以推断“胜兵”一词当源于中原，是中原人对出征作战者的一种称呼。因此，笔者大胆推测正史所载各民族拥有之“胜兵”，未必是本族人民对兵士的一种称谓，而是中原的史学家们以自己的措辞和表达方式对夷狄出征作战者的称呼，而对“胜兵”含义的解释可依从阿尔丁夫先生的看法。①

“兵”是兵器、兵刃的意思，“胜”（shēng）是力能胜任的意思。“胜兵”即力能操兵，引申为能操兵作战的人，又称“胜兵者”。如《史记·萧相国世家》载鲍生谓丞相曰：“王暴衣露盖，数使使劳苦君者，有疑君心也。为君计，莫若遣君子孙昆弟能胜兵者悉诣军所，上必益信君。”《三国志·魏书·杨阜传》载阜率国士大夫及宗族子弟胜兵者千余人，使从弟岳于城上作偃月营，与超接战，自正月至八月拒守而救兵不至。《汉书·西域传》之婼羌国，《后汉书·西羌传》之滇良国，《隋书·西域传》之龟兹国、疏勒

① 参阅阿尔丁夫《“胜兵”果真是“常备兵”吗？—兼谈几部辞书存在的问题》，载《民族研究》1999 年第 1 期。

国、于阗国、吐火罗国、挹怛国、漕国以及《北史·西域传》之疏勒国、吐火罗国、何国、漕国等传记中均有“胜兵者”。“胜”读作“shèng”时，可释为“打胜仗的部队”或“精兵”。如《宋书·周朗传》云：所谓十年存育，十年教训，如此，则二十年间，长户胜兵，必数倍矣。《旧唐书·太宗纪》云：师次于泾阳，胜兵九万，破胡贼刘鹞子，并其众。

通过前三节对匈奴之军事状况的粗略梳理，我们可以形成以下六点认识。

第一，匈奴的军事生活与其经济特点、生存环境密切相关。

匈奴人生活在一望无际的大草原上，所以放牧和打猎是他们主要的生产项目和日常活动，牲畜是他们主要的生产生活资料。宽广的牧场、成群的马匹、种类多样的飞禽走兽为匈奴人骑马射箭的生活创造了天然的条件。因此，他们因地制宜，组建了一批批骑兵队伍，背弓负箭，以精良的骑射技术驰骋沙场。由于匈奴人随水草四处迁移，流动性特别强，没有固定的游牧地、居住地，更无固守的城池可言，所以他们的军事作战多以游击战为主，没有明确的攻守阵地的概念，形势有利则强势进攻或肆意进犯，形势不利则立刻撤退、四散逃窜。

长期的草原游牧生活使匈奴人善于野外作业。他们的求生能力、适应能力、进攻性、防御能力、自我保护能力都特别强。因为战争一般发生在他们较为熟悉的塞外或边塞地区，所以匈奴军队可以保持较长时间的顽强战斗力，很少因为地理条件的改变而出现强烈的不适应，很少会出现食物短缺、疾病瘟疫所致的大规模溃败。

第二，匈奴的政治文化体现出明显的军事化痕迹，军事攻略不仅是他们惯常的状态，而且作战的随机性和机动性特别强。

匈奴人在日常的游牧或射猎过程中，随时可能进行劫掠活动，也随时可能被劫掠。他们对战争既没有事先的充分准备，也没有专门的防御措施。匈奴人对战争不做详细的运筹和谋划，对粮草供应、地形地势、敌我实力、利弊形势也不做具体的探察和分析，一般是不宣而战、相遇则战，以他们的主动侵犯、寇略引起的争战居多。但如果针对性和目的性很明确，匈奴也会派兵驻防，如屯田车师、侵逼乌孙，不过这种情况很少。

第三，匈奴人民具有牧民和士兵的双重角色。

匈奴还没有发展到社会分工非常明确的程度。农业、手工业虽然存在，但还不能成为社会的主体产业。牧民既要从事生产劳动、进行产品交换，又要参与军事行动。他们担负着养家糊口和保卫生命财产的双重任务，扮演着牧民和士兵的双重角色，往往是“人不弛弓，马不解勒”，随时准备投入战斗。虽然匈奴人民祖祖辈辈从事游牧业，但其游牧业未发达到可以抽出一部分人脱离生产而专门从事军事作战的水平。匈奴的生产状况也无法使其有多余的粮草供应大规模的常备军。而且匈奴没有固定的城镇、土地和大量的不动资产，所以没有必要集中大批的军队长期固守边防。兵民合一正是一种与匈奴的实际情况相适应的军事形式。

第四，在强大的生存压力下，匈奴人的军事活动带有很强的功利性。

与从事农业生产的汉人相比，匈奴人民逐水草而居，对自然的依赖程度远远高于农耕民族，这意味着他们的生存方式更加脆弱，他们更缺乏处理人与自然关系的能力。① 虫灾及恶劣的天气灾害等都可能导致匈奴生产的大萎缩和人畜的大量伤亡。

① 高恒天：《秦汉时代之匈奴道德生活》，载《伦理学研究》2007 年第 5 期。

在基本靠天吃饭的强大生存压力的驱使下，如何获得生活资料维持生计、保护自己的财物不被侵夺是他们首要关心的问题。我们无法也不能简单以中原传统的礼义观去衡量匈奴频繁侵犯汉境、劫掠物产的行为。在匈奴人看来，生存才是第一要务和最高原则，所以匈奴士兵可以为得到更多的俘获物和俘虏而奋勇杀敌，可以为得到更多“死者家财”而将战死的士兵运回。他们出征的主要目的并不是攻城略地，而是掠取财物和人口。征服其他民族最终也是为取得更多的贡赋和畜产。因此，匈奴士兵的功利性是他们的生存本能使然。

第五，匈奴的军事体现出优势和不足并存的特点。

匈奴的武器装备和战略战术有其自身的特点和优势，同时也存在很多不足。汉朝的一些政治家和军事家的评论可以体现这一点。汉文帝时的晁错对匈奴军事的优劣做出了明确的分析。他指出匈奴拥有“上下山阪，出入溪涧”自若、“险道倾仄，且驰且射”自若、“风雨罢劳，饥渴不困”三大优势，同时又指明“若夫平原易地，轻车突骑，则匈奴之众易挠乱也；劲弩长戟，射疏及远，则匈奴之弓弗能格也；坚甲利刃，长短相杂，游弩往来，什伍俱前，则匈奴之兵弗能当也；材官驺发，矢道同的，则匈奴之革笥木荐弗能支也；下马地斗，剑戟相接，去就相薄，则匈奴之足弗能给也，此中国之长技也”①。汉武帝时，御史大夫韩安国云：“今匈奴负戎马足，怀鸟兽心，迁徙鸟集，难得而制。”②“且匈奴，轻疾悍亟之兵

---

① （东汉）班固:《汉书》卷四九《晁错传》，中华书局 1962 年版，第 2281 页。

② （东汉）班固:《汉书》卷五二《韩安国传》，中华书局 1962 年版，第 2398 页。

也，至如猋风，去如收电。”[①] 主父偃云：“夫匈奴，兽散而鸟散，从之如搏景。”[②] 汉昭帝时，桓宽在《盐铁论》中记录了大夫和文学的不同看法。大夫说：“匈奴无城郭之守、沟池之固、修戟强弩之用、仓廪府库之积……织柳为室，旃席为盖。素弧骨镞，马不粟食。”文学则认为匈奴“虽无修戟强弩，戎马良弓。家有其备，人有其用，一旦有急，贯弓上马而已。资粮不见案首，而支数十日之食，因山谷为城郭，因水草为仓廪”[③]。东汉顺帝时，大将军梁商也对“戎狄之长短”做了精辟的分析：“良骑野合，交锋接矢，决胜当时，戎狄之所长，而中国之所短也。强弩乘城，坚营固守，以待其衰，中国之所长，而戎狄之所短也。”[④]

第六，我们应重新认识匈奴的胜兵制度。

以往的研究成果一般认为匈奴的胜兵制度是在南匈奴附汉之后，由于生产的发展、经济结构的变化、受到汉王朝兵制的影响而产生的，可以解释为脱离生产、只担任作战任务的常备兵。根据对史料的进一步深入分析研究可知：从胜兵制度在文献中出现的时间来看，北匈奴胜兵制度出现的时间比南匈奴要早；从南北匈奴的经济情况和生产条件、南匈奴内附后很长一段时间内的生活状况以及其他存在“胜兵”的部落或部族的经济类型来看，胜兵的产生应该不是南匈奴产业结构改变、农业比重加大直接造成的；从匈奴的经

① （东汉）班固：《汉书》卷五二《韩安国传》，中华书局 1962 年版，第 2401 页。

② （东汉）班固：《汉书》卷六四上《主父偃传上》，中华书局 1962 年版，第 2801 页。

③ （西汉）桓宽：《盐铁论》卷九《论功》，上海人民出版社 1974 年版，第 107 页。

④ （南朝宋）范晔：《后汉书》卷八九《南匈奴列传》，中华书局 1965 年版，第 2961 页。

济条件和供养水平来看，无论是北匈奴还是南匈奴，都很难解放出这么多的劳动力不事生产而专门从事军事作战；从东汉政府的角度讲，东汉政府更是不可能放任南匈奴拥有如此众多的常备军。另外，我们还可以尝试从语音和文字的角度重新解释“胜兵”一词。“胜兵”可以理解为力能操兵，又引申为能持兵器作战的人。

综上可知，匈奴基于自身的自然条件和畜牧经济，在军事方面表现出了强烈的游牧民族的特点，而这些特点与其生产生活方式是相适应的。同样，匈奴的军事活动又为其生产的发展、社会的稳定和匈奴人民生命财产的安全提供了有力保障。匈奴的军事制度也在随着经济的发展而不断发展变化。这也从侧面证实了经济基础的重要性，军事亦与一个民族的经济有密不可分的联系。

第九章
北匈奴的分散及西迁

第一节　北匈奴的分散

公元 91 年，一直居于漠北地区与东汉王朝对抗的北匈奴被汉军和南匈奴等力量击败，北单于率其残部向西逃亡。北匈奴失去了政治统治的中心，陷入大混乱之中。许多人无所归属，四下逃散。关于战败北匈奴人的去向问题，据林幹先生考察，北匈奴主要分裂为四个部分。

一、北单于率领的部分，也就是后来西迁入欧洲的匈奴人

北单于被打败后，率领其残部远走乌孙，后转徙康居，然后又不断向西迁徙，大约于公元 4 世纪中叶踏入欧洲地界。这部分北匈奴人究竟有多少，不得而知。沿途，他们不断与当地民族发生接触、冲突或融合。经过两百多年的长途跋涉，这部分匈奴人到达欧洲时，已与开始西迁时有很大不同。进入欧洲后，他们又与欧洲各民族交往融合、相互影响，不断发生着变化。

二、北单于弟於除鞬率领的部分

北单于逃亡后，其弟右谷蠡王於除鞬自立为单于，率领数千人

退至蒲类海，遣使至塞下求归附。汉朝接受了他的请求，并于永元四年（92）派耿夔前往颁发印绶，留中郎将任尚持节屯驻伊吾卢城加以护卫。汉中央政府本欲辅佐於除鞬返回北庭，但是还未实施，於除鞬便于第二年（93）叛离汉廷逃往漠北，结果被汉兵追获斩首，其部众也被歼灭。

三、加入鲜卑的部分

就在北匈奴政权日渐衰败崩溃之时，东边的鲜卑族逐渐强大起来。乘北单于败走、漠北混乱之机，鲜卑向西迁移，占据了原先北匈奴活动的地区。当时一大部分残留在漠北的北匈奴人因此加入了鲜卑族，与之融合，成为鲜卑族的成员。这部分北匈奴人有十余万落。

四、始终留在漠北西北角的部分

这部分北匈奴人一直留在漠北，没有迁移，为数有多少，无从查考。公元4世纪末5世纪初，柔然族在北方兴起，将这部分北匈奴人吞并了。《魏书·蠕蠕传》曰：其西北有匈奴余种，国尤富强，部帅曰拔也稽，举兵击社崘（柔然族的首领），社崘逆战于颏根河，大破之，后尽为社仑崘所并。①

另外，很可能还有其他北匈奴人零散处于漠北他处，但由于没有形成较为集中的力量，活动也不甚明显或者仅是北匈奴中的个体，因而未被记载于史书。笔者在此不再做具体论证。

---

① 参阅林幹《匈奴通史》，人民出版社1986年版，第108～110页。

第二节　北匈奴的西迁

一、北匈奴西迁的原因

从整体来看，北匈奴西迁是多方面原因造成的，既有内因，也有外因；相对而言，外因大于内因。

首先，从北匈奴内部来看，北匈奴部分人众不断南下归附汉朝的行为和统治阶级内部矛盾的加剧加深了北匈奴的社会危机，动摇了其在漠北的根基，使其很难再在漠北立足。

我们知道，由于北匈奴不时寇略汉朝边境，与东汉王朝和其他民族政权不断发生军事冲突，所以北匈奴的一些部众逐渐产生了厌战情绪。而南匈奴因移居塞内，在政治和经济上得到了东汉王朝的支持和援助，势力发展很快。"北虏众以南部为汉所厚"①，"多欲内顾"②，遂纷纷南下归附汉朝。明帝永平二年（59），北匈奴护于丘率众千余人来降。章帝建初八年（83），北匈奴三木楼訾大人稽留斯等率三万八千人、马二万匹、牛羊十余万，款五原塞降。元和二年（85），北匈奴大人车利涿兵等入塞，凡七十三辈。章和元年（87），鲜卑进击匈奴左地，北匈奴大乱，屈兰、储卑、胡都须等五十八部二十万口八千名官兵，分别到云中、五原、朔方、北地等郡附汉。章和二年（88），北匈奴纷乱，加之蝗灾，投奔东汉者前后

---

① （南朝宋）范晔：《后汉书》卷八九《南匈奴列传》，中华书局 1965 年版，第 2951 页。

② （南朝宋）范晔：《后汉书》卷八九《南匈奴列传》，中华书局 1965 年版，第 2952 页。

而至[1]。和帝永元元年（89），北单于大败逃走时，又有温犊须、日逐、温吾、夫渠王柳鞮等八十一部及众二十余万前后降汉。同年，窦宪“遣军司马吴汜、梁讽，奉金帛遗北单于，宣明国威，而兵随其后。时虏中乖乱，汜、讽所到，辄招降之，前后万余人”[2]。综上可知，在三十多年的时间里，先后投汉的北匈奴部众达四十余万，大大削弱了北匈奴侵扰集团的军事力量和战斗力。

正当漠北大混乱之时，北匈奴又发生了饥荒和蝗灾，生产水平下降，人民生活困苦不堪。而统治集团内部的矛盾也尖锐起来。自优留单于被鲜卑斩杀之后，骨都侯等人遂共立其异母兄右贤王（史失其名）为单于，各部势力因“兄弟争立，并各离散”[3]。可见北匈奴内部已发展到众叛亲离的地步，这也为后来汉朝大规模的北征创造了极为有利的条件。而社会危机十分深刻的北匈奴已不是发展起来的东汉王朝的对手了，自然不堪一击，溃败散逃。

在外患日益加剧的情况下，北匈奴人众的不断归汉和内部矛盾的持续加深使北匈奴人口锐减、危机四伏，实力受到严重削弱。北匈奴的民族凝聚力急剧下降，人心涣散，政局动荡，在漠北的根基越来越不稳固，很难再有立足之地。

其次，东汉王朝实行的羁縻政策以及采取的联夷共击和武力征伐等手段迫使北匈奴离开漠北走上迁徙之路。

---

① 参阅（南朝宋）范晔《后汉书》卷八九《南匈奴列传》，中华书局1965年版。

② （南朝宋）范晔：《后汉书》卷二三《窦宪传》，中华书局1965年版，第817页。

③ （南朝宋）范晔：《后汉书》卷八九《南匈奴列传》，中华书局1965年版，第2952页。

匈奴南北分裂后，北匈奴仍然经常侵犯汉边，对边疆的稳定造成了很大的威胁。东汉王朝为安定北境，对北匈奴实施了羁縻政策，采取了联夷共击和武力征伐等措施。

东汉王朝对北匈奴采取的羁縻政策主要包括通使、互市两个方面，其目的是安边保境。①北单于见南匈奴附汉后得到东汉政府的大力支持而十分惶恐，主动归还所掳掠的汉人，以示善意，并“钞兵每到南部下，还过亭候，辄谢曰：‘自击亡虏薁鞬日逐耳，非敢犯汉人也。’”②为改善与东汉政府的关系，北匈奴多次派遣使者请求和亲、互市。建武二十七年（51），北单于遣使到武威请求和亲。光武帝采纳皇太子的意见，“告武威太守勿受其使”③。翌年秋，“北匈奴复遣使诣阙，贡马及裘，更乞和亲，并请音乐，又求率西域诸国胡客与俱献见”④。东汉政府依班彪之议，对北匈奴采取羁縻政策，稍加赏赐，但明确拒绝了其“率西域诸国俱来献见”及“和亲”的请求。然而，北匈奴并没有气馁，又于建武三十一年（55）向东汉提出和亲，东汉只赠给彩缯，仍没有答应和亲，也未遣使者，并以前世呼韩邪单于称臣求安受赏以及郅支单于背德负义受诛之事予以警告，这样就断绝了北匈奴的修好之意。明帝永平七年（64），北单于复欲与汉互市，故遣使者乞求和亲。此次，汉明

① 马勇：《论东汉王朝对北匈奴的政策》，载《云南民族大学学报（哲学社会科学版）》2003年第6期。

② （南朝宋）范晔：《后汉书》卷八九《南匈奴列传》，中华书局1965年版，第2945页。

③ （南朝宋）范晔：《后汉书》卷八九《南匈奴列传》，中华书局1965年版，第2946页。

④ （南朝宋）范晔：《后汉书》卷八九《南匈奴列传》，中华书局1965年版，第2946页。

帝答应了北匈奴的请求，并“遣越骑司马郑众北使报命”①。章帝元和元年（84），北单于又通过武威太守上书请求互市。汉政府同意了这一请求。

综上可见，从南匈奴附汉到和帝永元元年（89），北匈奴或因“惧于见伐”，或因缓和汉匈紧张关系，多次请求和亲和互市。东汉王朝为了边境安宁，出于“冀其交通，不复为寇”的目的，与北匈奴保持了时断时续的通使、互市关系。由于北匈奴不时寇边掠夺以及东汉政府在对待北匈奴问题上的摇摆性，所以东汉王朝对北匈奴采取的羁縻政策收效不大。②

东汉王朝在“以夷制夷”思想的指导下，拉拢南匈奴和西域诸国，利诱乌桓、鲜卑等族，对北匈奴施以强大的军事压力。在南匈奴附汉后，东汉王朝给以大力扶持，为其建单于庭，目的就是坚定南单于亲汉之诚意，防止南北匈奴联合，利用南匈奴分化和讨伐北匈奴，史称“北虏分争，以夷伐夷，国家之利”③。光武帝建武二十五年（49），南单于依仗东汉的力量，发兵进攻北单于，“北单于震怖，却地千里”④，退居漠北。明帝永平五年（62），北匈奴六七千骑入侵五原塞，寇抄云中至原阳，南单于出兵击却之，西河长史马襄赴救，北虏乃引去。永平十六年（73），东汉王朝大举北征北匈奴，“南单于遣左贤王信随太仆祭肜及吴棠出朔方高阙，攻皋

---

① （南朝宋）范晔：《后汉书》卷八九《南匈奴列传》，中华书局1965年版，第2949页。

② 马勇：《论东汉王朝对北匈奴的政策》，载《云南民族大学学报（哲学社会科学版）》2003年第6期。

③ （南朝宋）范晔：《后汉书》卷八九《南匈奴列传》，中华书局1965年版，第2953页。

④ （南朝宋）范晔：《后汉书》卷八九《南匈奴列传》，中华书局1965年版，第2943页。

林温禺犊王于涿邪山”①。章帝建初元年（76），皋林温禺犊王见东汉军队退走，复还居涿邪山，南单于闻知，“遣轻骑与缘边郡及乌桓兵出塞击之，斩首数百级，降者三四千人”②。元和二年（85），南单于遣兵千余人猎至涿邪山，与北匈奴温禺犊王相遇而战，获其首级而还。和帝永元元年（89），窦宪、耿秉各领四千骑兵及南匈奴左谷蠡王师子万骑出朔方鸡鹿塞，南单于屯屠何领万骑出满夷谷，度辽将军邓鸿及缘边义从羌胡八千骑与左贤王安国万骑出稒阳塞，诸军会于涿邪山，大破北匈奴。永元二年（90），南单于上书东汉政府请求破灭北匈奴，遂遣左谷蠡王师子等将左右部八千骑出鸡鹿塞，与中郎将耿谭两道共击北匈奴，给北匈奴造成了重创。南匈奴欲借助东汉之力，“破北成南，并为一国”③，重新统一匈奴。这在客观上有利于东汉政府实施“以夷制夷”的措施，使东汉政府达到了笼络南匈奴以瓦解北匈奴的目的，收效较为显著。

东汉初期，由于政权初建、中原未定，东汉政府无暇顾及西域，西域各国乘机互相兼并，局势混乱。北匈奴乘机在西域扩张势力，逐渐恢复了原来的统治，并利用西域诸国的人力、物力与东汉抗衡并袭扰汉边。明帝时，中原日渐安定，政权巩固，实力增强，遂改变东汉初期消极应对西域和北匈奴的政策，开始经营西域、打击北匈奴。明帝后期，东汉政府派班超出使西域，欲联合西域各国共同对抗北匈奴。班超机智果敢，深入各国杀死北匈奴的使者，恩

---

① （南朝宋）范晔：《后汉书》卷八九《南匈奴列传》，中华书局1965年版，第2949页。

② （南朝宋）范晔：《后汉书》卷八九《南匈奴列传》，中华书局1965年版，第2949～2950页。

③ （南朝宋）范晔：《后汉书》卷八九《南匈奴列传》，中华书局1965年版，第2952页。

威并用，以西域归附之“夷”制不归附之“夷”。鄯善、于阗、疏勒和车师等国相继脱离匈奴归附于汉，诸国大震，纷纷遣子为质，表示归属东汉。西域和中原王朝的关系得以恢复，东汉重新在西域设置了都护和戊己校尉，恢复了对西域的管理。班超的出使使东汉政府实现了联西域诸“夷”断北匈奴“右臂”和折北匈奴“左角”以抵御北匈奴的目的，使北匈奴失去了对抗东汉王朝的重要力量。

乌桓、鲜卑兴起于东北地区，因受匈奴压迫日久素有积怨。东汉利用他们与匈奴的矛盾和报仇心理，极力笼络，封王赐爵，赏以珍宝，使他们成为东汉的耳目，侦察匈奴的动静，“助击匈奴”。光武帝时，汉“乃以币帛赂乌桓”。此时，“四夷朝贺，络驿而至，天子乃命大会劳飨，赐以珍宝”①。建武二十五年（49），辽西乌桓大人率众向化，诣阙朝贡，东汉于是“封其渠帅为侯王君长者八十一人，皆居塞内，布于缘边诸郡，令招来种人，给其衣食”②。东汉政府同时对鲜卑“示以财利”，“慰纳赏赐”，使鲜卑大都护“稍复亲附”，并招致“其异种满离、高句骊之属”③。建武三十年（54），鲜卑大人于仇贲、满头等率种人诣阙朝贡；光武帝“封于仇贲为王，满头为侯”④。在东汉王朝的厚赐和扶持下，乌桓、鲜卑等族“击匈奴以立功”，成为东汉牵制和防备匈奴的一支力量，成为东汉进攻匈奴的有力协助者，给北匈奴带来了强大的军事压

① （南朝宋）范晔：《后汉书》卷九〇《乌桓鲜卑列传》，中华书局1965年版，第2982页。

② （南朝宋）范晔：《后汉书》卷九〇《乌桓鲜卑列传》，中华书局1965年版，第2982页。

③ （南朝宋）范晔：《后汉书》卷二〇《祭彤传》，中华书局1965年版，第745页。

④ （南朝宋）范晔：《后汉书》卷九〇《乌桓鲜卑列传》，中华书局1965年版，第2985页。

力。永平十六年（73），汉大发缘边兵，“遣诸将四道出塞，北征匈奴”，给北匈奴造成了沉重的军事打击。

东汉政府采取以夷制夷的策略，联合南匈奴、乌桓、鲜卑和西域诸国的力量来抗击北匈奴，不仅弥补了汉军的不足和缺陷，缓解了远征的压力，减轻了人民的军役负担，节省了军费开支和消耗，而且进一步加深了北匈奴与其他民族的矛盾，达到了削弱北匈奴的目的。

随着中原政治局势的统一与稳定、经济的不断恢复和实力的增强，东汉对北匈奴发起了一系列大规模的征伐，给北匈奴造成了致命的打击。永平十五年（72），明帝采纳耿秉提出的“击白山，得伊吾，破车师，通使乌孙诸国以断其右臂”① 的建议，令奉车都尉窦固和驸马都尉耿秉领兵出屯凉州，做好北伐匈奴的准备工作。永平十六年（73），明帝“遣太仆祭肜出高阙，奉车都尉窦固出酒泉，驸马都尉耿秉出居延，骑都尉来苗出平城，伐北匈奴。窦固破呼衍王于天山，留兵屯伊吾卢城。耿秉、来苗、祭肜并无功而还”②。永平十七年（74），汉遣窦固、耿秉、刘张出敦煌昆仑塞，击破白山虏，进入车师，设置西域都护和戊己校尉。永平十八年（75），北单于发兵破杀车师后王。戊己校尉耿恭出兵营救，以毒箭射杀匈奴军，“虏中矢者，视创皆沸，遂大惊。会天暴风雨，随雨击之，杀伤甚众”③。章和二年（88），南单于上书章帝，请求东汉政府发兵助其北上统一匈奴。临朝执政的窦太后采纳耿秉的意见，

---

① （宋）司马光：《资治通鉴》卷四五《汉纪三十七》，中华书局1956年版，第1459页。

② （南朝宋）范晔：《后汉书》卷二《显宗孝明帝纪》，中华书局1965年版，第120页。

③ （南朝宋）范晔：《后汉书》卷一九《耿恭传》，中华书局1965年版，第720页。

封窦宪为车骑将军、耿秉为副将军，“发北军五校、黎阳、雍营、缘边十二郡骑士，及羌胡兵出塞”①，讨伐北匈奴。和帝永元元年（89），汉军大破北匈奴于稽落山，斩名王以下一万三千级，获马、牛、羊、橐驼百余万头，降者八十一部二十余万人。窦宪、耿秉“遂登燕然山，去塞三千余里，刻石勒功，纪汉威德”②。永元二年（90）五月，窦宪遣将击北匈奴于伊吾卢，夺回其地。同年十月，东汉再败北匈奴，斩杀八千余人。北单于受伤遁逃，仅以身免。窦宪以北单于微弱，欲乘势灭之，遂于永元三年（91）令耿夔、任尚等领兵出居延，围北匈奴于金微山（今阿尔泰山），击破其众，使其“逃亡不知所在”，其地为鲜卑所居。

东汉统治者对北匈奴采取的一系列政策完全是为了维护自身的统治和边疆的安定，是为了防止南北匈奴联合、防范北匈奴势力壮大。在东汉政府与周边民族的共同攻伐和孤立下，北匈奴的力量不断被削弱，北匈奴被迫离开漠北走上迁徙之路，匈奴再未实现统一。

第三，匈奴奴隶的反抗斗争日趋激烈，阶级矛盾更加尖锐，极大地削弱了匈奴的奴隶制。

早在冒顿单于统治的强盛时期，奴隶就已普遍存在于匈奴社会中了。《史记·匈奴列传》载：“其攻战，斩首虏赐一卮酒，而所得卤获因以予之，得人以为奴婢。”③ 所以，奴隶在匈奴社会中早

---

① （南朝宋）范晔：《后汉书》卷二三《窦宪传》，中华书局1965年版，第814页。

② （南朝宋）范晔：《后汉书》卷二三《窦宪传》，中华书局1965年版，第814页。

③ （西汉）司马迁：《史记》卷一一〇《匈奴列传》，中华书局1959年版，第2892页。

已存在，不仅匈奴贵族有奴隶，平民也拥有奴隶。当然，匈奴贵族拥有的奴隶的数量要多得多。贵族死，其“近幸臣妾从死者，多至数十百人”①。人们在蒙古诺颜山出土的匈奴墓室中竟发现了 17 条发辫。这说明匈奴贵族拥有大批奴隶而且会以大量的奴隶殉葬。

随着生产力的发展，匈奴需要更多的劳动力，而且畜牧业的发展、骑术的提高也使匈奴人获得越来越多的战俘。匈奴所得的战俘不仅有汉人，也有其他族人（如东胡、乌桓、鲜卑、西嗕、丁零等族被掳去的人）。在被征服的部落或部族中，有的整族人甚至都变成了匈奴的奴隶，如乌桓族等。匈奴奴隶中还有一些是从邻族买来的。如东汉时，西方的羌族把掠夺来的大批汉人奴隶转卖给南匈奴。此外，隶属于匈奴的部落或者部族因不能按时缴纳贡税而被没收成为匈奴的债奴。据《后汉书·乌桓传》记载，乌桓自被匈奴击破后日渐衰弱，臣服于匈奴，每年必须要向匈奴输送牛马羊皮，若过时不纳则没收其妻儿等家人为奴。而且，匈奴本民族内的族人若有盗窃财物者，则依法没收其家产，其家口要充为罪奴。②

匈奴称奴隶为“赀”，即资财之意。奴隶主把奴隶当作同财物一样的私有财产，任意役使。奴隶们被迫从事各种生产劳动：来自游牧部落的人被驱使放牧，来自农业地区的汉人被驱使耕种，有手艺的人则被驱使从事手工业劳动。他们担负着最繁重的放牧、饲养牲畜、冶炼、铸造及筑城等体力劳动，为奴隶主无偿创造着劳动成果。奴隶们被当作“会说话的工具”，受着最残酷的剥削，被任意处置，有时甚至被作为奴隶贵族的殉葬品。匈奴奴隶主对奴隶的种

① （东汉）班固：《汉书》卷九四上《匈奴传上》，中华书局 1962 年版，第 3752 页。

② 参阅林幹《匈奴史》（修订本），内蒙古人民出版社 1977 年版，第 19～22页。

种残酷压榨和虐待引起了奴隶的反抗斗争。尤其是南北分裂时，各族奴隶趁混乱之机集体逃亡。《三国志·魏书·乌丸鲜卑东夷传》注引《魏略》曰，公元1世纪中期，“匈奴衰，分去其奴婢，亡匿在金城、武威、酒泉北黑水、西河东西，畜牧逐水草，钞盗凉州，部落稍多，有数万，不与东部鲜卑同也。其种非一，有大胡，有丁令，或颇有羌杂处，由本亡奴婢故也”①。在匈奴分裂后，北匈奴贵族还常常驱使所控制的乌桓、鲜卑等族的人民侵扰汉边，“杀略吏人，无有宁岁”②。这一行径遭到了各族人民的强烈反抗，一旦北匈奴有所衰弱，他们便会摆脱北匈奴的控制或附于汉朝，与南匈奴及其他民族共同攻击北匈奴。这些由阶级矛盾促成的反抗斗争对削弱匈奴的奴隶制起到了很大作用，客观上加速了北匈奴的衰败，对北匈奴的最终西逃有一定的影响。

第四，民族矛盾紧张，乌桓、鲜卑等民族的武力攻击使北匈奴孤立无援、处境艰难。

乌桓和鲜卑都是东胡的余部，活动于东北草原大兴安岭一带，过着弋猎游牧的生活。汉朝初期，东胡被匈奴冒顿单于击灭，一部保乌桓山，因以“乌桓”为号；一部别依鲜卑山，遂以“鲜卑”为名。乌桓被冒顿单于击破后，人众稀少，力量孤弱，“常臣伏匈奴，岁输牛马羊皮，过时不具，辄没其妻子”③。鲜卑被击破后，“远窜辽东塞外，不与余国争衡，未有名通于汉，而自与乌丸（乌

---

① （西晋）陈寿：《三国志》卷三〇《魏书·乌丸鲜卑东夷传》，中华书局1959年版，第859页。

② （南朝宋）范晔：《后汉书》卷九〇《乌桓鲜卑列传》，中华书局1965年版，第2985页。

③ （南朝宋）范晔：《后汉书》卷九〇《乌桓鲜卑列传》，中华书局1965年版，第2981页。

桓）相接”①。东汉初，乌桓、鲜卑实力较弱，仍臣服于北匈奴，常常与匈奴兵寇抄汉朝北部边境，无有宁岁。光武帝初年，乌桓与匈奴连兵为寇，代郡以东尤受其害。建武二十一年（45），匈奴与鲜卑又连兵攻入辽东，被辽东太守祭肜击破。

乌桓和鲜卑曾为匈奴所破，又受到匈奴的长期压迫，他们一旦发展壮大，便想脱离匈奴的统治、归附汉王朝，对匈奴进行反击和报复。早在汉武帝时，骠骑将军霍去病大破匈奴，将乌桓南迁至上谷、渔阳、右北平、辽东、辽西五郡塞外。乌桓大人“岁一朝见”汉天子。汉始设置护乌桓校尉统管乌桓事务，使其不得与匈奴交通。汉昭帝时，乌桓日渐强大，为报复匈奴而掘匈奴单于冢墓。光武帝建武年间，匈奴大乱。建武二十二年（46），乌桓乘机进攻，使匈奴转北迁徙数千里，“漠南地空”。建武二十五年（49），在南匈奴归汉、北匈奴衰弱之时，乌桓大人郝旦等九百二十二人率众向汉，献奴婢牛马及弓虎豹貂皮。汉在上谷宁城开营府，设乌桓校尉管理乌桓及鲜卑事务。鲜卑正式归附东汉，“始通驿使”。此后，乌桓、鲜卑便成为打击北匈奴的强大力量。鲜卑大都护偏何等曾到辽东太守祭肜处“求自效功”，出击北匈奴左伊育訾部，斩首二千余级。其后，偏何连年出击北匈奴，“还辄持首级诣辽东受赏赐”②。于是各部鲜卑大人皆来归附。章和元年（87），鲜卑大人攻破北匈奴，杀优留单于，北匈奴大乱。和帝永元初，北单于惨败西逃后，“鲜卑因此转徙据其地。匈奴余种留者尚有十余万落，

① （西晋）陈寿：《三国志》卷三〇《魏书·乌丸鲜卑东夷传》注，中华书局1959年版，第836页。

② （南朝宋）范晔：《后汉书》卷九〇《乌桓鲜卑列传》，中华书局1965年版，第2985页。

皆自号鲜卑，鲜卑由此渐盛”①。

西域曾一度被匈奴征服。东汉初年，匈奴虽南北分裂、势力大减，但北匈奴仍控制着西域大部，利用他们的力量侵扰汉朝边境。匈奴长期的“敛税重刻”和调兵作战引起了西域各国的强烈不满。在北匈奴实力减弱、东汉政权稳固之际，由于班超等汉朝官员长期的不懈努力，西域各国纷纷脱离北匈奴，投奔东汉王朝，并给北匈奴以有力反击。章帝元和二年（85），“北虏衰耗，党众离畔，南部攻其前，丁零寇其后，鲜卑击其左，西域侵其右，不复自立，乃远引而去”②。

总之，乌桓、鲜卑等民族叛离北匈奴之后，或主动出击北匈奴，或依靠东汉的力量反击北匈奴，使北匈奴失去了强大的人力和物力支持。北匈奴愈加势单力孤、孤立无援，处境渐趋困难，不仅很难再与东汉相抗衡，而且也很难在原来之地立足。

第五，漠北生存环境愈益恶劣，人民生活更加困难，而且三面临敌，北匈奴只得西迁以寻求生机。

匈奴粗放流动的畜牧业经济需要足够的游牧空间作为“逐水草而迁徙”的保障。匈奴因战败而失去了地域广阔的漠南地区，其可用的游牧土地大为减少。在匈奴退居自然条件恶劣的漠北地区后，因草场质量下降，游牧经济躲避和抵御自然灾害的能力降低，游牧经济固有的脆弱性充分暴露出来。一场特大的暴风雪或严重干旱便会吞噬数以万计的畜群，可以加速或导致国家的分裂、衰败以至灭亡。

---

① （南朝宋）范晔：《后汉书》卷九〇《乌桓鲜卑列传》，中华书局1965年版，第2986页。

② （南朝宋）范晔：《后汉书》卷八九《南匈奴列传》，中华书局1965年版，第2950页。

早在1914年时，美国学者亨廷顿就提出干旱是中亚民族向西欧迁移以及罗马帝国衰亡的主要原因。① 北匈奴的西迁和之后的继续西进与当时的气候变化不无关系。匈奴活动在欧亚大草原的东部——干燥的蒙古草原。在公元2—3世纪，气旋和季候风改道吹向了大陆森林地带，甚至吹向了极地冻土带，以至于气旋所带来的大西洋潮湿天气和太平洋的季候风无法进入草原地带，导致了草原的特大干旱。② 而蒙古草原是欧亚大草原中最干燥的部分。早在大旱灾来临之前，此地就已经出现了先兆，频频遭灾。据《后汉书·南匈奴列传》记载，建武二十二年（46），匈奴地区发生严重蝗灾，"赤地数千里，草木尽枯，人畜饥疫，死耗太半"③。这次大的旱灾持续了一个多世纪，草原受灾严重，同时也加速了沙漠面积的扩大。北匈奴在漠北的生存环境越来越恶劣，畜牧业生产日趋萎缩。

南匈奴内附以后，北匈奴南迁求得生存已不可能。面对气候和环境的急剧恶化，北匈奴曾力争与汉互市、和亲，以取得急需的农产品和手工业品维持生计，但往往由于东汉统治者的种种顾虑而难以实现或因双方交战而基本停止。因此，本来贫弱不堪的北匈奴更加举步维艰，一旦遇有灾荒便极易引发社会骚动。章和二年（88），"北虏大乱，加以饥蝗，降者前后而至"④ 就是明证。

---

① Huntington E：The solar hypothesis of climatic changes，Geological Society of America Bulletin，1914（25）：477～590。

② ［苏］列·古米廖夫：《亚洲和欧洲的匈奴》，载《苏联历史问题》1989年第6、7期。

③ （南朝宋）范晔：《后汉书》卷八九《南匈奴列传》，中华书局1965年版，第2942页。

④ （南朝宋）范晔：《后汉书》卷八九《南匈奴列传》，中华书局1965年版，第2952页。

北匈奴在南匈奴附汉以后，“其国益虚”①，加之连年战争、天灾人祸，内外交困，惨败不堪，其游牧环境日趋恶化，生存空间急剧缩小。民族矛盾、阶级矛盾和统治阶级内部矛盾同时也在日渐凸显，北匈奴社会的重重危机充分暴露出来。而当时北匈奴的东边是据其故地的鲜卑，东南是强大的汉朝和与其对抗的南匈奴，北边是难以从事游牧业的寒冷地区，西边则是匈奴曾经控制过且经常出没的西域牧业区。为求得一线生机，溃败的北单于只得携匈奴民众沿草原踏上漫长的西迁之路，从此再未返回到高原故土。

二、北匈奴西迁的历程

《后汉书·南匈奴列传》载：“北单于复为右校尉耿夔所破，逃亡不知所在。”《后汉书·窦宪传》亦云：“北单于逃走，不知所在。”后来，大约在公元374年，一支号称“匈人”的强大骑兵队伍横扫东欧，推动了欧洲的民族大迁徙，最终导致罗马帝国崩溃，对扫除西欧奴隶制、促进封建关系的产生起到了重大作用。在之后的几十年，他们又席卷欧洲大陆，使全欧大震。

那么，这个“匈人”是什么人？又是从哪里来的呢？直至18世纪后期，法国著名东方学家法兰西学院教授德·葵尼首次推断公元4世纪在欧洲出现的“匈人”就是中国历史上的匈奴人，并描述了匈奴不断西迁入侵多瑙河流域的历程。② 这一说法无疑给处于混

① （南朝宋）范晔：《后汉书》卷八九《南匈奴列传》，中华书局1965年版，第2946页。

② ［法］德·葵尼：《匈奴、突厥、蒙古及西部鞑靼各族通史》，巴黎，1770年版。

沌状态的“匈人”早期历史问题研究打开了一扇天窗。① 此后，西方学术界就“匈人”与匈奴的关系问题展开了旷日持久的讨论，各持己见，众说不一。现在学术界的看法基本趋于一致，大都认同德·葵尼之说，但不同看法仍是存在的。

应当说，中国学术界对匈奴西迁问题的研究受西方观点的影响还是比较深的。最早将欧洲的“匈人”即匈奴人一说传入中国的，是清代内阁学士洪钧的《元史译文证补》。之后，王先谦将这种说法引入《后汉书集解》。章太炎在《匈奴始迁欧洲考》中认为，“匈奴为汉所驱，皆转入欧洲”。丁谦在《汉以后匈奴事迹考》中指出北匈奴逾金微山，西走康居，建悦般国。一部分匈奴人于公元374年进入黑海北境，尽逐当地哥特人，接着深入欧洲腹地，余部于公元508年在悦般国王的率领下进据匈牙利平原。后来，梁启超又在其《中国历史研究法》中征引中外史籍，考订了北匈奴西迁欧洲的经历。此后，中国学者多以匈奴、匈人同族论及匈奴西迁欧洲之说为基点，围绕匈奴西迁欧洲的过程问题展开探讨，各种说法莫衷一是。齐思和在《匈奴西迁及其在欧洲的活动》一文中将北匈奴西迁的过程分为四个阶段——悦般时期、康居时期、粟特时期、阿兰时期；还通过分析各阶段的迁徙过程，得出北匈奴人经过一万二千里的长途跋涉终于到达欧洲东境的结论。林幹先生认为北匈奴西迁的第一站是乌孙游牧区，第二站是康居，第三站是阿兰聊（奄蔡）。② 杨建新先生与林幹先生的观点基本一致，也认为匈奴人越阿尔泰山入乌孙，由乌孙到康居，再到阿兰，到欧洲。③ 近年来，

---

① 贾衣肯：《匈奴西迁问题研究综述》，载《中国史研究动态》2006年第9期。

② 林幹：《北匈奴西迁考略》，载《内蒙古社会科学》1984年第1期。

③ 杨建新：《中国西北少数民族史》，民族出版社2003年版，第63页。

又有国内外学者尝试着从考古学和器物类型的角度来探索匈奴西迁的路线。① 学者们根据铜鍑的发现将匈奴西迁分为五个阶段：公元前2世纪—公元91年，主要分布在蒙古高原至黄河流域；公元91—160年，主要分布在新疆到阿尔泰地区；公元160—350年，主要分布于乌拉尔地区；公元350—374年，主要分布于顿河以东、北高加索一带；公元374—455年，主要分布于东欧。以上不同假说的提出表明学者们从史料和考古发现等各个角度对匈奴的西迁进行了较为深入的研究和考证。在此，笔者赞同林幹先生的观点。下面再做一些简单的论述和分析。

公元91年，北匈奴战败于金微山后，逃亡不知所踪。北单于逃走后，鲜卑转徙进入其地。因匈奴留下的十余万落也都随之以鲜卑为号，鲜卑由此逐渐强盛起来。在东、南、北三面受敌的情况下，北单于只得率领一部分匈奴人向西逃遁，开始了漫长的西迁历程。

西迁的这支匈奴人首先进入乌孙之地。《后汉书·南匈奴列传》云："单于震慑屏气，蒙毡遁走于乌孙之地。"《后汉书·袁安列传》亦云："明年（永元三年），北单于为耿夔所破，遁走乌孙，塞北地空，余部不知所属。"就其地理位置来说，《汉书·西域传》载乌孙"东与匈奴、西北与康居、西与大宛、南与城郭诸国相接"。乌孙在今伊犁河上游一带。乌孙与匈奴距离如此之近，又曾臣服于匈奴，所以匈奴人西迁的第一站为乌孙的说法较为属实。永元十六年（104），北匈奴单于派使者向汉进贡，表示愿意和亲、重修呼韩邪故约。汉和帝因其旧礼不备没有答应，只是厚加赏赐罢了。第二年，北匈奴再次遣使到敦煌进贡，表示要遣子入侍，并请求东汉派

---

① 埃尔迪·米克洛什·兹：《遍及欧亚中部的匈奴鍑及其岩画形象》，载《新疆师范大学学报（哲学社会科学版）》1995年第4期。

遣使者。临朝听政的邓太后未予理睬，仍加赏赐而已。双方由此断绝联系。北匈奴遂采取掠夺政策，再次给汉朝的统治造成严重威胁。安帝永初元年（107），东汉一度撤回西域都护，“北匈奴即复收属诸国，共为边寇十余岁”①。永宁元年（120），北匈奴攻没伊吾守军，杀死长史索班。其后，“北虏连与车师入寇河西，朝廷不能禁”②。匈奴呼衍王常辗转于蒲类海、秦海一带侵扰汉边。东汉遂起用熟识西域情况的班勇为西域长史，多次打败北匈奴。顺帝阳嘉三年（134），车师后部加特奴率兵掩击北匈奴，坏其庐落，斩首数百级，获单于季母。翌年，北匈奴呼衍王又率兵侵车师后部，大败东汉援军于勒山。桓帝元嘉元年（151），呼衍王将兵寇伊吾，被汉军击退。永兴元年（153），车师后部王阿罗多逃入北匈奴，未几归汉。至此，北匈奴的活动便不见于史书记载了。

从以上北匈奴与西域及汉朝如此频繁的接触也可以推测，西迁的北匈奴应该是先到了距离汉朝并不是太远的匈奴故地西面的乌孙地区；之后，可能迫于东面强盛起来的鲜卑族带来的强大压力，北匈奴才离开这儿，继续向西迁移。

北匈奴在乌孙不断侵犯、扰乱西域和汉朝。在这之时，其东部的鲜卑族迅速强大起来，在首领檀石槐时期，达到了兴盛时代，史称鲜卑“称兵十万，才力劲健，意智益生……兵利马疾，过于匈奴”③。鲜卑“南抄缘边，北拒丁零，东却夫余，西击乌孙，尽据

① （南朝宋）范晔：《后汉书》卷八八《西域传》，中华书局1965年版，第2911页。

② （南朝宋）范晔：《后汉书》卷八八《西域传》，中华书局1965年版，第2911页。

③ （南朝宋）范晔：《后汉书》卷九〇《乌桓鲜卑列传》，中华书局1965年版，第2991页。

匈奴故地”①。

在鲜卑的威胁下，北匈奴在公元160年前后继续西行进入康居地区。《魏书·西域传》载：“悦般国，在乌孙西北，去代一万九百三十里。其先，匈奴北单于之部落也。为汉车骑将军窦宪所逐，北单于度金微山，西走康居，其羸弱不能去者住龟兹北。”龟兹西北的悦般国，实即汉时乌孙之故地。②史料所记载的时间和地域都不是很清楚，但仍可以看出北匈奴人离开乌孙西行进入康居，而且将一部分羸弱不能行者留在了乌孙，留下来的这部分人后来建立了悦般国。《史记·大宛列传》云：“康居在大宛西北可二千里，行国，与月氏大同俗。”大宛在今费尔干盆地，位于中亚锡尔河上游东面，康居在大宛西北，即其地当在锡尔河下游及其以北一带。③《魏书·西域传》云：“者舌国，故康居国，在破洛那（今费尔干盆地）西北。”《魏书》与《史记》所载恰相吻合。

在北匈奴进入康居时，大月氏早已占领了阿姆河流域的大夏，以后发展成为强大的贵霜王朝。大月氏与匈奴素有积怨，北匈奴迁入此地，双方自然不会长久相安无事，而北匈奴当时的力量显然无法同贵霜王朝相抗衡。所以，北匈奴再度西迁很可能是因为受到了大月氏人的驱赶和攻击。之后，康居不再见于史书记载，关于北匈奴的去向更是无从查考。

直到公元292年前后，西方史籍中才出现关于匈奴活动的记载。美国学者麦高文云：“此后二百年间……我们对于这些北匈奴人的情形，差不多全无所闻……无论是希腊的或拉丁的作家，对于

---

①（南朝宋）范晔：《后汉书》卷九〇《乌桓鲜卑列传》，中华书局1965年版，第2989页。

② 林幹：《北匈奴西迁考略》，载《内蒙古社会科学》1984年第1期。

③ 林幹：《北匈奴西迁考略》，载《内蒙古社会科学》1984年第1期。

匈奴人的活动皆无所述及。只有一次，他们述及亚美尼亚国王泰格兰纳斯（Tigranes 约当公元 290 年时）的军队中，不但有阿兰那佣军，且还有一队匈奴士兵。半世纪后（约当公元 356 年），我们又听见波斯北境遭受‘Chionites’人的攻击。这些‘Chionites’人，也许就是一群匈奴人。”① 公元 4 世纪中叶，匈奴人击败了顿河以东的阿兰聊国，震动了西方。罗马帝国著名的历史学家阿密阿那斯（约 330—390）在其所著《历史》一书中云，匈奴人蹂躏了……阿兰人的领土。匈奴人大肆屠杀以后，就和残余的阿兰人缔结同盟条约，迫使他们参加自己的队伍。匈奴人和阿兰人联合之后，声势更加壮大了。

阿兰亦称阿兰聊国，又名奄蔡，是康居西北的一个国家。《史记·大宛列传》载：“奄蔡在康居西北可二千里，行国，与康居大同俗。控弦者十余万。临大泽，无崖，盖乃北海云。”《汉书·西域传》载：“其康居西北可二千里，有奄蔡国。”《后汉书·西域传》载：“奄蔡国改名阿兰聊国，居地城，属康居。土气温和，多桢松、白草。民俗衣服与康居同。”《三国志·魏书》注引《魏略·西戎传》曰：“转西北则乌孙、康居……又有奄蔡国，一名阿兰，皆以康居同俗。西与大秦东南与康居接。其国多名貂，畜牧逐水草，临大泽，故时羁属康居。”由此可知阿兰的地理位置在今南俄草原顿河以东一带，“大泽”即濒于顿河注入的亚速海。大抵顿河以东至伏尔加河之间及南至高加索山脉之地，都是阿兰人的领土。② 北匈奴从康居离开之后，

---

① ［美］W. M. 麦高文著，章巽译：《中亚古国史》，中华书局 2004 年版，第 193 页。

② 林幹：《北匈奴西迁考略》，载《内蒙古社会科学》1984 年第 1 期。

继续向西北进入阿兰，经过一番激烈的武力冲突后，才在此地站稳脚跟。匈奴人击灭阿兰人的战争的确切年代和具体经过，中外史籍均无明确记载，西方学者估计战争约始于公元350年，结束于公元374年。至此，匈奴人到达了欧洲的东部地区，开始了在西方的活动，同时也揭开了入侵欧洲的序幕。

三、北匈奴人在欧洲的活动及影响

强大的北匈奴力量在欧洲的突然出现以及他们的所向无敌、勇猛无比使全欧人猝不及防、大为震惊。西方史学家甚至称其为“神奇”的“上帝之鞭”。从公元374年这支北匈奴力量击败阿兰人登上欧洲历史舞台到公元468年北匈奴势力在欧洲彻底瓦解，在近百年的时间里，匈奴人马不停蹄地对欧洲各民族进行武力攻击，不断扩张。匈奴人的入侵推动了欧洲的民族大迁徙，对欧洲政局的变革起到了强大的推动作用，在世界历史上产生了深远影响。

（一）匈奴的不断西进推动了欧洲的民族大迁徙

公元4—6世纪的民族大迁徙是欧洲历史上的一件大事。民族大迁徙虽是其内部的种种因素造成的，但匈奴的不断进攻也是一个重要原因。公元374年，阿兰国被匈奴打败后，多数阿兰人屈从于匈奴人并加入匈奴队伍继续西征，一部分向南逃入高加索山中，另有一部分则向西进入东哥特境内。不久，匈奴人渡过顿河，进攻东哥特。东哥特人仓促应战，无力抵御匈奴人的入侵，于公元375年投降。兵败的东哥特人大部向西退至西哥特地区。匈奴很快又越过德聂斯特河攻打西哥特。西哥特人早已成惊弓之鸟，不战而溃，匆忙渡过多瑙河，进入罗马帝国境内避难。东哥特人则逃入了意大利。此时，匈奴并没有停止西进的脚步，不时地越过多瑙河侵扰。

西哥特人只得于公元401年又开始西迁，进犯意大利，于公元410年攻入罗马城，大事劫掠。随后，意大利南部也遍遭蹂躏。公元412年，西哥特人辗转进入高卢南部，又侵占了西班牙半岛的大部分地方，建立了西哥特王国。为避免遭受匈奴的侵扰，居住在巴诺尼亚的汪达尔人、苏维汇人以及之前曾被匈奴人驱逐的阿兰人也踏上了大迁徙的征途。他们最先到达雷希亚和诺里康两省，不久因续受压力，继续西移，于公元406年进入高卢，在此与越过莱茵河前来进犯的法兰克人发生大战，伤亡惨重。后来，乘西罗马空虚，他们改途南下，翻过比利牛斯山进入西班牙半岛，并各自割据，分别建立了三个王国。与此同时，野心勃勃的匈奴人还企图征服北部的日耳曼民族，迫使他们也纷纷踏上了西迁和渡海北移的征途。

匈奴人在欧洲的大肆扩张对欧洲无疑是一场灾难。匈奴强悍、无可阻挡的军事力量使欧洲人民不避艰险和战争离开故土、举族迁徙，打破了欧洲原先的社会秩序。但在客观上说，匈奴又成为欧洲诸民族反对罗马帝国的催生力。匈奴人的不断进击迫使他们大量涌入罗马帝国境内并起来反抗罗马帝国的统治，使他们争取自主并建立了各自的王国，使欧洲的政治局势发生了根本性的变化。

（二）匈奴在欧洲的活动促进了罗马帝国的瓦解，加速了欧洲古典奴隶制的覆灭

西哥特人在匈奴人的追击下涌入罗马帝国境内。帝国地方官吏残酷的政治压迫和经济剥削激发了西哥特人的叛乱。西哥特人在巴尔干半岛北部到处烧杀掳掠。不久，东哥特人也出现在这里，劫掠了色雷斯和马其顿等地。之后，匈奴人和阿兰人的前锋也加入骚乱之中。在强大的军事压力下，帝国无力驱逐他们，国王战死。罗马帝国的基础动摇了，只得妥协。公元395年，罗马帝国分裂为东西两个部分。

公元400年，匈奴人继续向西挺进，长驱直入欧洲腹地，兵不血刃地占领了匈牙利平原，并以此为中心建立了境域辽阔、威震欧洲的匈奴帝国。帝国最初由奥克塔和路加两兄弟共治。及至公元422年和426年，匈奴人曾入侵东罗马帝国。色雷斯和马其顿等地惨遭蹂躏。东罗马帝国被迫答应每年付给匈奴350磅黄金，并允许匈奴在境内的几个城镇进行“互市”，这样才换得匈奴不再侵扰帝国边境。在公元432年左右，路加向东罗马帝国提出引渡逃入帝国境内的匈奴逃亡者的要求，并宣布所有居住在多瑙河以北的各小部落都要向其称臣纳贡，东罗马帝国原先与各小部落签订的各种协定不再生效，以后东罗马帝国只能与匈奴王廷谈判，以及签订各项协定。腐朽没落的东罗马帝国只好答应匈奴提出的各种苛刻条件，以求得暂时的安宁。由此可见，匈奴帝国这时已经在多瑙河以北的广大地区建立起了绝对的权威。

在阿提拉统治时期，匈奴帝国发展到了顶峰。其统治范围西起莱茵河以东（也曾到过大西洋），东至咸海，北至波罗的海，南至阿尔卑斯山，对东、西罗马帝国构成了极大的威胁。公元435年，东罗马和匈奴订立条约。条约规定岁币由350磅黄金增至700磅黄金，两国可在多瑙河边的一些东罗马城市进行“互市”。公元443年，阿提拉兵临东罗马帝国首都君士坦丁堡外，东罗马几乎全军覆没，被迫与匈奴订立条约。条约规定岁币每年增至2100磅黄金，另付6000磅黄金以清偿旧欠。公元447年，匈奴再次攻入东罗马，使100多个城市遭到严重破坏。翌年，东罗马请求和谈，阿提拉提出了更为苛刻的条件。匈奴不仅要求东罗马割地，而且要求东罗马按期向匈奴交纳岁币，不得拖欠。在匈奴连年不断的掠夺破坏和无休止的经济勒索下，东罗马经济萧条，财政紧缩，到处残破不堪，国力日趋衰退。

在匈奴与东罗马战事紧张之时，匈奴与西罗马却一直保持着和平友好的关系，直到公元 450 年，阿提拉向西罗马提出和亲请求。阿提拉要求娶西罗马皇帝弗伦铁年三世的妹妹荷诺丽亚为妻，并要求西罗马以帝国领土的一半做嫁妆。这一无理要求遭到了西罗马的断然拒绝。阿提拉于是以此为口实挑起对西罗马的战争。公元 451 年，阿提拉率五十万大军进攻西罗马的高卢地区，攻占多个重要城市并围困奥尔良。双方均死伤惨重，最终阿提拉的军队遭挫败而退兵。公元 452 年，匈奴军队再次向西罗马帝国发动进攻，入侵意大利，直捣罗马城。适逢匈奴军中粮食短缺、瘟疫肆虐，加上东罗马的援军也已到达，西罗马多次对匈奴发起反击。阿提拉不得不从意大利撤兵。公元 453 年，阿提拉血崩而死，匈奴帝国崩溃，匈奴人逐渐融入欧洲各民族之中。西罗马帝国也在匈奴的屡次进犯和摧残下，日渐萧索，终于在公元 476 年寿终正寝了。

匈奴人在欧洲近百年的“横冲直撞”使欧洲各族人四下逃窜，使欧洲人民人心惶惶，使整个欧洲局势发生了巨大变化。匈奴人的西进和入侵同时冲击了罗马帝国长期以来在欧洲森严的政治权势，加速了欧洲古典奴隶制的覆灭，促进了封建关系的产生。

第十章
魏晋南北朝时期的匈奴

第一节　匈奴的内迁及其对中原的影响

一、匈奴的内迁

西汉末，匈奴五单于争国，呼韩邪单于失利而率部落民众臣服于汉。汉王朝嘉奖其归附之意和称臣之举，割并州北界予以安置。于是匈奴五千余落入居朔方诸郡，与汉人杂处。东汉时，匈奴分裂为南北二部之后，南部归于汉，入居塞内，其后又不断内徙。北边的北地、朔方、五原、云中、定襄、雁门、代、上谷各郡，即今甘肃东部、山西、陕西北部及内蒙古呼和浩特至包头一带，都有匈奴人出现。北匈奴西迁之后，因附汉南匈奴中屡有叛乱者，汉朝政府遂将重新归附的匈奴叛乱民众安置到内地各郡县，客观上推动了匈奴人深入内地的进程。如，逢侯单于率领的胜兵四千人及弱小万余口于和帝永元八年（96）还归于汉，汉朝将他们分别安置于北边诸郡县。安帝元初五年（118），逢侯又率百余骑兵回朔方归附，汉朝将其移至颍川郡。公元 96 年时，南匈奴右温禺犊王乌居战背叛南单于，率众出塞，被汉军击破。汉政府因而把乌居战余众及各胡归附者二万余人徙居于安定和北地。顺帝永和五年（140），南匈奴左部句龙王吾斯等叛汉，与右贤王合兵围美稷。汉朝政府为了避免叛乱发生，于是徙西河治离石、上郡治夏阳、朔方治五原。所以，原先分布于西河、上郡和朔方等地的匈奴人更为南下。而且，南单于还曾几易单于庭，先后建庭帐于五原西部塞八十里处、云中郡、西河美稷县。公元 2 世纪中期，单于庭又由美稷徙治离石北的左国城。匈奴人由此逐渐深入集中到山西并州诸郡的汾水流域一带，而且不断南下向内地深入。

东汉末年，汉帝已名存实亡，成为一个傀儡。建安二十一年（216），魏王曹操将前来进见的南单于呼厨泉留于邺城，派遣亲汉的右贤王去卑回平阳监管其众，并听任南匈奴各部落散居于并州的西河、太原、雁门、新兴、上郡及属于司隶的河东六郡。① 接着，曹操因担心匈奴人积多难以控制，把活动在汾晋一带的匈奴部众分为左、右、南、北、中五部，分别置于太原故兹氏县、祁县、蒲子县、新兴县和大陵县，又设部帅和汉司马监督管理各部。各部帅家属则集中于晋阳。建安年间，梁习任并州刺史时，不仅吸收匈奴上层人员到地方政府中担任官职，而且征发匈奴中的丁壮人员为兵，并将他们的家属迁移到邺城，前后有数万口人。这样，在中原封建政府的多次推动和引导下，越来越多的匈奴人散布于内地各处，“其部落随所居郡县，使宰牧之”②。曹操也达到了对南匈奴部落分而治之、分化瓦解的目的。

曹魏时期，仍有不少匈奴的支系部落归附。正始元年（240），凉州休屠胡（匈奴的一支）梁元碧等率领种落两千余家归附雍州，

---

① 参阅（唐）房玄龄等《晋书》卷五六《江统传》，中华书局 1974 年版。

② （唐）房玄龄等:《晋书》卷九七《匈奴传》，中华书局 1974 年版，第 2548 页。

居之于高平。[1] 正始八年（247），即蜀汉后主延熙十年，凉州胡王白虎文、治无戴等率众归附，卫将军姜维迎逆安抚，居之于繁县。[2]

西晋时，匈奴部落陆续大规模内迁，以塞外匈奴向内地迁徙的情况居多。由于受到漠北草原鲜卑势力的逼迫以及水旱冰雹等自然灾害的侵害，塞外匈奴部落面临极大的生存困境，所以陆续有匈奴及其统治下的其他部落大批南下归附。晋武帝泰始初，“塞外匈奴大水，塞泥、黑难等二万余落归化，帝复纳之，使居河西故宜阳城下。后复与晋人杂居，由是平阳、西河、太原、新兴、上党、乐平诸郡靡不有焉”[3]；咸宁三年（277），西北杂虏及鲜卑、匈奴、五溪蛮夷、东夷三国前后十余辈，各率种人部落内附[4]；咸宁五年（279）三月，匈奴都督拔奕虚率部落归附于晋，冬十月，匈奴余渠都督独雍等亦率部落附于晋[5]；太康五年（284），“匈奴胡太阿厚率其部落二万九千三百人归化”[6]；太康七年（286），“又有匈奴胡都大博及萎莎胡等各率种类大小凡十万余口，诣雍州刺史扶风王骏

① 参阅（西晋）陈寿《三国志》卷二六《魏书·郭准传》，中华书局1959年版。

② 参阅（西晋）陈寿《三国志》卷三《蜀书·后主传》，中华书局1959年版。

③ （唐）房玄龄等:《晋书》卷九七《匈奴传》，中华书局1974年版，第2549页。

④ 参阅（唐）房玄龄等《晋书》卷三《武帝纪》，中华书局1974年版，第68页。

⑤ 参阅（唐）房玄龄等《晋书》卷三《武帝纪》，中华书局1974年版，第70页。

⑥ （唐）房玄龄等:《晋书》卷九七《匈奴传》，中华书局1974年版，第2549页。

降附”①；太康八年（287），“匈奴都督大豆得一育鞠等复率种落大小万一千五百口，牛二万二千头，羊十万五千口，车庐什物不可胜纪，来降，并贡其方物，帝并抚纳之”②。前后投附西晋的匈奴人达二十万左右，遍及西北诸郡。“关中之人百余万口，率其少多，戎狄居半。”③其中的戎狄，很大一部分是匈奴人。匈奴“今五部之众，户至数万，人口之盛，过于西戎”④，即当时内地匈奴人口繁炽的一个写照。

匈奴人民迁入内地后，仍在不断向周边各地分散，与汉、鲜卑等民族交往、融合。许多匈奴人成为普通的编户，或沦为汉族豪门世家和地主的田客、奴婢，也有一部分匈奴中的上层贵族被各个政权吸收并担任高官。而匈奴人民及其他边疆各族人民的大量内徙也造成了种种隐患。古代“内诸夏而外夷狄”，认为夷狄各族“非我族类，其心必异，戎狄志态，不与华同”⑤。匈奴各族虽“因其衰弊，迁之畿服”，与汉人杂居相处，但“至于蕃育众盛，则坐生其心。以贪悍之性，挟愤怒之情，候隙乘便，辄为横逆。而居封域之内，无障塞之隔，掩不备之人，收散野之积，故能为祸滋扰，暴害

① （唐）房玄龄等：《晋书》卷九七《匈奴传》，中华书局1974年版，第2549页。

② （唐）房玄龄等：《晋书》卷九七《匈奴传》，中华书局1974年版，第2549页。

③ （唐）房玄龄等：《晋书》卷五六《江统传》，中华书局1974年版，第1533页。

④ （唐）房玄龄等：《晋书》卷五六《江统传》，中华书局1974年版，第1534页。

⑤ （唐）房玄龄等：《晋书》卷五六《江统传》，中华书局1974年版，第1531～1532页。

不测”①。一旦有“风尘之警”，匈奴骑兵不用三日的路程便可从其聚居中心平阳、上党等地直达孟津，则“北地、西河、太原、冯翊、安定、上郡尽为狄庭矣”②。之后的“夷狄乱华”事件便有力地证明了这一点。

二、内迁匈奴对中原的影响

在汉匈交往的过程中，中原地区较为发达的经济文化对匈奴社会产生了巨大影响，与此同时，匈奴浓郁的草原游牧文化也在多方面对中原地区产生了影响。尤其是南匈奴内附以后，不断有匈奴人内迁。内迁匈奴人散居于中原各地，与汉人共同生产生活。他们在不同领域和地域生存发展，在政治、经济、文化、生活等方面对中原造成了不同程度的影响。

（一）军事、政治方面

匈奴在骑兵建设和骑射技术方面具有明显优势，对后世北方游牧民族和中原汉族的军事文化造成了很大影响。这与匈奴人民的草原游牧生活和高超的驯马技术有关。匈奴人生活在北疆广阔的草原上，逐水草而居，随畜牧转移。匈奴人民从小善弓习射，平时为牧民，战时即参战。因此，匈奴人大都具有参加军事战斗的体魄和对敌作战的本领。匈奴的马匹由于生活于北方草原这一天然牧场，其野性和生存能力相当强，难以驯服，但一旦被驯化，便会发挥很强的威力。

匈奴的作战队伍以骑兵为主，规模庞大，战斗力强。优良的战

---

① （唐）房玄龄等:《晋书》卷五六《江统传》，中华书局1974年版，第1532页。

② （唐）房玄龄等:《晋书》卷九七《匈奴传》，中华书局1974年版，第2549页。

马和骑射技艺精良的士兵在战斗中紧密配合，气势逼人。而中原的作战队伍以步兵为主，作战方法多为车战。中原虽然有骑兵，但数量很少，且主要是配合战车和步兵作战。因此，在匈奴强势凌厉、行动迅速的骑兵队伍面前，中原军队显得过于笨重、迟钝。在与匈奴交战的过程中，中原王朝逐渐认识到仅仅依靠战车和步兵战胜强大的匈奴骑兵是极为困难的，而且北方和西北边疆地区多丘陵山地，非常不利于战车的运行，只有借用匈奴的优势，建设发展骑兵队伍，才能与匈奴相对抗。所以，战国时，赵武灵王便提倡学习“胡服骑射”。西汉时，从汉高祖开始，汉朝就大力提倡养马。汉文帝还颁布复马令，鼓励民间养马，规定曰：“民有车骑马一匹者，复卒三人。”① 即百姓若交给官府一匹马，可免除家中三人的兵役和田赋。汉景帝时，政府在北边和西边郡县设立 36 处养马的苑所，大规模养马。到汉武帝时，汉朝的马匹数量已经相当多了。在骑兵队伍的建设方面，汉文帝时，晁错提出“以蛮夷攻蛮夷”②。他说：“今降胡义渠蛮夷之属来归谊者，其众数千，饮食长技与匈奴同，可赐之坚甲絮衣，劲弓利矢，益以边郡之良骑。令明将能知其习俗和辑其心者，以陛下之明约将之。即有险阻，以此当之。”③ 汉武帝时已有降汉匈奴人组成的骑兵队伍，设长水校尉，掌长水和宣曲胡骑；设胡骑校尉，掌池阳胡骑。东汉时，汉政府仍对胡骑有所使用，“诸王来会辟雍，事毕归蕃”，顺帝则令骑兵护送，这些骑兵

① （东汉）班固：《汉书》卷二四上《食货志上》，中华书局 1962 年版，第 1133 页。

② （东汉）班固：《汉书》卷四九《晁错传》，中华书局 1962 年版，第 2281 页。

③ （东汉）班固：《汉书》卷四九《晁错传》，中华书局 1962 年版，第 2282 ~ 2283 页。

“皆北军胡骑，便兵善射，弓不空发，中必决眦”①。汉朝骑兵还有一部分是来自西北各边郡的能骑善射的“良家子”。因这些地区接近匈奴，当地的人们深受匈奴的影响，也崇尚武力，善于骑射。正因为具备了马匹和兵力，汉武帝时，汉王朝才敢在建有一支强大骑兵队伍的基础上大规模出击匈奴。汉王朝屡次打败匈奴的原因是多方面的，而“师夷长技以制夷”，以匈奴之骑兵和战法去抗击匈奴是其中的重要原因之一。

自南匈奴部众归汉之后，匈奴人发挥了他们精弓善射、英勇善战的特点，成为汉政府的一支重要军事力量和作战队伍，在中原地区的政治、军事斗争中起到了十分重要的作用。内附初期，南匈奴部众协助东汉政府屡次出击北匈奴，迫使北匈奴向西远逃。后来，汉灵帝还曾以南匈奴兵助平黄巾军。东汉末年，局势混乱，单于於扶罗被迫率数千骑与农民起义军——白波军结合，流入混战中，后又卷入袁绍和袁术等的割据战中，匈奴军辗转作战。曹魏时，曹操将南匈奴众分为五部，掌握了控制南匈奴力量的大权。魏晋时，匈奴人更是大规模向内地迁徙，散落各地，一部分被抓充军，卷入中原混战中，为汉族统治阶级所利用，成为他们政治、军事斗争的工具。特别是西晋末年“八王之乱”时，几个王侯竞相招募匈奴和其他民族的百姓编入军队为自己打仗。如，八王之一的成都王司马颖因在混乱中处于劣势，便拉拢匈奴作为外援，以增强自己的势力。但匈奴中的贵族仍然具有较高的地位。晋武帝曾以匈奴屠各部首领刘渊为北部都尉，晋惠帝以刘渊为五部大都督，成都王则拜其为“北单于、参丞相军事”。与此同时，通过战争，中原的匈奴军队也

① （南朝宋）范晔：《后汉书》卷四二《光武十王传·中山简王传》，中华书局1965年版，第1449页。

逐渐发展壮大起来，刘渊在北部建立了“汉—前赵”匈奴族政权，开创了十六国的局面。

（二）经济方面

1. 内附匈奴人的不断增多弥补了内地劳动力的不足，促进了内地农业的发展

东汉末年，统治腐朽，农民起义和军阀战争不断，人民流离失所。三国两晋时期更是中原大分裂、大动荡时期。各封建割据政权为扩大地盘、掠夺财富，长期进行战争。百姓处于战乱年代，要么被抓充军，要么背井离乡，四处逃难。大量的老弱妇孺死于征战和流徙中。中原甚至出现了白骨露野、土地荒芜的凄凉景象，农民无法进行正常的生产生活，劳动力严重匮乏。

匈奴及其他各族人民趁中原混乱大规模内徙，虽然对中原造成了很大的破坏，但一定程度上也有利于缓解内地劳动力不足的压力。在今西北地区的陕、甘、宁以及内蒙古、山西等地的匈奴人越来越多，他们与汉人长久错居，开始学习农耕技术，过起定居生活，靠土地为生，从事农业或牧业生产，与汉人一起劳动。最初在没有土地的情况下，部分匈奴人向汉族官僚、地主大户或豪强大族租佃土地，成为田客或佃户，也有一些匈奴人大量开垦荒地，发展生产。因此，内迁的匈奴人已逐渐学会并掌握了农业生产技术，他们参加当地的生产劳动，既补充了劳动力，又提高了粮食产量，促进了当地农业的发展。他们还会制陶、冶炼、木器加工等技术，并学会了建筑房屋等，在各行各业中都发挥了一定的作用。

2. 随着匈奴人的内迁，匈奴的牲畜品种和畜牧业技术也传入中原，推动了内地畜牧业的发展

匈奴人民创造的畜牧业经济和草原文化对汉族以及其他民族的

经济、文化生活产生了重要影响。其牲畜以马、牛、羊为主，数量多，规模大。而中原地区的牲畜数量相对较少，尤其是匈奴的骆驼、驴、骡等奇畜，在中原更是罕见。早在战国以前，中原地区就从匈奴“北海”获得“走马吠犬”，“得而畜使之”①。

两汉时期，匈奴的牲畜通过战争俘掠、贸易交换、馈赠等方式大量传入中原。骡、驴、骆驼等“衔尾入塞，驒骡騵马，尽为我畜”②，大大丰富了中原的牲畜种类。汉匈交战时，汉从匈奴捕获的牲畜少则几千，多则数十万。如，公元前127年，汉遣卫青出击匈奴于河南，获马牛羊百余万头。公元前71年，汉兵与乌孙兵多路并击匈奴。度辽将军范明友斩首捕虏七百余级，获马牛羊万余；前将军韩增斩首捕虏百余级，获马牛羊二千余；蒲类将军赵充国得单于使者蒲阴王以下三百余级，获马牛羊七千余；祁连将军田广明斩首捕虏十九级，获牛马羊百余；虎牙将军田顺斩首捕虏千九百余级，获马牛羊七余万；校尉常惠与乌孙兵从西方入，至右谷蠡王庭，获三万九千余骑，获马牛羊及驴、橐驼等七十余万头。公元89年，东汉窦宪、耿秉大破北单于于稽落山，追击诸部，获生口甚众，获杂畜百余万头。从这一侧面可以想见匈奴的畜群之繁盛以及战争中流入汉地的牲畜之多。而且，在匈奴与中原的牛马交易中，交易的牛马数量有时多达万余头③。那么，经由汉匈贸易而进入中原的匈奴牲畜的数量很可能是相当大的。此外，匈奴还向汉朝进献橐驼、马匹等。冒顿单于曾向汉进献一头橐驼、两匹骑马、八匹驾

---

① 《荀子·王制》，中华书局2011年版。

② （西汉）桓宽：《盐铁论》卷一《力耕》，上海人民出版社1974年版，第5页。

③ （南朝宋）范晔：《后汉书》卷八九《南匈奴列传》，中华书局1965年版，第2950页。

车所用的马。南单于比也向东汉献过“骆驼两头，文马十匹”①。南下附汉的匈奴人也将很多牲畜带入中原。如，公元前68年，匈奴征服的西嗕部落自君王以下几千人驱畜产而南下投汉。又，公元83年，北匈奴稽留斯率领三万余人，携马二万匹、牛羊十余万头附汉。因此，西汉高祖至文景时期皇帝不过“厩马百余匹”②而“将相或乘牛车”③的状况到文景后期有所改善。《汉书·景帝纪》颜师古注引《汉仪注》说，汉朝在太仆管理下的畜牧基地牧苑达36所，分布在西边和北边地区，养马有30万匹。到武帝时，已“駒駼駃騠实于外厩”④，呈现出“长城以南，滨塞之郡，马牛放纵，蓄积布野”⑤的景象。东汉以后，驴、骡等匈奴的奇畜在中原也已不以为稀，成为北方地区常用的役畜之一。

匈奴人不断内迁，不仅为内地带来了他们的畜群和以畜牧为主的生产习惯⑥，也把他们的饲养技术带入内地，促进了中原畜牧业的发展。据《汉书》记载，匈奴休屠王之子金日磾擅长养马，入汉后被没入官，“输黄门养马”。他所养之马又肥又好，因而受到重用，出任汉朝的马监。当时，汉朝的民间养马业也获得快速发展，

① （南朝宋）范晔：《后汉书》卷八九《南匈奴列传》，中华书局1965年版，第2943页。

② （东汉）班固：《汉书》卷七二《贡禹传》，中华书局1962年版，第3069页。

③ （西汉）司马迁：《史记》卷三〇《平准书》，中华书局1959年版，第1417页。

④ （西汉）桓宽：《盐铁论》卷三《未通》，上海人民出版社1974年版，第32页。

⑤ （西汉）桓宽：《盐铁论》卷八《西域》，上海人民出版社1974年版，第96页。

⑥ 王利华：《中古华北饮食文化的变迁》，中国社会科学出版社2000年版，第106页。

出现了“众庶街巷有马，阡陌之间成群，而乘字牝者傧而不得聚会”[①] 的局面。汉武帝元狩四年（前119），汉派大将军卫青和骠骑将军霍去病各将五万骑，私负从马凡十四万匹出征匈奴。无论是政府养马业还是民间养马业，汉朝养马业的兴盛与匈奴马匹的大量输入和匈奴人养马技术的传播有很大关系。匈奴马匹的生命力和适应性特别强，既能在干燥寒冷的边塞地区长途奔徙，又可上下于山阪、出入于溪涧而无碍。那么，利用匈奴的良种马进行杂交，可使中原的羸弱马匹得到改良，极大地提高了中原马匹的质量。同时，匈奴地区的驴、骡等畜类源源不断地进入中原，丰富了中原的牲畜品种，也促进了人们对马驴杂交技术的认识和掌握。东汉许慎《说文解字》云：“骡，驴父马母也；駃騠，马父驴母也。”繁育的马、牛、驴等牲畜一方面作为役畜，用于农业生产和交通运输，另一方面作为驮载和作战工具，用于军事中。尤其是马匹，在军粮物资的输送和交锋作战中发挥了重要作用。

（三）文化方面

汉文化在影响匈奴社会的同时，也在不断吸收利用匈奴文化。据《后汉书·五行志》记载，东汉“灵帝（刘弘）好胡服、胡帐、胡床、胡坐、胡饭、胡空侯、胡笛、胡舞，京都贵戚者皆竞为之”。张骞通西域时，曾在西域得一名为《摩诃兜勒》的曲子，译意为“万岁歌”，有人认为它是匈奴歌曲。西汉音乐家李延年曾据此曲，“更造新声二十八解，乘舆以为武乐”。东汉和帝刘肇时，便将其定为“万人将军”[②] 所用，足见其影响之深广。关于胡服，早在战国

① （西汉）司马迁：《史记》卷三〇《平准书》，中华书局1959年版，第1420页。

② 王钟翰主编：《中国民族史》，中国社会科学出版社1994年版，第235～236页。

时，赵武灵王已将胡服引入中原。汉族人的博衣宽带虽然可以显现中原王朝的博大气度和包容风范，但在行走和作战中显得特别笨拙。而胡服短衣、长裤、皮靴的装扮样式方便、轻巧、灵活，便于行动。赵武灵王已认识到胡服的优势，因而有意在国内推广。据《战国策·赵策二》载，赵武灵王赐周绍胡服衣冠，具带黄金师比。赵国中有一赵惠文冠，可能就是赵武灵王之子惠文王仿效胡冠改造而成的。匈奴使者还曾多次至京师进献“胡裘”。从东汉灵帝“好胡服”来看，两汉时期中原汉族人民已对匈奴服装有较为深入的了解。随着匈奴人的不断南迁，至魏晋南北朝时期，胡服开始在中原地区流行，并对汉人的传统服装产生过很明显的影响。①

“伴随着游牧民族涌入内地的畜群，不仅改善了华北家畜的品种，同时也改变了畜产的结构——单纯草食性的羊成为这一地区肉畜的主要种类。”② 匈奴等北方草原民族人民向中原的流动促进了草原饮食文化与中原饮食文化的交流与融合，使牛羊肉产品和奶酪等食品进入中原并逐渐流行，大大丰富了中原地区的饮食品种。同时，受游牧民族“食肉饮酪”生活习惯的影响，中原人民的物质生活和饮食观念也有所改变。秦汉时期，中原人民一般以素食为主，只有贵族才会时常吃肉。自匈奴等北方草原民族人民流入并长期居住之后，中原的畜种得到改良，牲畜的繁育条件也得到改善。首先是畜牧业有所发展，牲畜的数量增多、质量提高，进而为屠贩业的发展创造了条件，使屠贩业在食物原料供应市场中的地位有所上升。这些反映在人们的饮食方面便是内地食肉者越来越多。与此同

---

① 宋新潮：《匈奴文化及其对两汉的影响》，载《中央民族大学学报》1994 年第 1 期。

② 王利华：《中古华北饮食文化的变迁》，中国社会科学出版社 2000 年版，第 106 页。

时，中原地区的匈奴人口不断增加，对畜产品的需求量随之提高，也有利于促进内地畜牧业的发展和畜类数量的增长。匈奴的乳制品及加工技术也传入中原，同样受到了人们的欢迎和喜爱。江南上层士族陆玩就曾到王导家“食酪”①。据说，匈奴人用来装酒和乳浆的陶缶“服匿”后来还曾传到南齐。②

古人不以甲子名岁，中原无一日十二时之分，亦不知子鼠、丑牛、寅虎、卯兔、辰龙、巳蛇、午马、未羊、申猴、酉鸡、戌狗、亥猪十二相属之说。据说，这种纪岁方法起于北方游牧民族。到了汉代，匈奴呼韩邪单于款塞入朝事汉，匈奴人民大量入汉地与汉族人民错居。此时，匈奴人民才将子鼠、丑牛之类的纪岁方法传入中原。十二相属之说到东汉时方于内地盛行。而匈奴之后的北方民族如黠戛斯、蒙古等族亦以十二相属纪年。可见，匈奴对中国传统的十二相属纪年之历法的使用和传播是有其贡献的。③

第二节　匈奴的分化与整合

内迁匈奴人与当地各族人民交往、杂居，相互影响、学习、交融，促进了文化的流动和传播，从而整合形成了不同的种落和部族。

从东汉初南匈奴内附时，匈奴人开始规模性入塞，居于北方长

---

①（唐）房玄龄等：《晋书》卷七七《陆玩传》，中华书局 1974 年版，第 2024 页。

② 参阅（南朝梁）萧子显《南齐书》卷三九《陆澄传》，中华书局 1972 年版。

③ 参阅舒顺林《匈奴在我国历史上的地位、作用及影响》，载《内蒙古师大学报》1983 年第 3 期。

城沿边各郡；到三国时，曹操分匈奴族部众为五部于各地，并任其南迁；再到西晋时，匈奴人进一步深入内地，且继续有塞外匈奴人入塞。塞内的匈奴人越来越多，种类也越来越复杂。据《晋书·北狄匈奴传》载："北狄以部落为类，其入居塞者有屠各种、鲜支种、寇头种、乌谭种、赤勒种、捍蛭种、黑狼种、赤沙种、郁鞞种、萎莎种、秃童种、勃蔑种、羌渠种、贺赖种、钟跂种、大楼种、雍屈种、真树种、力羯种，凡十九种，皆有部落，不相杂错。"南迁的匈奴十九种主要分布在今山西、陕西、内蒙古至甘肃一带。而这十九种并不全是真正的匈奴族部众，还包括许多被匈奴统治的其他部落。马长寿先生认为其中真正属于匈奴族的有屠各种、贺赖种、鲜支种、寇头种，似为匈奴种落的有赤沙种，其他尚有很多部落也在匈奴族的范围之内。属于其他族属的有赤勒种、羌渠种、萎莎种等。①

匈奴人与汉族、鲜卑等族人民交错居住，相互交融，逐渐形成了与原来有所区别的支系部族。其中较有影响的主要有三大支②：

一、匈奴与汉族融合，统称为"屠各"

《晋书·北狄匈奴传》云："屠各最豪贵，故得为单于，统领诸种。"在文献中，"屠各"又作"休屠各""休屠""屠各胡""休著屠各"。我们从名称中可以看出"休屠各"与休屠王有关。汉武帝元狩二年（前121），休屠王与浑邪王为骠骑将军霍去病所败，恐单于怒而见杀，遂合谋降汉。后浑邪王杀休屠王，并收其众

① 马长寿：《北狄与匈奴》，生活·读书·新知三联书店1962年版，第92～104页。

② 参阅白翠琴《魏晋南北朝民族史》，四川民族出版社1996年版。

数万人而降。汉“乃分处降者于边五郡故塞外，而皆在河南，因其故俗为属国”①。《史记正义》释“五郡”为陇西、北地、上郡、朔方、云中。处于五郡属国的休屠王的后裔及其部众从此被称为“休屠”或“屠各”。东汉初，南匈奴单于比入居云中、西河二郡，又分其各部于缘边八郡各地，“休屠”部众因此归南单于统管，并随之入居塞内缘边各郡。此后，随着匈奴人的不断内迁，屠各胡也散布到内地各个地方。因为屠各胡散布的范围越来越广，其他一些匈奴部落也加入其中，被统称为“屠各”，所以已经很难单纯明确地将其界定为休屠王后裔或残留部众了。因此，魏晋以来，陆续迁入内地、逐渐汉化和已经汉化的匈奴被泛称为“屠各”。

屠各胡在中国北方的分布区域很广，计有西山屠各、赵郡屠各、秦陇屠各、渭北屠各、高平屠各、凉州屠各、姑臧屠各、并州屠各等。其中最主要的是并州屠各。② 而并州屠各中最值得注意的是开启“五胡十六国”的汉赵政权之创建者刘渊、刘曜所属的匈奴刘氏家族。史载刘渊为南匈奴单于的后裔，而不少学者认为刘渊系出匈奴五部屠各而非南单于后裔。刘渊将其祖源与南单于相联系，是其为树立威信、争取匈奴贵族的支持而做的伪托之说。西晋惠帝永兴元年（304），刘渊在离石左国城即汉王位，建国号为汉，改元“元熙”。怀帝永嘉二年（308），刘渊迁都蒲子，即皇帝位，改元“永凤”。第二年，又迁都平阳，改元“河瑞”。之后，刘渊子刘和、刘聪先后在位。东晋元帝大兴元年（318），刘聪死，其子刘粲即位。不久，大臣靳准发动政变，杀害刘粲。同年，刘渊族子刘曜

---

① （东汉）班固：《汉书》卷五五《卫青霍去病传》，中华书局 1962 年版，第 2483 页。

② 马长寿：《北狄与匈奴》，生活·读书·新知三联书店 1962 年版，第 95 页。

于赤壁即帝位，改元“光初”。次年，刘曜定都长安，大封宗室，并改国号为“赵”，史称“前赵”。公元 329 年，前赵为羯胡石勒的后赵政权所亡。汉赵政权前后凡二十六年。

二、匈奴与鲜卑融合形成的铁弗匈奴、拓跋鲜卑、秃发鲜卑和宇文鲜卑等

东汉末年，拓跋鲜卑的祖先由漠北草原的东北角大鲜卑山西移，后来又南移至漠南匈奴故地。进入匈奴故地后，鲜卑人与留居故地及居于临近的匈奴人错居杂处、相互通婚，逐渐形成了新的部族——铁弗匈奴及拓跋鲜卑。

当时草原部落已经是父系父权性质的阶级社会，所以产生的新部族以父系为准。铁弗为“胡父鲜卑母”，是匈奴男子与鲜卑女子婚配的结果。至于“拓跋”，据《魏书·序纪》载，拓跋氏为黄帝之后裔，而“黄帝以土德王，北俗谓土为托，谓后为跋，故以为氏”。但有些学者将鲜卑父匈奴母所生后代称为“拓跋”。秃发鲜卑则是从拓跋鲜卑中分离出来的一支。五胡十六国时期，铁弗刘勃勃于公元 407 年建大夏国，自称天王、大单于，改元“龙升”，设置百官。之后，他改姓赫连氏，意为“帝王者，系天为子，是为徽赫实与天连”，并建统万城作为都城。公元 431 年，大夏国灭亡，共历三主，凡二十六年。拓跋鲜卑则南下建立北魏，统一北方，与东晋相对峙，结束了十六国割据的局面。北魏中的许多姓氏如贺赖氏、独孤氏、须卜氏、丘林氏、破六韩氏等皆系出匈奴。秃发鲜卑始祖与北魏同源，“秃发”与“拓跋”同音异译。秃发氏之先秃发匹孤为拓跋鲜卑圣武帝诘汾之长子，率部自塞北迁于河西。公元 397 年，秃发乌孤自称西平王，建立政权，后又改称武威王。公元 402 年，秃发傉檀立，称凉王，迁都乐都，改元弘昌，史称南凉。

公元 414 年，南凉为西秦所灭。

宇文氏系出匈奴，原为匈奴之一部。据《北史·匈奴宇文莫槐传》记载："匈奴宇文莫槐，出辽东塞外，其先南单于之远属也，世为东部大人。其语与鲜卑颇异。"可见，宇文氏之先为匈奴苗裔。公元 1 世纪时，匈奴大乱，部分匈奴人南下降汉，还有一部分留居漠北与汉对抗，败后西迁。《三国志·魏书·鲜卑传》裴注引《魏书》曰："匈奴及北单于遁逃后，余种十余万落，诣辽东杂处，皆自号鲜卑兵。"这十余万落的匈奴余众归附辽东太守之后，散处于辽东、辽西，与鲜卑杂处。宇文氏始以匈奴酋长的身份统治鲜卑人，加入鲜卑部落联盟，逐渐被鲜卑化，遂称鲜卑宇文氏。① 《新唐书·宰相世系表》云："宇文氏出自匈奴南单于之裔。有葛乌兔为鲜卑君长，世袭大人。"至北魏末期，宇文氏之宇文泰势力强盛，专政于西魏，后其子孙取代西魏，建立北周政权。

三、匈奴与其他杂胡融合形成的卢水胡、稽胡等

卢水胡以沮渠氏为突出代表。《晋书·沮渠蒙逊载记》云："沮渠蒙逊，临松卢水胡人也。其先世为匈奴左沮渠，遂以官为氏焉。"《魏书·沮渠蒙逊列传》所记基本相同，曰："胡沮渠蒙逊，本出临松卢水，其先为匈奴左沮渠，遂以官为氏。"《宋书·氐胡列传》曰："大且渠蒙逊，张掖临松卢水胡人也。匈奴有左且渠、右且渠之官，蒙逊之先为此职，羌之酋豪曰大，故且渠以位为氏，而以大冠之。世居卢水为酋豪。"而卢水胡终属哪一种落，说法不一，主要有"月氏说"和"匈奴说"两种。

---

① 参见王钟翰主编《中国民族史》，中国社会科学出版社 1994 年版，第 193 页。

周一良先生和唐长孺先生认同卢水胡不是匈奴而与生活于湟中的小月氏有关的说法。① 姚薇元先生也认为："沮渠氏之先世本月氏族，曾服属于匈奴，为左沮渠官。入塞后，居于湟中，与羌人杂居，被号'小月氏'。"他进一步指出："……以世居卢水，又号'卢水胡'。其人实际即五胡中之羯胡也。"② 而马长寿先生认为："卢水流域的部族成分是十分复杂的。但无论如何，在卢水杂胡之中，主要的部族仍是匈奴，而不是羌或小月氏等族。"③ 林幹先生则是根据史书记载的匈奴官制进行推论的。他说："根据《史记》《汉书》的《匈奴传》的记载，且渠一官，向由匈奴贵族担任，他族任此官的，史书上未之见……因此卢水胡可以推断为匈奴族的一支。"④ 黄烈先生通过考察卢水的地理位置而认为"卢水胡来源匈奴说较月氏说更为可信"⑤。那么，卢水系一地名，而且自古又有月氏、匈奴、羌等部族或部落在此出现、居住过，各族经过迁徙流动、演化变迁，难免会有错居、融合。他们以近居于卢水而名，并非确指某一部族或部落，因此"所谓'卢水胡'实在是卢水诸胡或者卢水杂胡"⑥。

---

① 周一良：《北朝的民族问题与民族政策》，载《燕京学报》第 39 期；唐长孺：《魏晋杂胡考·卢水胡》，见《魏晋南北朝史论丛》，生活·读书·新知三联书店 1955 年版，第 403～414 页。

② 姚薇元：《羯族诸姓·沮渠氏》，见《北朝胡姓考》，中华书局 1962 年版，第 364～368 页。

③ 马长寿：《北狄与匈奴》，生活·读书·新知三联书店 1962 年版，第 104 页。

④ 林幹：《匈奴通史》，人民出版社 1986 年版，第 214 页。

⑤ 黄烈：《中国古代民族史研究》，人民出版社 1987 年版，第 312 页。

⑥ 马长寿：《北狄与匈奴》，生活·读书·新知三联书店 1962 年版，第 157 页。

但沮渠氏为匈奴族的可能性较大。匈奴大臣以单于姓氏之外的异姓显贵氏族或家族人员担任，而且“大臣皆世官”。《后汉书·南匈奴列传》云：“异姓大臣左右骨都侯，次左右尸逐骨都侯，其余日逐、且渠、当户诸官号，各以权力优劣、部众多少为高下次第焉。”沮渠蒙逊之先世则很可能为匈奴异姓氏而任左沮渠，并世为沮渠，后来便以官为氏。又因世代居于卢水且为酋豪，不断与他族交融，而成为“卢水胡”。沮渠蒙逊于公元 410 年建立北凉政权，都张掖。公元 439 年，北凉为北魏所灭。

“稽胡是魏晋南北朝时期逐渐形成的一个部族，出现于北魏前期。”① 稽胡又称步落胡、步落坚、步落稽、山胡。《魏书》通常称之为山胡。《周书》则一律称作稽胡。其异名很多，如汾胡、西河胡、离石胡、秀容胡、吐京胡、石楼胡、河东胡、河西胡、并州胡、生胡等，多以所居地命名。由此可见稽胡的分布地域之广。《周书·稽胡传》云：“自离石以西，安定以东，方七八百里，居山谷间，种落繁炽。”《周书·韦孝宽传》又载：“汾州之北，离石以南，悉是生胡。”生胡谓稽胡中不内属于北周者。

关于稽胡的族源，《周书·稽胡传》云：“稽胡一曰步落稽，盖匈奴别种，刘元海五部之苗裔也。或云山戎赤狄之后。”学术界对此颇有争议。周一良先生认为山戎、赤狄之说自不可信，“匈奴别种”比“刘元海五部之苗裔”较为近于事实，山胡或稽胡疑原是服属于匈奴的西域胡人，山胡酋帅之姓刘跟刘渊之冒姓刘氏理由相同，所以山胡为刘渊五部之说实难相信。② 唐长孺先生亦认为

---

① 林幹：《中国古代北方民族通论》，内蒙古人民出版社 1998 年版，第 87 页。

② 周一良：《北朝的民族问题与民族政策》，载《燕京学报》第 39 期。

《周书·稽胡传》以稽胡为赤狄之后不可信，并指出：如果如周先生之说将稽胡完全当作西域胡似欠妥。第一，汾水西岸的稽胡就地域分布来说，确是魏晋期间匈奴五部分布所在……这个地理分布上的相同在一定程度上也表示种族间的关系。我们当然不能把山胡当作纯粹的匈奴，因为五部所统本已不是纯粹的匈奴，而是杂胡，但必然包含一部分匈奴在内……至于黄河西岸的陕北诸族更为复杂，稽胡既为各族之混合，必然也包含西域胡以外的其他各族。所以，稽胡的种族成分应不限于西域胡人。其次，从姓氏上来看，刘氏、乔氏、呼延氏为匈奴著姓，稽胡中既有此姓氏，我们似亦不能一概认为假冒。稽胡是最后出现的各种杂胡的混合，而所谓杂胡都是与古代匈奴有统属或血缘关系的各种"别部"①。马长寿先生则认为稽胡的祖源主要是匈奴，"北魏以来的稽胡，可能是由几种胡人融合而成的，但就其大多数来说，应该是匈奴之裔为主，不能说都是杂胡"②。"当然稽胡之内也有许多姓氏如白、穆等可能是西域胡的姓氏。""从此可知稽胡的祖元是多元的，无论匈奴或者龟兹等，后来都融合为稽胡。"③ 周伟洲先生也认为"稽胡应是以内迁南匈奴五部后裔为主体"④。林幹先生则有更为不同的看法。他说："从稽胡的主要民族特征来看，它既非匈奴后裔，也非西域胡种，虽其中有匈奴姓氏和西域胡姓氏，但它族内的主体部分却是一个土生土长

① 唐长孺：《魏晋南北朝史论丛》，生活·读书·新知三联书店 1955 年版，第 442～444 页。

② 马长寿：《北狄与匈奴》，生活·读书·新知三联书店 1962 年版，第 133 页。

③ 马长寿：《北狄与匈奴》，生活·读书·新知三联书店 1962 年版，第 159～160 页。

④ 周伟洲：《中国中世西北民族关系研究》，西北大学出版社 1992 年版，第 147 页。

的独自形成的部族，不过后来羼入了少数的匈奴和西域胡的民族成分，故亦不妨称它为‘杂胡’。”① 学者们在稽胡的族源问题上看法不一，但可以肯定的一点是：稽胡成分复杂，既具有匈奴族的特点，又具有西域胡种的特点，是受到匈奴、西域胡甚至更多部落或部族的影响而形成的。这也从侧面反映了中原地区匈奴与其他诸胡杂处融合并不断发展演变的状况。

此外，还有一些部落或部族被认为是匈奴的苗裔、支系或由匈奴与他族融合而成。如，羯胡，《晋书·石勒载记》云羯胡石勒“其先匈奴别部羌渠之胄”。《魏书·羯胡石勒传》亦云：“其先匈奴别部，分散居于上党武乡羯室，因号羯胡。”其族源的多种说法之一便是，依据史料而认为“羯族是匈奴的一支，源出于匈奴羌渠种，和匈奴其他各种同迁居塞内，住在并州上党一带”②。再如，柔然（又称蠕蠕、芮芮、茹茹、蝚蠕）的来源有东胡、鲜卑、匈奴和塞外杂胡等多种说法。据文献记载，后起的铁勒、突厥、回纥等族也是匈奴的后裔或别种。

匈奴的后裔、支系部族或别种不管是屠各、铁弗，还是拓跋、宇文，抑或卢水胡、稽胡，最后大都在不同时期融入汉族中了。据《周书·稽胡传》载，稽胡“其俗土著，亦知种田。地少桑蚕，多麻布。其丈夫衣服及死亡殡葬，与中夏略同。妇人则多贯蜃贝以为耳及颈饰。又与华民错居，其渠帅颇识文字。然语类夷狄，因译乃通”。可见，有的部族在形成之时已受到汉族文化的深刻影响。大约在隋唐时期，中原境内除了少数尚成聚落的稽胡还有活动的踪

① 林幹：《中国古代北方民族通论》，内蒙古人民出版社 1998 年版，第 91 页。

② 韩国磐：《魏晋南北朝史纲》，人民出版社 1983 年版，第 155 页。

迹，其余与匈奴有关的诸族作为民族实体已不复存在，基本已融入汉民族之中，只是从一些姓氏上还可以有所识别，比如隋唐时期的独孤姓氏、隋代的筑造学家宇文恺、唐代的诗人元稹、唐末阴山府都赫连铎、五代一酋帅赫连海龙、金末元初文学家元好问等。直到今天，仍有不少人自称是匈奴族的后裔。至于他们的真伪性，还需要进行更多追本溯源的工作。希望能够在以后的学习研究中将这些调查取证的工作做得更加彻底、周详。

附　录
“二十五史”记载“匈奴”词条的篇目

《史记》

1. 《史记》卷一《五帝本纪第一》
2. 《史记》卷五《秦本纪第五》
3. 《史记》卷六《秦始皇本纪第六》
4. 《史记》卷八《高祖本纪第八》
5. 《史记》卷一〇《孝文本纪第十》
6. 《史记》卷一一《孝景本纪第十一》
7. 《史记》卷一二《孝武本纪第十二》
8. 《史记》卷一七《汉兴以来诸侯王年表第五》
9. 《史记》卷一八《高祖功臣侯者年表第六》
10. 《史记》卷一九《惠景间侯者年表第七》
11. 《史记》卷二〇《建元以来侯者年表第八》
12. 《史记》卷二二《汉兴以来将相名臣年表第十》
13. 《史记》卷二五《律书第三》
14. 《史记》卷二七《天官书第五》
15. 《史记》卷二八《封禅书第六》
16. 《史记》卷三〇《平准书第八》

17.《史记》卷四八《陈涉世家第十八》
18.《史记》卷五〇《楚元王世家第二十》
19.《史记》卷五二《齐悼惠王世家第二十二》
20.《史记》卷五六《陈丞相世家第二十六》
21.《史记》卷五七《绛侯周勃世家第二十七》
22.《史记》卷五九《五宗世家第二十九》
23.《史记》卷六〇《三王世家第三十》
24.《史记》卷八〇《乐毅列传第二十》
25.《史记》卷八一《廉颇蔺相如列传第二十一》
26.《史记》卷八六《刺客列传第二十六》
27.《史记》卷八八《蒙恬列传第二十八》
28.《史记》卷九三《韩信卢绾列传第三十三》
29.《史记》卷九五《樊郦滕灌列传第三十五》
30.《史记》卷九七《郦生陆贾列传第三十七》
31.《史记》卷九九《刘敬叔孙通列传第三十九》
32.《史记》卷一〇〇《季布栾布列传第四十》
33.《史记》卷一〇二《张释之冯唐列传第四十二》
34.《史记》卷一〇三《万石张叔列传第四十三》
35.《史记》卷一〇四《田叔列传第四十四》
36.《史记》卷一〇六《吴王濞列传第四十六》
37.《史记》卷一〇八《韩长孺列传第四十八》
38.《史记》卷一〇九《李将军列传第四十九》
39.《史记》卷一一〇《匈奴列传第五十》
40.《史记》卷一一一《卫将军骠骑列传第五十一》
41.《史记》卷一一二《平津侯主父列传第五十二》
42.《史记》卷一一五《朝鲜列传第五十五》

43. 《史记》卷一一六《西南夷列传第五十六》
44. 《史记》卷一一七《司马相如列传第五十七》
45. 《史记》卷一一八《淮南衡山列传第五十八》
46. 《史记》卷一二〇《汲郑列传第六十》
47. 《史记》卷一二二《酷吏列传第六十二》
48. 《史记》卷一二三《大宛列传第六十三》
49. 《史记》卷一二五《佞幸列传第六十五》
50. 《史记》卷一二六《滑稽列传第六十六》
51. 《史记》卷一二七《日者列传第六十七》
52. 《史记》卷一二八《龟策列传第六十八》
53. 《史记》卷一三〇《太史公自序第七十》

《汉书》

54. 《汉书》卷一下《高帝纪第一下》
55. 《汉书》卷二《惠帝纪第二》
56. 《汉书》卷三《高后纪第三》
57. 《汉书》卷四《文帝纪第四》
58. 《汉书》卷五《景帝纪第五》
59. 《汉书》卷六《武帝纪第六》
60. 《汉书》卷七《昭帝纪第七》
61. 《汉书》卷八《宣帝纪第八》
62. 《汉书》卷九《元帝纪第九》
63. 《汉书》卷一〇《成帝纪第十》
64. 《汉书》卷一一《哀帝纪第十一》
65. 《汉书》卷一三《异姓诸侯王表第一》
66. 《汉书》卷一四《诸侯王表第二》

67. 《汉书》卷一五上《王子侯表第三上》
68. 《汉书》卷一六《高惠高后文功臣表第四》
69. 《汉书》卷一七《景武昭宣元成功臣表第五》
70. 《汉书》卷一八《外戚恩泽侯表第六》
71. 《汉书》卷二二《礼乐志第二》
72. 《汉书》卷二四上《食货志第四上》
73. 《汉书》卷二四下《食货志地四下》
74. 《汉书》卷二五上《郊祀志第五上》
75. 《汉书》卷二五下《郊祀志第五下》
76. 《汉书》卷二六《天文志第六》
77. 《汉书》卷二七上《五行志第七上》
78. 《汉书》卷二七中之上《五行志第七中之上》
79. 《汉书》卷二七中之下《五行志第七中之下》
80. 《汉书》卷二七下之上《五行志第七下之上》
81. 《汉书》卷二八上《地理志第八上》
82. 《汉书》卷二八下《地理志第八下》
83. 《汉书》卷二九《沟洫志第九》
84. 《汉书》卷三一《陈胜项籍传第一》
85. 《汉书》卷三三《魏豹田儋韩王信传第三》
86. 《汉书》卷三四《韩彭英卢吴传第四》
87. 《汉书》卷三五《荆燕吴传第五》
88. 《汉书》卷三七《季布栾布田叔传第七》
89. 《汉书》卷三八《高五王传第八》
90. 《汉书》卷三九《萧何曹参传第九》
91. 《汉书》卷四〇《张陈王周传第十》
92. 《汉书》卷四一《樊郦滕灌傅靳周传第十一》

93.《汉书》卷四三《郦陆朱刘叔孙传第十三》

94.《汉书》卷四四《淮南衡山济北王传第十四》

95.《汉书》卷四五《蒯伍江息夫传第十五》

96.《汉书》卷四六《万石卫直周张传第十六》

97.《汉书》卷四八《贾谊传第十八》

98.《汉书》卷四九《爰盎晁错传第十九》

99.《汉书》卷五〇《张冯汲郑传第二十》

100.《汉书》卷五一《贾邹枚路传第二十一》

101.《汉书》卷五二《窦田灌韩传第二十二》

102.《汉书》卷五三《景十三王传第二十三》

103.《汉书》卷五四《李广苏建传第二十四》

104.《汉书》卷五五《卫青霍去病传第二十五》

105.《汉书》卷五七下《司马相如传第二十七下》

106.《汉书》卷五八《公孙弘卜式儿宽传第二十八》

107.《汉书》卷五九《张汤传第二十九》

108.《汉书》卷六〇《杜周传第三十》

109.《汉书》卷六一《张骞李广利传第三十一》

110.《汉书》卷六二《司马迁传第三十二》

111.《汉书》卷六三《武五子传第三十三》

112.《汉书》卷六四上《严朱吾丘主父徐严终王贾传第三十四上》

113.《汉书》卷六四下《严朱吾丘主父徐严终王贾传第三十四下》

114.《汉书》卷六六《公孙刘田王杨蔡陈郑传第三十六》

115.《汉书》卷六八《霍光金日磾传第三十八》

116.《汉书》卷六九《赵充国辛庆忌传第三十九》

117. 《汉书》卷七〇《傅常郑甘陈段传第四十》

118. 《汉书》卷七三《韦贤传第四十三》

119. 《汉书》卷七四《魏相丙吉传第四十四》

120. 《汉书》卷七五《眭两夏侯京翼李传第四十五》

121. 《汉书》卷七六《赵尹韩张两王传第四十六》

122. 《汉书》卷七八《萧望之传第四十八》

123. 《汉书》卷七九《冯奉世传第四十九》

124. 《汉书》卷八六《何武王嘉师丹传第五十六》

125. 《汉书》卷八七下《扬雄传第五十七下》

126. 《汉书》卷八九《循吏传第五十九・序》

127. 《汉书》卷九〇《酷吏传第六十》之《郅都传》《田广明传》

128. 《汉书》卷九二《游侠传第六十二》之《陈遵传》

129. 《汉书》卷九三《佞幸传第六十三》之《董贤传》

130. 《汉书》卷九四上《匈奴传第六十四上》

131. 《汉书》卷九四下《匈奴传第六十四下》

132. 《汉书》卷九五《西南夷两粤朝鲜传第六十五》

133. 《汉书》卷九六上《西域传第六十六上》之《序》《鄯善国传》《罽宾国传》《大月氏国传》《康居国传》《大宛国传》

134. 《汉书》卷九六下《西域传第六十六下》之《乌孙国传》《渠犁国传》《卑陆后国传》《郁立师国传》《车师后国传》

135. 《汉书》卷九七上《外戚传第六十七上》之《孝武卫皇后传》《孝武李夫人传》

136. 《汉书》卷九七下《外戚传第六十七下》之《孝成许皇后传》

137. 《汉书》卷九九《王莽传第六十九上》

138. 《汉书》卷九九《王莽传第六十九中》

139. 《汉书》卷九九《王莽传第六十九下》
140. 《汉书》卷一〇〇上《叙传第七十上》
141. 《汉书》卷一〇〇下《叙传第七十下》

《后汉书》

142. 《后汉书》卷一下《光武帝纪第一下》
143. 《后汉书》卷二《显宗孝明帝纪第二》
144. 《后汉书》卷三《肃宗孝章帝纪第三》
145. 《后汉书》卷四《孝和孝殇帝纪第四》
146. 《后汉书》卷五《孝安帝纪第五》
147. 《后汉书》卷六《孝顺孝冲孝质帝纪第六》
148. 《后汉书》卷七《孝桓帝纪第七》
149. 《后汉书》卷八《孝灵帝纪第八》
150. 《后汉书》卷九《孝献帝纪第九》
151. 《后汉书》卷一二《王刘张李彭卢列传第二》
152. 《后汉书》卷一三《隗嚣公孙述列传第三》
153. 《后汉书》卷一四《宗室四王三侯列传第四》
154. 《后汉书》卷一六《邓寇列传第六》
155. 《后汉书》卷一七《冯岑贾列传第七》
156. 《后汉书》卷一八《吴盖陈臧列传第八》
157. 《后汉书》卷一九《耿弇列传第九》
158. 《后汉书》卷二〇《铫期王霸祭遵列传第十》
159. 《后汉书》卷二一《任李万邳刘耿列传第十一》
160. 《后汉书》卷二二《朱景王杜马刘傅坚马列传第十二》
161. 《后汉书》卷二三《窦融列传第十三》
162. 《后汉书》卷二四《马援列传第十四》

163. 《后汉书》卷二五《卓鲁魏刘列传第十五》
164. 《后汉书》卷二六《伏侯宋蔡冯赵牟韦列传第十六》
165. 《后汉书》卷二七《宣张二王杜郭吴承郑赵列传第十七》
166. 《后汉书》卷二八下《冯衍传第十八下》
167. 《后汉书》卷二九《申屠刚鲍永郅恽列传第十九》
168. 《后汉书》卷三〇《苏竟杨厚列传第二十上》
169. 《后汉书》卷三一《郭杜孔张廉王苏羊贾陆列传第二十一》
170. 《后汉书》卷三二《樊宏阴识列传第二十二》
171. 《后汉书》卷三三《朱冯虞郑周列传第二十三》
172. 《后汉书》卷三六《郑范陈贾张列传第二十六》
173. 《后汉书》卷三八《张法滕冯度杨列传第二十八》
174. 《后汉书》卷四〇下《班彪列传第三十下》
175. 《后汉书》卷四一《第五钟离宋寒列传第三十一》
176. 《后汉书》卷四三《朱乐何列传第三十三》
177. 《后汉书》卷四五《袁张韩周列传第三十五》
178. 《后汉书》卷四六《郭陈列传第三十六》
179. 《后汉书》卷四七《班梁列传第三十七》
180. 《后汉书》卷四八《杨李翟应霍爰徐列传第三十八》
181. 《后汉书》卷五一《李陈庞陈桥列传第四十一》
182. 《后汉书》卷五二《崔骃列传第四十二》
183. 《后汉书》卷五三《周黄徐姜申屠列传第四十三》
184. 《后汉书》卷五四《杨震列传第四十四》
185. 《后汉书》卷五六《张王种陈列传第四十六》
186. 《后汉书》卷五八《虞傅盖臧列传第四十八》
187. 《后汉书》卷五九《张衡列传第四十九》
188. 《后汉书》卷六四《吴延史卢赵列传第五十四》

189. 《后汉书》卷六五《皇甫张段列传第五十五》

190. 《后汉书》卷六八《郭符许列传第五十八》

191. 《后汉书》卷六九《窦何列传第五十九》

192. 《后汉书》卷七〇《郑孔荀列传第六十》

193. 《后汉书》卷七二《董卓列传第六十二》

194. 《后汉书》卷七四上《袁绍刘表列传第六十四上》

195. 《后汉书》卷七四下《袁绍刘表列传第六十四下》

196. 《后汉书》卷七五《刘焉袁术吕布列传第六十五》

197. 《后汉书》卷七六《循吏列传第六十六》之《任延传》《秦彭传》

198. 《后汉书》卷七九上《儒林列传第六十九上》之《序》

199. 《后汉书》卷八〇上《文苑列传第七十上》之《杜笃传》

200. 《后汉书》卷八〇下《文苑列传第七十下》之《祢衡传》

201. 《后汉书》卷八二上《方术列传第七十二上》之《郭宪传》

202. 《后汉书》卷八四《列女传第七十四》之《董祀妻传》

203. 《后汉书》卷八五《东夷列传第七十五》之《序》《高句骊传》

204. 《后汉书》卷八六《南蛮西南夷列传第七十六》之《白马氐传》

205. 《后汉书》卷八七《西羌传第七十七》之《羌无弋爰剑传》《滇良传》《湟中月氏胡传》

206. 《后汉书》卷八八《西域传第七十八》之《序》《大月氏传》《莎车传》《蒲类传》《车师传》

207. 《后汉书》卷八九《南匈奴列传第七十九》

208. 《后汉书》卷九〇《乌桓鲜卑列传第八十》

209.《后汉书》志第三《律历志下》“历法”

210.《后汉书》志第四《礼仪志上》“上陵”

211.《后汉书》志第十《天文志上》“光武十二”

212.《后汉书》志第十一《天文志中》“明十二”“顺二十三”

213.《后汉书》志第十五《五行志三》“蝗”

214.《后汉书》志第十六《五行志四》“地震”

215.《后汉书》志第十八《五行志六》“日蚀”

216.《后汉书》志第二十三《郡国志五》“武威”“张掖”“雁门”

217.《后汉书》志第二十四《百官志一》“将军”

218.《后汉书》志第二十八《百官志五》“匈奴中郎将”

219.《后汉书》志第三十《舆服志下》“武冠”

《三国志》

220.《三国志》卷一《魏书一》之《武帝纪》

221.《三国志》卷二《魏书二》之《文帝纪》

222.《三国志》卷三《魏书三》之《明帝纪》

223.《三国志》卷六《魏书六》之《袁绍传附子谭、子尚传》

224.《三国志》卷七《魏书七》之《臧洪传》

225.《三国志》卷八《魏书八》之《公孙瓒传》《张杨传》

226.《三国志》卷一三《魏书十三》之《钟繇传》《王朗传》

227.《三国志》卷一五《魏书十五》之《张既传》

228.《三国志》卷一六《魏书十六》之《郑浑传》

229.《三国志》卷一八《魏书十八》之《阎温传附张恭、恭子就传》

230.《三国志》卷一九《魏书十九》之《陈思王植传》

231.《三国志》卷二一《魏书二十一》之《傅嘏传》

232.《三国志》卷二二《魏书二十二》之《陈群传附子泰传》

233.《三国志》卷二四《魏书二十四》之《高柔传》《孙礼传》

234.《三国志》卷二六《魏书二十六》之《田豫传》

235.《三国志》卷二八《魏书二十八》之《邓艾传》

236.《三国志》卷三〇《魏书三十》之《乌丸传》《鲜卑传》《夫余传》《韩传》《倭传》

237.《三国志》卷三五《蜀书五》之《诸葛亮传》

238.《三国志》卷三六《蜀书六》之《赵云传》

239.《三国志》卷四八《吴书三》之《孙皓传》

240.《三国志》卷五二《吴书七》之《步骘传》

241.《三国志》卷五八《吴书十三》之《陆逊传附子抗传》

242.《三国志》卷六五《吴书六十》之《韦曜传》

《晋书》

243.《晋书》卷三《世祖武帝纪》

244.《晋书》卷四《孝惠帝纪》

245.《晋书》卷八《废帝海西公纪》

246.《晋书》卷一一《天文志上》之《星官在二十八宿之外者》

247.《晋书》卷一三《天文志下》之《月五星》

248.《晋书》卷一四《地理志上》之《凉州》

249.《晋书》卷二一《礼志下》

250.《晋书》卷二四《职官志》

251.《晋书》卷二八《五行志中》

252.《晋书》卷三四《列传第四》之《杜预传》

253.《晋书》卷三九《列传第九》之《王沈传附子浚传》

254.《晋书》卷四四《列传第十四》之《石鉴传》

255.《晋书》卷五二《列传第二十二》之《阮种传》《华谭传》

256.《晋书》卷五六《列传第二十六》之《江统传》

257.《晋书》卷五七《列传第二十七》之《胡奋传》

258.《晋书》卷六二《列传三十二》之《刘琨传》

259.《晋书》卷八一《列传第五十一》之《羊鉴传》

260.《晋书》卷八六《列传第五十六》之《张轨传》

261.《晋书》卷九〇《列传第六十》之《鲁芝传》

262.《晋书》卷九三《列传第六十三》之《王恂传》

263.《晋书》卷九五《列传第六十五》之《卜珝传》

264.《晋书》卷九七《列传第六十七》之《匈奴传》

265.《晋书》卷一〇一《载记第一》之《刘元海载记》

266.《晋书》卷一〇二《载记第二》之《刘聪载记》

267.《晋书》卷一〇三《载记第三》之《刘曜载记》

268.《晋书》卷一〇四《载记第四》之《石勒载记上》

269.《晋书》卷一〇八《载记第八》之《慕容廆载记》

270.《晋书》卷一一〇《载记第十》之《慕容俊载记》

271.《晋书》卷一一一《载记第十一》之《慕容暐载记附皇甫真载记》

272.《晋书》卷一一二《载记第十二》之《苻生载记》

273.《晋书》卷一一三《载记第十三》之《苻坚载记上》

274.《晋书》卷一一四《载记第十四》之《苻坚载记下附王猛载记》

275. 《晋书》卷一一七《载记第十七》之《姚兴载记上》
276. 《晋书》卷一一九《载记第十九》之《姚泓载记》
277. 《晋书》卷一二二《载记第二十二》之《吕光载记》
278. 《晋书》卷一二五《载记第二十五》之《乞伏乾归载记》
279. 《晋书》卷一二六《载记第二十六》之《秃发傉檀载记》
280. 《晋书》卷一二九《载记第二十九》之《沮渠蒙逊载记》
281. 《晋书》卷一三〇《载记第三十》之《赫连勃勃载记》

《宋书》

282. 《宋书》卷一四《志第四》之《礼志一》
283. 《宋书》卷一八《志第八》之《礼志五》
284. 《宋书》卷二二《志第十二》之《乐志四》
285. 《宋书》卷二五《志第十五》之《天文志三》
286. 《宋书》卷二六《志第十六》之《天文志四》
287. 《宋书》卷二九《志第十九》之《符瑞志下》
288. 《宋书》卷三九《志第二十九》之《百官志上》
289. 《宋书》卷四二《列传第二》之《刘穆之传附式之子瑀传》
290. 《宋书》卷六一《列传第二十一》之《衡阳文王义季传》
291. 《宋书》卷六四《列传第二十四》之《郑鲜之传》《何承天传附谢元传》
292. 《宋书》卷六七《列传第二十七》之《谢灵运传》
293. 《宋书》卷八二《列传第四十二》之《周朗传附兄峤传》
294. 《宋书》卷九五《列传第五十五》之《索虏传附芮芮传》
295. 《宋书》卷九八《列传第五十八》之《胡大且渠蒙逊传》

《南齐书》

296.《南齐书》卷一《本纪第一》之《高帝纪上》
297.《南齐书》卷一四《志第六》之《州郡志上·南豫州》
298.《南齐书》卷二三《列传第四》之《褚渊传》
299.《南齐书》卷二八《列传第九》之《刘善明传》
300.《南齐书》卷二九《列传第十》之《王广之传》
301.《南齐书》卷四七《列传第二十八》之《王融传》
302.《南齐书》卷四八《列传第二十九》之《孔稚珪传》
303.《南齐书》卷五七《列传第三十八》之《魏虏传》
304.《南齐书》卷五九《列传第四十》之《芮芮虏传》

《梁书》

305.《梁书》卷五《本纪第五》之《元帝纪》
306.《梁书》卷三九《列传第三十三》之《羊侃传》
307.《梁书》卷四一《列传第三十五》之《萧介传》
308.《梁书》卷五四《列传第四十八》之《白题传》《龟兹传》《芮芮传》

《魏书》

309.《魏书》卷一《帝纪第一》之《序纪》
310.《魏书》卷三《帝纪第三》之《太宗明元帝纪》
311.《魏书》卷一九上《列传第七上》之《汝阴王天赐传》
312.《魏书》卷一九下《列传第七下》之《南安王桢传附子中山王英传》《乐陵王胡儿传附嗣子思誉传》
313.《魏书》卷二三《列传第十一》之《卫操传》

314.《魏书》卷二四《列传第十二》之《张衮传附白泽子伦传》《崔玄伯传》

315.《魏书》卷二五《列传第十三》之《长孙道生传》

316.《魏书》卷三五《列传第二十三》之《崔浩传》

317.《魏书》卷六九《列传第五十七》之《袁翻传》

318.《魏书》卷七八《列传第六十六》之《张普惠传》

319.《魏书》卷九五《列传第八十三》之《匈奴刘聪传》《刘渊传》《刘粲传》《刘曜传》《羯胡石勒传》

320.《魏书》卷九九《列传第八十七》之《卢水胡沮渠蒙逊传》

321.《魏书》卷一〇一《列传第八十九》之《吐谷浑传》

322.《魏书》卷一〇二《列传第九十》之《西域传》之《悦般传》《粟特传》《小月氏传》《康国传》

323.《魏书》卷一〇三《列传第九十一》之《蠕蠕传》《匈奴宇文莫槐传》《高车传》《越勒倍泥传》

324.《魏书》卷一〇五之二《志第二》之《天象志二》

325.《魏书》卷一〇五之四《志第四》之《天象志四》

326.《魏书》卷一一二下《志第十八》之《灵征志下》

327.《魏书》卷一一三《志第十九》之《官氏志》

328.《魏书》卷一一四《志第二十》之《释老志》

《北齐书》

329.《北齐书》卷一七《列传第九》之《斛律金传》

330.《北齐书》卷二一《列传第十三》之《高乾传附弟昂传》

331.《北齐书》卷二七《列传第十九》之《万俟普传》《破落韩常传》

《周书》

332. 《周书》卷一八《列传第十》之《王思政传》
333. 《周书》卷三〇《列传第二十二》之《窦炽传》
334. 《周书》卷四九《列传第四十一》之《异域上·稽胡传》
335. 《周书》卷五〇《列传第四十二》之《异域下·突厥传》

《隋书》

336. 《隋书》卷四《帝纪第四》之《炀帝下》
337. 《隋书》卷一一《志第六》之《礼仪志六》
338. 《隋书》卷二〇《志第十五》之《天文志中》
339. 《隋书》卷二一《志第十六》之《天文志下》
340. 《隋书》卷二七《志第二十二》之《百官志中》
341. 《隋书》卷二九《志第二十四》之《地理志上》
342. 《隋书》卷三四《志第二十九》之《经籍志三·子经志》
343. 《隋书》卷三七《列传第二》之《李穆传》
344. 《隋书》卷四六《列传第十一》之《赵煚传》
345. 《隋书》卷四八《列传第十三》之《杨素传附从父文纪传》
346. 《隋书》卷五一《列传第十六》之《长孙览传附炽弟晟传》
347. 《隋书》卷五三《列传第十八》之《达奚长儒传》
348. 《隋书》卷五四《列传第十九》之《崔彭传》
349. 《隋书》卷六八《列传第三十三》之《宇文恺传》
350. 《隋书》卷七〇《列传第三十五》之《李密传》《裴仁基传》
351. 《隋书》卷八三《列传第四十八》之《康国传》
352. 《隋书》卷八四《列传第四十九》之《突厥传》《西突厥传》《铁勒传》《室韦传》

《南史》

353.《南史》卷四《齐本纪上第四》之《高帝纪》

354.《南史》卷一五《列传第五》之《刘穆之传附式之子瑀传》《檀道济传》

355.《南史》卷七九《列传第六十九》之《白题传》《蠕蠕传》

《北史》

356.《北史》卷一《魏本纪第一》之《序纪》

357.《北史》卷一二《隋本纪第十二》之《恭帝纪》

358.《北史》卷二〇《列传第八》之《卫操传》

359.《北史》卷二一《列传第九》之《崔宏传附子浩传》《张衮传附孙白泽子伦传》

360.《北史》卷二二《列传第十》之《长孙道生传》

361.《北史》卷四一《列传第二十九》之《杨敷传附文思弟纪传》

362.《北史》卷五三《列传第四十一》之《万俟普传》

363.《北史》卷五四《列传第四十二》之《斛律金传附子光传》

364.《北史》卷五九《列传第四十七》之《李贤传》

365.《北史》卷六〇《列传第四十八》之《李弼传附曾孙密传》《宇文恺传》

366.《北史》卷六一《列传第四十九》之《窦炽传》

367.《北史》卷六二《列传第五十》之《王思政传》

368.《北史》卷七三《列传第六十一》之《达奚长儒传》

369.《北史》卷七五《列传第六十三》之《赵煚传》

370.《北史》卷九三《列传第八十一》之《沮渠蒙逊传》

371.《北史》卷九四《列传第八十二》之《序》

372.《北史》卷九六《列传第八十四》之《吐谷浑传》《稽胡传》

373.《北史》卷九七《列传第八十五》之《悦般传》《粟特传》《小月氏传》《康国传》

374.《北史》卷九八《列传第八十六》之《蠕蠕传》《匈奴宇文莫槐传》《高车传》《越勤倍泥传》

375.《北史》卷九九《列传第八十七》之《西突厥传》《铁勒传》

376.《北史》卷一〇〇《列传第八十八》之《序传》

《旧唐书》

377.《旧唐书》卷一《本纪第一》之《高祖纪》

378.《旧唐书》卷二《太宗纪》

379.《旧唐书》卷二九《志第九》之《音乐二》

380.《旧唐书》卷四〇《志第二十》之《地理志三·陇右道》

381.《旧唐书》卷四五《志第二十五》之《舆服志》

382.《旧唐书》卷五三《列传第三》之《李密传》

383.《旧唐书》卷六一《列传第十一》之《温大雅传附弟彦博传》

384.《旧唐书》卷六二《列传第十二》之《李大亮传》

385.《旧唐书》卷六七《列传第十七》之《李靖传》

386.《旧唐书》卷八九《列传第三十九》之《狄仁杰传》

387.《旧唐书》卷九二《列传第四十二》之《魏元忠传》

388.《旧唐书》卷一〇二《列传第五十二》之《刘子玄传》

389. 《旧唐书》卷一〇三《列传第五十三》之《郭虔瓘传》

390. 《旧唐书》卷一三九《列传第八十九》之《陆贽传》

391. 《旧唐书》卷一四七《列传第九十七》之《杜佑传》

392. 《旧唐书》卷一五三《列传第一百一十三》之《卢坦传》

393. 《旧唐书》卷一六五《列传第一百一十五》之《柳公绰传》

394. 《旧唐书》卷一六九《列传第一百一十九》之《王涯传》

395. 《旧唐书》卷一九〇中《列传第一百四十中》之《陈子昂传》

396. 《旧唐书》卷一九四上《列传第一百四十四上》之《突厥传上》

397. 《旧唐书》卷一九四下《列传第一百四十四下》之《突厥传下》

398. 《旧唐书》卷一九五《列传第一百四十五》之《回纥传》

399. 《旧唐书》卷一九六上《列传第一百四十六上》之《吐蕃传上》

400. 《旧唐书》卷一九九下《列传第一百四十九下》之《铁勒传》《奚传》《霫传》

《新唐书》

401. 《新唐书》卷二四《志第十四》之《车服志》

402. 《新唐书》卷三三《志第二十三》之《天文志三》

403. 《新唐书》卷七一上《表第十一上》之《宰相世系一上》

404. 《新唐书》卷七一下《表第十一下》之《宰相世系一下》

405. 《新唐书》卷七二上《表第十二上》之《宰相世系二上》

406. 《新唐书》卷七三下《表第十三下》之《宰相世系三下》

407.《新唐书》卷七五下《表第十五下》之《宰相世系五下》

408.《新唐书》卷九一《列传第十六》之《温大雅传附彦博传》

409.《新唐书》卷九三《列传第十八》之《李靖传》

410.《新唐书》卷一〇七《列传第三十二》之《陈子昂传》

411.《新唐书》卷一一二《列传第三十七》之《薛登传》

412.《新唐书》卷一一五《列传第四十》之《狄仁杰传》

413.《新唐书》卷一一八《列传第四十三》之《韩思复传附朝宗传》

414.《新唐书》卷一二二《列传第四十七》之《魏元忠传》

415.《新唐书》卷一六六《列传第九十一》之《杜佑传附杜牧传》

416.《新唐书》卷一七九《列传第一百四》之《王涯传》

417.《新唐书》卷二一五上《列传第一百四十上》之《突厥传上》

418.《新唐书》卷二一六上《列传第一百四十一上》之《吐蕃传上》

419.《新唐书》卷二一七上《列传第一百四十二上》之《回鹘传上》

420.《新唐书》卷二一七下《列传第一百四十二下》之《回鹘传下》

421.《新唐书》卷二一九《列传第一百四十四》之《契丹传》《奚传》

《旧五代史》

422.《旧五代史》卷八九《晋书十五》之《桑维翰传》

423.《旧五代史》卷一三四《僭伪列传一》之《王审知传附

延羲传》

424.《旧五代史》卷一三七《外国列传一》之《契丹传》

425.《旧五代史》卷一三八《外国列传二》之《回鹘传》

《新五代史》

426.《新五代史》卷四《唐本纪第四》之《庄宗纪上》

427.《新五代史》卷七二《四夷附录第一》

428.《新五代史》卷七四《四夷附录第三》

《宋史》

429.《宋史》卷二七六《列传第三十五》之《樊知古传》

430.《宋史》卷二九一《列传第五十》之《吴育传》

431.《宋史》卷二九五《列传第五十四》之《叶清臣传》

432.《宋史》卷三〇〇《列传第五十九》之《王沿传》

433.《宋史》卷三三六《列传第九十五》之《司马光传》

434.《宋史》卷三四〇《列传第九十九》之《刘挚传》

435.《宋史》卷三九八《列传第一百五十七》之《余端礼传》

436.《宋史》卷四九〇《列传第二百四十九》之《外国六·回鹘传》

438.《宋史》卷四九一《列传第二百五十》之《外国七·渤海国传》

《明史》

439.《明史》卷八〇《志第五十六》之《食货志四·茶法》

440.《明史》卷一六二《列传第五十》之《刘球传》

441.《明史》卷三三〇《列传第二百一十八》之《西域二·

罕东左卫传》

《清史稿》

442. 《清史稿》卷七六《志第五十一》之《地理二十三·新疆》

443. 《清史稿》卷七七《志第五十二》之《地理二十四·内蒙古》

444. 《清史稿》卷七八《志第五十三》之《地理二十五·外蒙古》

445. 《清史稿》卷三〇一《列传第八十八》之《傅恒传》

参考文献

一、典　籍

1.（西汉）司马迁:《史记》，中华书局 1959 年版。
2.（西汉）贾谊:《新书》，中华书局 2012 年版。
3.（西汉）刘向集录:《战国策》，上海古籍出版社 1985 年版。
4.（西汉）桓宽:《盐铁论》，上海人民出版社 1974 年版。
5.（东汉）班固:《汉书》，中华书局 1962 年版。
6.（西晋）陈寿:《三国志》，中华书局 1959 年版。
7.（南朝宋）范晔:《后汉书》，中华书局 1965 年版。
8.（南朝梁）沈约:《宋书》，中华书局 1974 年版。
9.（南朝梁）萧子显:《南齐书》，中华书局，1972 年版。
10.（北齐）魏收:《魏书》，中华书局 1974 年版。
11.（唐）房玄龄等:《晋书》，中华书局 1974 年版。
12.（唐）姚思廉:《梁书》，中华书局 1973 年版。
13.（唐）令狐德棻等:《周书》，中华书局 1971 年版。
14.（唐）魏徵等:《隋书》，中华书局 1973 年版。
15.（唐）李延寿:《北史》，中华书局 1974 年版。
16.（宋）欧阳修等:《新唐书》，中华书局 1975 年版。
17.（宋）司马光:《资治通鉴》，中华书局 1956 年版。
18.（宋）王钦若等:《册府元龟》，中华书局 1960 年版。

19. （清）汤球:《十六国春秋辑补》，商务印书馆1958年版。

二、论　著

1. 白翠琴:《魏晋南北朝民族史》，四川民族出版社1996年版。

2. 崔明德:《中国古代和亲史》，人民出版社2005年版。

3. 崔明德:《两汉民族关系思想史》，人民出版社2007年版。

4. 陈连开主编:《中国民族史纲要》，中国财政经济出版社1999年版。

5. 陈育宁:《民族史学概论》，宁夏人民出版社2001年版。

6. 谷苞主编:《西北通史》（第一卷、第二卷），兰州大学出版社2005年版。

7. 韩国磐:《魏晋南北朝史纲》，人民出版社1983年版。

8. 黄烈:《中国古代民族史研究》，人民出版社1987年版。

9. 翦伯赞:《秦汉史》，北京大学出版社1999年版。

10. 林幹:《匈奴史》（修订本），内蒙古人民出版社1977年版。

11. 林幹编:《匈奴史论文选集》（1919—1979），中华书局1983年版。

12. 林幹:《匈奴历史年表》，中华书局1984年版。

13. 林幹:《匈奴通史》，人民出版社1986年版。

14. 林幹编:《匈奴史料汇编》，中华书局1988年版。

15. 林幹:《中国古代北方民族通论》，内蒙古人民出版社1998年版。

16. 林惠祥:《中国民族史》，商务印书馆1998年版。

17. 卢勋等:《中华民族凝聚力的形成与发展》，社科文献出版社 2007 年版。

18. 吕思勉:《中国民族史》，东方出版社 1996 年版。

19. 吕思勉:《中国制度史》，上海教育出版社 1985 年版。

20. 马长寿:《北狄与匈奴》，生活·读书·新知三联书店 1962 年版。

21. 内蒙古自治区蒙古语言文学历史研究所历史研究室、内蒙古大学蒙古史研究室编:《中国古代北方各族简史》（修订本），内蒙古人民出版社 1979 年版。

22. 沈从文:《中国古代服饰研究》，商务印书馆 1981 年版。

23. 谭其骧:《中国历史地图集》，中国地图出版社 1982 年版。

24. 唐长孺:《魏晋南北朝史论丛》，生活·读书·新知三联书店 1955 年版。

25. 陶克涛:《毡乡春秋（匈奴篇）》，人民出版社 1987 年版。

26. 田继周等:《中国历代民族政策研究》，青海人民出版社 1993 年版。

27. 田继周:《秦汉民族史》，四川民族出版社 1996 年版。

28. 田晓岫:《中华民族发展史》，华夏出版社 2001 年版。

29. 万绳楠整理:《陈寅恪魏晋南北朝史讲演录》，黄山书社 1987 年版。

30. 王利华:《中古华北饮食文化的变迁》，中国社会科学出版社 2000 年版。

31. 王文光:《中国民族发展史》，民族出版社 2005 年版。

32. 王钟翰主编:《中国民族史》，中国社会科学出版社 1994 年版。

33. 文史知识编辑部编:《中国古代民族志》，中华书局 2004 年版。

34. 翁独健主编:《中国民族关系史纲要》，中国社会科学出版社 2001 年版。

35. 武沐:《匈奴史研究》，民族出版社 2005 年版。

36. 杨建新:《中国西北少数民族史》，民族出版社 2003 年版。

37. 杨建新:《中国少数民族通论》，民族出版社 2005 年版。

38. 姚薇元:《北朝胡姓考》，中华书局 1962 年版。

39. 袁祖亮主编:《中国古代边疆民族人口研究》，中州古籍出版社 1999 年版。

40. 张碧波、董国尧主编:《中国古代北方民族文化史》（修订本），黑龙江人民出版社 2001 年版。

41. 赵云田主编:《北疆通史》，中州古籍出版社 2003 年版。

42.《中国北方民族关系史》编写组:《中国北方民族关系史》，中国社会科学出版社 1987 年版。

43. 周伟洲:《中国中世西北民族关系研究》，西北大学出版社 1992 年版。

三、国外著作

1. [英] 爱德华 · 吉本著，黄宜思、黄雨石译:《罗马帝国衰亡史（D. M. 洛节编本)》，商务印书馆 1997 年版。

2. [美] C. 恩伯—M. 恩伯著，杜杉杉译，刘钦审校:《文化的变异——现代文化人类学通论》，辽宁人民出版社 1988 年版。

3. [法] 德 · 葵尼:《匈奴、突厥、蒙古及西部鞑靼各族通史》，巴黎，1770 年版。

4. [法] 勒内 · 格鲁塞著，蓝琪译，项英杰校:《草原帝国》，商务印书馆 1998 年版。

5. [德] 马克思、恩格斯:《马克思恩格斯选集》，人民出版社

1972 年版。

6. ［美］威廉·A.哈维兰著，王铭铭等译:《当代人类学》，上海人民出版社 1987 年版。

7. ［美］W. M. 麦高文著，章巽译:《中亚古国史》，中华书局 2004 年版。

四、论　文

1. 吕思勉:《匈奴文化索隐》，国学论衡，1935（5）。

2. 冯家升:《匈奴民族及其文化》，禹贡半月刊，1937（第 7 卷第 5 期）。

3. 周一良:《北朝的民族问题与民族政策》，燕京学报，1950（39）。

4. 马长寿:《论匈奴部落国家的奴隶制》，历史研究，1954（5）。

5. ［蒙］策·道尔吉苏荣:《北匈奴的坟墓》，科学院学术研究成就，1956（1）。

6. ［蒙］纳·业喜扎木苏:《匈奴的起源及其社会制度》，科学院学术研究成就，1956（1）。

7. 周连宽:《苏联南西伯利亚所发现的中国式宫殿遗址》，考古学报，1956（4）。

8. 欧阳熙:《匈奴社会的发展》，华东师范大学学报，1958（4）。

9. 孙守道:《“匈奴西岔沟文化”古墓群的发现》，文物，1960（8、9）。

10. 盖山林:《内蒙古自治区准格尔旗速机沟出土一批铜器》，文物，1965（2）。

11. 田广金:《桃红巴拉的匈奴墓》，考古学报，1976（1）。

12. 内蒙古博物馆、内蒙古文物工作队:《内蒙古准格尔旗玉隆太的匈奴墓》，考古，1977（2）。

13. 齐思和:《匈奴西迁及其在欧洲的活动》，历史研究，1977（3）。

14. 田广金、郭素新:《内蒙古阿鲁柴登发现的匈奴遗物》，考古，1980（4）。

15. 伊克昭盟文物工作站、内蒙古文物工作队:《西沟畔匈奴墓》，文物，1980（7）。

16. 白凤岐:《试论匈奴与西域的关系》，内蒙古大学学报（哲学社会科学版），1981（2）。

17. 舒顺林:《匈奴在我国历史上的地位、作用及影响》，内蒙古师大学报，1983（3）。

18. 唐荣俊:《谈谈匈奴的兴衰》，历史教学问题，1983（5）。

19. 张长明:《试论西汉的汉匈关系及和亲政策》，江淮论坛，1983（6）。

20. 林幹:《北匈奴西迁考略》，内蒙古社会科学，1984（1）。

21. 魏良弢:《西辽时期汉文化对中亚的影响》，历史研究，1985（4）。

22. 舒顺林:《略论北匈奴西迁的原因》，内蒙古师大学报（汉文哲学社会科学版），1986（3）。

23. 杜亚雄:《再论匈奴西迁及其民歌在欧洲的影响》，音乐研究，1987（1）。

24. 郭平梁:《匈奴西迁及一些有关问题》，民族史论丛（第一辑），中华书局，1987。

25. 魏蕴华、张汉伟：《匈奴的西迁及其在欧洲历史上的作用》，辽宁师范大学学报（社科版），1987（4）。

26. 白凤岐:《匈奴人的原始信仰》，黑龙江民族丛刊，1988（1）。

27. 刘 岩:《汉匈民族关系新探》，黑龙江民族学刊，1988（4）。

28. 舒振邦:《前汉时期长城内外的民族关系》，内蒙古师大学报（汉文哲学社会科学版），1988（4）。

29. 李 瑛:《匈奴族的教育》，北方文物，1989（1）。

30. 陈绍棣:《匈奴社会物质生活初探》，西北民族研究，1989（1）。

31. 余太山:《匈奴、鲜卑与西域关系述考》，西北民族研究，1989（1）。

32. 王彦辉:《北匈奴西迁欧洲的历史考察》，东北师大学报（哲学社会科学版），1989（3）。

33. [苏] 列·古米廖夫:《亚洲和欧洲的匈奴》，苏联历史问题，1989年（6、7）。

34. 吴兴勇:《论匈奴人西迁的自然地理原因》，史学月刊，1991（3）。

35. 吴兴勇:《论汉族与匈奴族的战争》，民族论坛，1991（4）。

36. 照那斯图:《匈奴文化初探》，北方文物，1992（1）。

37. 莫任南:《匈奴对汉王朝的政策》，中国边疆史地研究，1992（4）。

38. 宋新潮:《匈奴文化及其对两汉的影响》，中央民族大学学报，1994（1）。

39. 莫任南:《匈奴人的宗教信仰》，湖南师范大学社会科学学报，1995（2）。

40. 埃尔迪·米克洛什·兹：《遍及欧亚中部的匈奴鍑及其岩画形象》，新疆师范大学学报（哲学社会科学版），1995（4）。

41. 吴明月：《谈西汉时期汉人入居匈奴及其影响》，内蒙古师大学报（哲学社会科学版），1995（4）。

42. 莫任南：《王莽对匈奴的民族政策有进步、合理的一面吗?》，湖南师范大学社会科学学报，1996（1）。

43. 唐国军：《论西汉王朝对匈奴的政策与其国力兴衰的关系》，广西社会科学，1996（2）。

44. 舒顺林：《匈奴婚姻习俗论》，北方文物，1996（3）。

45. 乌兰托娅：《试论匈奴民族的衣食住行》，北方文物，1996（4）。

46. 伍晓晴：《魏晋南北朝民族迁徙的特点及影响》，河北学刊，1997（2）。

47. 久玉林：《论西汉时期汉匈民族的人群流动与双向同化》，西北史地，1998（3）。

48. 阿尔丁夫：《"胜兵"果真是"常备兵"么？—兼谈几部辞书存在的问题》，民族研究，1999（1）。

49. 张梅：《略谈匈奴族的发展、壮大及西迁》，西北成人教育学报，1999（2）。

50. 彭建英：《论汉匈关系的演变》，西北民族学院学报（哲学社会科学版），1999（4）。

51. 马骏骐：《略论匈奴西迁》，贵州文史丛刊，1999（4）。

52. 蒲彩军：《匈奴与匈牙利人的渊源》，中学历史教学参考，1999（4）。

53. 张莉：《南匈奴"胜兵"性质新解》，安徽史学，1999（4）。

54. 郝建平:《论文景时期的汉匈关系》，西北第二民族学院学报（哲学社会科学版），2005（2）。

55. 王红:《论西汉初期的汉匈关系》，四川教育学院学报，1999（4）。

56. 郝树声:《西汉前期对匈奴政策的大辩论》，丝绸之路，1999（6）。

57. 雍秉乾:《略论西汉文景时期对匈奴的积极防御政策》，甘肃社会科学，2000（2）。

58. 陈立柱:《王莽与周边民族关系新论》，安徽史学，2000（3）。

59. 任怀国、张丽:《魏晋南北朝北方少数民族人口考察》，昌潍师专学报，2000（3）。

60. 张元城:《西汉时期汉人流落匈奴及影响》，中国边疆史地研究，2000（2）。

61. 肖瑞玲:《东汉对匈奴政策评析》，内蒙古师大学报（哲学社会科学版），2000（6）。

62. 黄云:《秦汉政权和匈奴的关系》，华南理工大学学报（社科版），2001（1）。

63. 高红梅:《汉文化对匈奴社会影响初探》，西北第二民族学院学报（哲学社会科学版），2001（4）。

64. 张久和:《鲜卑兴盛原因初探》，内蒙古社会科学（汉文版），2001（6）。

65. 贾碧英:《汉代的汉匈文化交流》，华夏文化，2002（1）。

66. 王庆宪:《匈奴冒顿单于的军事活动及其政治影响》，内蒙古社会科学（汉文版），2002（4）。

67. 马勇:《羁縻统治中的经济文化渗透——西汉后期封建王朝

与匈奴的关系》，云南民族学院学报（哲学社会科学版），2002（3）。

68. 武沐、王希隆：《秦、西汉时期匈奴单于位继承制度考辨》，民族研究，2003（3）。

69. 上官绪智：《两汉政权“以夷制夷”策略的具体运用及其影响》，南阳师范学院学报（社会科学版），2003（4）。

70. 晓克：《论匈奴在游牧文明发展史上的先驱者作用》，内蒙古大学学报（人文社会科学版），2003（6）。

71. 张美华、张美娟：《匈奴受汉文化影响初探》，黑龙江民族丛刊，2003（6）。

72. 马勇：《论东汉王朝对北匈奴的政策》，云南民族大学学报（哲学社会科学版），2003（6）。

73. 李吉和：《匈奴的内徙及其影响》，内蒙古社会科学（汉文版），2004（1）。

74. 李吉和：《中国古代少数民族迁徙原因探讨》，中南民族大学学报（人文社会科学版），2004（1）。

75. 马利清：《关于北匈奴西迁的考古学新探索》，内蒙古社会科学（汉文版），2004（1）。

76. 高荣：《论西汉对匈奴政策的演变》，西北第二民族学院学报，2004（1）。

77. 上官绪智：《“以夷制夷”策略在两汉时期的发展及其缘由》，江西师范大学学报（哲学社会科学版），2004（2）。

78. 马勇：《汉武帝对匈奴政策新论》，中国边疆史地研究，2004（3）。

79. 阿其图：《论析匈奴在中国北方游牧经济文化形成中的奠基性历史贡献》，内蒙古师范大学学报（哲学社会科学版），2004（4）。

80. 罗君:《汉晋中央政府对南匈奴的管理及其影响》，重庆教育学院学报，2004（4）。

81. 方汉文:《匈奴（Huns）西迁与罗马帝国的崩溃》，寻根，2004（6）。

82. 王庆宪:《匈汉两地间的人口流动》，黑龙江民族丛刊，2004（6）。

83. 王文利:《简析匈奴鼎盛背后的中原政策支撑》，内蒙古电大学刊，2004（6）。

84. 谭前学:《秦汉时期的汉匈文化交流与融合》，寻根，2004（6）。

85. 刘伟:《略谈影响魏晋南北朝时期少数民族大量内迁的气候因素》，历史学习，2004（9）。

86. 胡祥琴:《民族政权构成与魏晋南北朝时期的胡汉融合》，西北第二民族学院学报（哲学社会科学版），2005（1）。

87. 王庆宪:《匈奴与西汉频繁密切的使节往来》，中央民族大学学报（哲学社会科学版），2005（3）。

88. 曾九江:《论东汉“以夷制夷”的边防政策》，江西广播电视大学学报，2005（3）。

89. 王庆宪:《匈奴地区的中原人口及汉匈关系》，中央民族大学学报（哲学社会科学版），2006（6）。

90. 李克建:《再论魏晋南北朝的民族迁徙》，西南民族大学学报（人文社科版），2006（6）。

91. 贾衣肯:《匈奴西迁问题研究综述（上）》，中国史研究动态，2006（9）。

92. 龚留柱:《汉匈冲突的再现》，史学月刊，2006（11）。

93. 袁延胜:《东汉时期匈奴族的人口》，南都学坛（人文社会科学学报)，2007（1）。

94. 郝诚之、郝松伟:《匈奴民族对中华文化的特殊贡献》，鄂尔多斯文化，2007（2）。

95. 黄小荣:《魏晋南北朝时期民族迁徙杂居与民族融合》，广东省社会主义学院学报，2007（3）。

96. 崔明德:《王莽民族关系思想初探》，东岳论丛，2007（3）。

97. 马晓丽:《汉武帝民族关系思想的演变——以汉与匈奴的关系为例》，齐鲁学刊，2007（4）。

98. 肖爱民:《试析匈奴单于位的继承制度》，内蒙古社会科学(汉文版)，2007（3）。

99. 高恒天:《秦汉时代之匈奴道德生活》，伦理学研究，2007（5）。

100. 白莉:《北匈奴西迁至中亚及继续西迁之原因》，和田师范专科学校学报（汉文综合版)，2007（5）。

101. 刘运动:《西汉王朝对匈奴民族政策的演变》，周口师范学院学报，2007（6）。

102. 胡玉春:《南匈奴与东汉的政治关系及其社会变革》，内蒙古社会科学（汉文版)，2007（6）。

103. 晏立山:《论魏晋南北朝北方民族迁徙的原因》，今日湖北理论版，2007（7）。

104. 王平:《论东汉对南匈奴的政策》，白城师范学院学报，2008（1）。

105. 刘运动:《西汉王朝对匈奴采取的民族政策》，青海民族研究，2008（1）。

106. 高昕:《浅析汉文化对匈奴社会的影响》，宜宾学院学报，

2008（4）。

107. 陈琳国:《东汉末年南匈奴南迁的前后》，晋阳学刊，2008（4）。

108. 李春梅:《匈奴与乌桓的关系考述》，内蒙古社会科学（汉文版），2012（2）。

109. 王文涛:《汉代匈奴区的自然灾害及对汉匈关系的影响》，社会科学战线，2012（7）。

110. 崔明德:《中国古代中原王朝处理民族关系的方式》，中国边疆史地研究，2014（4）。

111. 石云涛:《汉代良马的输入及其影响》，社会科学战线，2014（7）。

112. 崔明德:《中国古代北方少数民族迁徙方向及特点》，中国边疆史地研究，2017（3）。

图书在版编目（CIP）数据

匈奴发展史研究 / 闵海霞著. -- 济南 : 齐鲁书社,
2019.3
ISBN 978-7-5333-4070-4

Ⅰ. ①匈… Ⅱ. ①闵… Ⅲ. ①匈奴－民族历史－研究
Ⅳ. ①K289

中国版本图书馆CIP数据核字(2018)第301045号

匈奴发展史研究
XIONGNU FAZHANSHI YANJIU
闵海霞　著

主管单位	山东出版传媒股份有限公司
出版发行	齊魯書社
社　　址	济南市英雄山路189号
邮　　编	250002
网　　址	www.qlss.com.cn
电子邮箱	qilupress@126.com
营销中心	(0531) 82098521　82098519
印　　刷	山东德州新华印务有限责任公司
开　　本	880mm×1230mm　1/32
印　　张	10.5
插　　页	3
字　　数	265千
版　　次	2019年3月第1版
印　　次	2019年3月第1次印刷
印　　次	1-1000
标准书号	ISBN 978-7-5333-4070-4
定　　价	**46.00元**